www.ingramcontent.com/pod-product-compliance
Lightning Source LLC
Chambersburg PA
CBHW052036230426
43671CB00011B/1668

TABLE DES PRINCIPALES
matieres de ce Liure.

PREMIERE PARTIE.

Avant-propos,	page 1.
Deſſein de l'Autheur,	p. 14.
De l'Eſtat du droit de Nature,	p. 16.
De l'Eſtat de la Loy,	p. 20.
De l'Eſtat de la Grace,	p. 35.
Obſeruations ſur les trois Eſtats en general,	p. 47.

SECONDE PARTIE, page 64.

De Socrate,	p. 59.
De Platon, & de la Secte Academique,	p. 76.
D'Ariſtote, & de la Secte Peripatetique,	p. 96.
De Diogene, & de la Secte Cynique,	p. 113.
De Zenon Cypriot de la ville de Citie, & de la Secte Stoïque,	p. 136.
De Pythagore, & de la Secte Pythagorique,	p. 157.
D'Epicure, & de la Secte Epicurienne,	p. 186.
De Pyrrhon, & de la Secte Sceptique,	p. 206.

De Confutius le Socrate de la Chine, p. 228.
De Seneque, p. 240.
De Iulien l'Apostat, p. 263.
Conclusion, p. 304.
Preuues des Citations, p. 311.

F I N.

DE LA VERTV
DES
PAYENS.

PREMIERE PARTIE.

IAMAIS personne raisonnable n'a <small>AVANT-PROPOS.</small>
douté que la Vertu meritast d'estre
honorée. On reuere le Ciel d'où elle est sortie en la respectant. Et c'est
vser d'vne espece de culte enuers
Dieu, dont elle est l'image, que de la rendre illu-
stre & glorieuse. Platon a soustenu sur ceste con- <small>*In Minoë.*</small>
sideration, que l'estime qu'on fait icy bas des hom-
mes vertueux, donne là haut à Iupiter le plus grand
contentement qu'il y reçoiue; comme il n'y a rien
qui luy desplaise dauantage, que s'il arriue qu'on
defere aux vicieus vn honneur qu'ils ne meritent
pas. Mais l'importance est de reconnoistre les pre-

A

miers, de definir ceste Vertu, & de la faire tellement remarquer, qu'on ne luy puisse plus refuser ce qui luy est deub par de si fortes raisons. Car nous sçauons que ce qui est Vertu en vn lieu, passe ailleurs assez souuent pour vn vice. Il y en a qui ne la prennent que pour vn pur terme de College, comme si elle n'auoit rien de solide que le seul diuertissement qu'elle y donne dans toutes ces contestations dont elle fournit la matiere. Et les derniers propos de Brutus aux champs Philippiques furent ceux-mesmes qu'Hercule auoit tenus autresfois, se repentant de l'auoir cultiuée comme vne chose reelle & veritablement subsistante, puis qu'elle n'auoit rien qu'vn nom vain, capable seulement de nous causer quelques illusions d'esprit. On peut bien iuger là dessus, qu'il n'est pas plus facile de discerner ceux qui doiuent estre nommez vertueux. Et nos Escholes Chrestiennes mesmes ne sont pas si reglées sur ce suiet, qu'il ne se soit trouué des Docteurs qui ont refusé ceste qualité à ceux qui sembloient l'auoir acquise par le consentement de plusieurs siecles, & par les suffrages de toute l'antiquité. Gregoire de Rimini, est l'vn des principaux Autheurs qu'on allegue sur cela, & il a esté suiuy de quelques autres qui maintiennent qu'aucun Infidele ne doit estre appellé vertueux, par ce que son infidelité l'empesche de pouuoir produire des actions moralement bonnes & vertueuses. Ainsi tant de grands

Virtutem verba putas, vt Lucum ligna. Horat. l.1. ep.5.

Te colui virtus vt rem, ast tu nomen inane es.

Sec. sent. dist. 16. & sequ. Roff. ar. 26.

hommes Grecs, Romains, & autres, qui ont esté recommandez de Prudence, de Iustice, de Force, ou de Temperance, n'ont iamais possedé les vertus qui leur sont données. Et tous ces glorieus attributs qu'on ioint aux beaux noms de Caton, & de Socrate, de Cesar, & d'Alexandre, n'ont esté que de faux titres qu'ils ne pouuoient meriter, puisque comme Payens & Infideles, il estoit impossible qu'ils fussent vertueux.

Ie ne pretens pas de m'engager dans tant de questions & de disputes la pluspart inutiles, veu que chacune seroit capable de m'arrester toute seule fort long-temps. Il me suffira de remarquer à l'égard de la derniere, que comme Gregoire de Rimini confesse qu'il soustenoit il y a trois cens ans vne opinion contraire à la commune de l'Eschole, elle n'a pas auiourd'huy vn plus grand nombre de sectateurs ; & qu'apres sainct Thomas la meilleure partie des Docteurs n'exclud pas les Infideles de la pratique de beaucoup de vertus.

1.2. quæst. 65. art. 2.
2.2. quæst. 10. art. 4.
& 3. partie quæst. 69. art. 4. & passim.

La raison de ceste doctrine est que tout le bien de la nature ne se trouue pas si corrompu par l'infidelité, ny la lumiere de l'entendement si absolument offusquée, qu'vn Payen ne puisse encore recognoistre ce qui est vray, & se porter au bien en suitte. C'est pourquoy comme les Fideles ne laissent pas d'estre assez souuent vicieus, il n'est pas impossible non plus qu'vn Infidele ne puisse exercer quelques vertus, quoy qu'elles ne soient pas ac-

A ij

compagnées du merite que donne la grace qui vient de la Foy. Aussi n'y a t'il eu aucun des Peres de l'Eglise qui ait fait difficulté de parler, quand l'occasion s'en est presentée, de la prudence d'Vlysse, de la force d'Achille, de la iustice d'Aristide, ou de la temperance de Scipion. Que s'ils ont dit quelquefois que hors le Christianisme il n'y a point de veritables Vertus, & si sainct Augustin & sainct Thomas ont nommé celles des Payens de fausses Vertus, ç'a esté eu égard à la felicité eternelle, où elles n'estoient pas capables de les conduire toutes seules. Les Peres ont encore souuent parlé ainsi, faisans comparaison des vertus morales ou intellectuelles des Idolâtres, aux vertus infuses des Chrestiens, que Dieu inspire auec sa grace surnaturelle, & aupres desquelles les premieres paroissent imparfaites, & comme de faux-aloy.

l. 4. contra Iulia. c. 3.
1. 2. qⁿ. 65. art. 2.

Et neantmoins parce qu'il se trouue des personnes preuenuës de cette pensée, que dans la doctrine de sainct Augustin, les vertus des Infideles ne sont que des vices, & leurs meilleures actions que de veritables pechez, ce qui iette du scrupule dans leur conscience, comme s'il y auoit du hazard à suiure l'opinion contraire; ie croy necessaire de rapporter icy quelques passages de ce grand Prelat, capables de desabuser ceux qui le font estre de ce sentiment. Nous tirerons auec facilité de ces passages l'explication qu'on doit donner à d'autres textes du mesme Autheur qui paroissent d'a-

PREMIERE PARTIE.

bord fort differens. Et il sera aisé de faire voir en suite par l'authorité de tous les Peres de l'Eglise, & de presque tous les Docteurs qui ont precedé ou qui ont esté depuis sainct Augustin, de quelle façon il doit estre tousiours interpreté, lors qu'il traitte de ceste matiere.

Ie ne sçaurois commencer par vn plus notable endroit qu'est celuy du cinquiesme liure de la Cité de Dieu, où nous lisons dans le quinziesme chapitre que les Romains receurent ce vaste Empire qui les a rendus si celebres dans le monde, en recompense des Vertus excellentes qu'ils exerçoient pour y paruenir. Car comme argumente fort bien le Cardinal Bellarmin là dessus, s'il estoit vray que les Vertus des Payens ne fussent que des vices dans la doctrine de sainct Augustin, il s'ensuyuroit que selon ceste doctrine, Dieu auroit recompensé le vice, qui est vne absurdité tres-impie. Certes quiconque examinera encore le douziesme chapitre du mesme liure, il ne doutera iamais que les vertus de Cesar, & sur tout celles de Caton, n'y soient representées, comme des vertus morales, & non pas comme des vices, encore qu'elles fussent inferieures de beaucoup à nos vertus Chrestiennes, & que comparées les vnes aux autres, il semble, comme nous venons de dire, qu'il n'y ait que les dernieres de veritables. C'est ce que sainct Augustin a voulu entendre par ce peu de mots. *Sed cum illa memoria duo Romani essent virtute magni, Ca-*

Et ep. 5. ad Marcell.

l. 5. de grat. & li. arbitr. c. 9.

far, & Cato, longè Virtus Catonis veritati videtur propinquior fuisse, quàm Cæsaris. Il n'eust pas parlé de la sorte du vice, qu'on ne considere iamais comme voisin de ceste verité, parce que luy estant si contraire, il s'en trouue tousiours plus éloigné que la terre ne l'est du Ciel. Mais d'autant qu'à le prendre moralement, & selon les termes de l'Eschole, la vertu reçoit le plus, & le moins; il dit que celle de Caton approcha plus prez de la verité, ou, qu'elle fut plus agreable à Dieu qui est l'eternelle Verité, que celle de Cesar. Voicy d'autres paroles du mesme lieu, fort considerables. *Paucorum igitur Virtus ad gloriam, honorem, imperium, verâ viâ, id est virtute ipsa nitentium, etiam à Catone laudata est.* Remarquons y qu'il n'est pas vray, que tout desir de gloire & d'honneur soit vn vice, comme le pretendent ceus qui sont de l'auis que nous refutons; n'y ayant que l'ambition demesurée qui soit condamnable, & non pas le desir reglé d'vne honneste gloire. Obseruons y encore la fausseté de ceste autre maxime qu'ils deffendent, que c'est vn crime de suiure la vertu, à cause d'elle mesme. Sans doute qu'ils n'ont pas consideré que dans sainct Augustin la vertu n'est rien autre chose que l'amour de Dieu. D'où l'on peut conclure que suiure la vertu pour l'amour d'elle-mesme, c'est la suiure pour l'amour de Dieu; & par consequent que leur maxime paroist vn blaspheme.

Pour le moins est-il asseuré, qu'ils portent icy

PREMIERE PARTIE. 7

…n Sophistes la doctrine de sainct Augustin à vne telle extremité, que Suarez, & beaucoup d'autres ont esté contrains de dire, qu'ils la tenoient incroyable, prise de la façon ; parce que de nommer la vertu recherchée pour l'amour d'elle-mesme, vn vice, c'est former des paradoxes du tout contraires à l'intention de S. Augustin, & sans mentir plus estranges qu'on n'en a iamais attribué au Portique de Zenon. En effet fort peu de Payens ont embrassé ceste belle vertu par vne vaine gloire toute pure, mais presque tousiours croyans que l'honnesteté s'y trouuoit conioincte, & que celle-cy estoit agreable à Dieu, qui deuenoit par consequent la derniere fin de leurs actions, encore qu'elles eussent d'autres fins moyennes & subordonnées à celle-là. Mais nostre dessein ne nous obligeant pas à nous arrester dauantage sur ce poinct, passons à d'autres textes de sainct Augustin, que nous ne trouuerons pas moins formels que ces premiers.

l. 1. de grat. c. 7. n. 11.

Dans son liure de l'esprit & de la lettre, il reconnoist que les Impies & les Infideles ont fait des œuures, quoy que rarement, qu'il seroit bien fasché de blasmer, parce qu'elles meritent au contraire d'estre loüées. Qui est-ce, ie vous prie, qui a iamais oüy parler de loüer le vice ? & qui peut nier que la rareté ne tesmoigne l'existence ? Il nomme ailleurs la continence de Polemon, que Xenocrate retira de la debauche, vn don de Dieu.

cap. 27.

Epist. 130.

8 DE LA VERTV DES PAYENS,

l. de pred.
SS. c. 7. &
l. 1. de
bapt. c. 7.
c. 25.

l. de grat.
Ch. c. 24.

Il prise en beaucoup de lieux les aumosnes du Centurion Cornelius faites deuant qu'il eust receu la Foy. Son liure de la Patience nous apprend que celle mesme d'vn Schismatique est digne de loüange, lors qu'il souffre la mort plustost que de renier Iesus-Christ. Et ce qu'il dit de la bonté d'Assuerus est encore fort precis, pour donner à connoistre que la pensée de ce grand Docteur n'a iamais esté de priuer de toutes vertus les Etniques, ny d'obliger à tenir leurs meilleures actions pour autant de pechez : Ioignons à cela ce que nous obseruerōs plus particulierement cy-apres en examinant la Philosophie de Platon, d'Aristote, & de Seneque, c'est à sçauoir que le mesme Sainct Augustin a souuent exalté les mœurs exemplaires de celuy-cy, nommé le second vn homme de bien, & creu que le premier estoit sauué. En verité ce sont des tesmoignages plus que suffisans pour la preuue de ce que nous disons, sans qu'il soit besoin de nous amuser à vne infinité d'autres passages semblables, que nous pourrions adiouster à ceus-cy.

Il ne faut pas s'arrester non plus à la response ridicule que quelques vns y ont voulu faire, pretendant que sainct Augustin n'a rien escrit de la sorte, que comme Semi-Pelagien qu'il estoit deuant sa promotion à l'Euesché d'Hiponne. Car outre que la plus-part des liures d'où sont tirez tous ces textes, nommément ceus de la Cité de Dieu,

PREMIERE PARTIE.

Dieu, ont esté composez par luy depuis qu'il fut Euesque, si ceste solution estoit bonne pour toutes les œuures où il la faudroit necessairement appliquer, que resteroit-il d'entier dans sainct Augustin? Pour moi ie ne croi pas qu'on puisse rien prononcer de plus preiudiciable à l'honneur de sa doctrine, que ce qu'auácent en cela des hommes qui font neantmoins profession d'estre fort partiaus pour elle; & qui n'ont point de honte de dire nettement que Tostat, Bellarmin, Tolet, Vasquez, Cornelius à Lapide, Suarez, Lessius, Molina, auec le reste des Scholastiques ne l'ont iamais bien entendue comme eus. Ie suis fort trompé, s'ils en sont creus à leur simple parole.

Pour bien iuger de ce different, il n'y a point de plus seure methode à tenir, que d'auoir recours au sentiment des Peres, qui ont esté deuant ou apres sainct Augustin, & qui nous feront voir celuy de l'Eglise Vniuerselle.

Sainct Ierosme dit fort clairement sur le premier Chapitre de l'Epistre aus Galates, que plusieurs ont peu faire des actions pleines de sagesse, & de Saincteté, encore qu'ils n'eussent pas la Foy, ny la connoissance de l'Euangile de Iesus-Christ. Ainsi l'on ne peut nier qu'ils n'ayent souuent donné l'aumosne aus necessiteus, respecté leurs Parens, secouru leurs amis, & obey aus Puissances Souueraines, qui sont toutes bonnes œuures. Et il prouue la mesme doctrine, lors qu'il

examine le vingt-neufiesme Chapitre d'Ezechiel où le Roy Nabuchodonosor, quoy qu'infidele reçoit des recompenses temporelles de Dieu, pour les choses qu'il auoit iustement executées par la voye des armes contre la ville de Tyr, ce qui monstre assez qu'on ne peut pas dire que les Etniques ne puissent iamais rien faire de bien.

Homil. de fide, & 7. ad Pop. in Psal. 2. Orig. inc. 2. ep. ad Rom. In hexam. Homil. 9. Apol. ad Anton.

Sainct Chrysostome en diuers lieus de ses Homelies, Sainct Ambroise, Origene, sainct Basile, & sainct Iustin ont tous esté auparauant de ce mesme auis, sans faire difficulté de reconnoistre les Infideles pour iustes, patiens ou misericordieus, selon les vertus qui les rendoient recommendables, encore qu'elles n'operassent rien au salut de leur ame.

Adu. coll. cap. 26. Homil. 27. in Eu.

Quant aus Peres qui ont escrit depuis sainct Augustin, l'on sçait que sainct Prosper, sainct Gregoire le grand, & sainct Thomas ont esté conformes aus precedens; outre que tout le reste de ceus que nous verrons tantost auoir bien pensé de la felicité eternelle de quelques Payens, ne les ont pas creus par consequent incapables de faire de bonnes actions. En fin il semble que l'Eglise ait determiné ce que nous deuons penser là dessus, quand la Bulle des Papes Pie cinquiesme, & Gregoire treziesme a condamné de certaines propositions d'vn Michel Baye, comme Erronées, & Heretiques, dont la trente-cinquiesme portoit que toutes les œuures des Payens n'estoient que

PREMIERE PARTIE.

des pechez, & les vertus de ces anciens Philoso- *Ar̂t. 36.*
phes que des vices. Aussi contient-elle l'opinion *2. instit. c.*
expresse de Luther, de Caluin, & de la pluspart *3.*
des autres Heretiques de ce temps.

 Il n'y a donc point d'apparence d'en rendre autheurs Sainct Augustin par de mauuaises interpretations. Et quand il seroit certain qu'il auroit enseigné vne si rigoureuse doctrine contre toute sorte de Payens, ce que nous auons monstré n'estre pas veritable, nous ne deurions pas pour cela abandonner celle de tant de Saincts Docteurs pour suiure la sienne. Son texte n'a pas le priuilege d'estre Canonique ; il s'est bien retracté luy-mesme de beaucoup de propositions ; & comme personne ne defere plus à ce qu'il a escrit des Antipodes dans sa Cité de Dieu, où il les *l. 16. c. 9.*
prend pour vne fable, on se peut bien departir ailleurs de ses sentimens. Dans vne Epistre à Vo- *Epist. 3.*
lusianus, il suppose suiuant l'erreur commune que Phecerydes estoit Assyrien. Et parce qu'on veut que ce Philosophe ait le premier enseigné l'immortalité de l'ame, il se iouë des mots d'vne des Eglogues de Virgile,

 ——*Assyrium vulgo nascetur amomum*,

attribuant le succez de cette prophetie à ce que la doctrine de l'immortalité de l'ame s'est en fin estenduë de Syrie par tout le monde. La pointe seroit gentille, & digne de l'esprit de Sainct Augustin, si son fondement estoit veritable. Mais il

est très constant au contraire, que la Patrie de Pherecydes fut l'Isle de Syros l'vne des Cyclades de la mer Egée; & qu'il n'y eut que l'equiuoque du nom qui l'ait fait passer pour Syrien à Clement Alexandrin, à Eusebe, & apres eux à sainct Augustin. Nous remarquons cy-apres qu'il a esté persuadé de la verité des lettres qui se voyent de sainct Paul à Seneque. On veut qu'il n'ait point admis d'actions moyennes dans la Morale, & qui ne fussent bonnes ou mauuaises, contre ce qu'enseigne l'Eschole qui en reconnoist d'indifferentes. Et il y a beaucoup d'autres poincts où elle n'a pas accoustumé non plus de le suiure. Pourquoy ne seroit-il pas permis d'estre encore d'vn auis contraire au sien sur la question proposée? Vn tres-grand nombre de passages du vieil & du nouueau Testament nous obligent à cela. Les deux Sages-Femmes d'E-

cap. 1.

gypte Sephora & Phua reçoiuent la benediction de Dieu dans l'Exode, pour n'auoir pas fait mourir les enfans masles des Hebreux, selon le com-

c. 4.

mandement de Pharaon. Daniel exhorte Nabuchodonosor à racheter ses pechez par des aumosnes, & par d'autres œuures de pieté. Et sainct

Ad Rom.
c. 2.

Paul nous témoigne que les Gentils, à qui la loy des Iuifs n'auoit point esté communiquée, n'ont pas laissé par fois de faire naturellement ce qu'elle commandoit, dautant que la lumiere naturelle qu'ils auoient, aydée de la grace, leur tenoit lieu de loy. Dirons-nous que Dieu ait recompensé de me-

PREMIERE PARTIE.

chantes actions? Que Daniel ait porté vn Roy à commettre des crimes? Et que sainct Paul ait parlé trop à l'auantage des Infideles? Tenons-nous plustost à la creance commune de l'Eglise, qui porte que comme l'entendement des Payens a peu comprendre sans la Foy, & sans la grace extraordinaire beaucoup de veritez naturelles, leur volonté s'est peu porter de mesme à plusieurs actiōs loüables & vertueuses, quoy que toutes leurs connoissances, & toutes leurs bonnes œuures ne fussent pas suffisantes à salut.

C'est ce que i'ay esté obligé de dire touchant l'opinion de sainct Augustin, pour monstrer qu'elle ne nous doit pas empescher de considerer quelques Payens comme vertueus, & de laisser la vertu dans toute son estenduë, que ie voudrois quant à moy amplifier plustost que restreindre.

Sans perdre le temps en suite à refuter l'opinion de ceus qui ne recognoissent aucun vertu, comme n'estants pas dignes de nostre attention, nous supposerons pour bonnes toutes les definitions qu'on en donne, parce qu'elles reuiennent quasi à vn mesme sens, si elles sont bien entenduës, & que la diuersité qui s'y peut trouuer, n'importe pas à la suite de nostre discours. Sainct Augustin dit au quatriesme liure de la Cité de Dieu, que la pluspart des anciens ne definissoient point autrement la vertu, *c. 21.* que l'art de bien viure; & c'est vray-semblablement selon ce sentiment que Socrate nommoit les ver-

tus des sciences. Le mesme sainct Augustin propose ailleurs vne autre definition de la vertu qui est plus estenduë, & dont sainct Thomas s'est voulu seruir, la nommant vne bonne qualité, qui fait bien viure celuy qui la possede, de laquelle personne ne peut mal vser, & que nous tenons de la main de Dieu. Aristote la fait passer pour vne habitude qui agit auec iugement, & qui consiste dans vne mediocrité raisonnable. D'autres, comme Ciceron, l'ont nommée vne constante dispotion à bien faire, & à suiure la raison. Or toutes ces differentes façons de conceuoir la vertu, disent à peu pres vne mesme chose, & sont bien plus faciles que de l'appeller tantost vn nombre, & tantost vne harmonie, comme faisoit Pythagore; ou de soustenir qu'il n'y en a point qui ne soit vn veritable animal, selon l'extrauagante pensée des Stoïciens.

l. 2. de lib. arb. c. 18. & 19.
1. 2. qu. 88. art. 4.

Sen. ep. 114. & Pluta. tr. des com. come. con. tre les Stoiciens.

DESSEIN DE L'AV-TEVR.

Mais ie ne veus faire nulle reflexion sur cela, non plus que sur l'homonymie qui se rencontre au mot de vertu, parce que le plan que ie vay tracer de ce petit ouurage, fera assez voir de quelle sorte de vertu ie pretens parler, en traittant de celle des Payens; & ce que i'ay dit iusques icy par forme d'auantpropos, ne sera que trop suffisant pour faire vne ouuerture commode au sujet que ie me suis proposé. Mon dessein est donc de le diuiser en deus parties, & de considerer en general dans la premiere ce que nous pouuons penser Chrestiennement du sa-

PREMIERE PARTIE.

lut des Payens qui ont esté vertueus, & que nous tenons auoir moralement bien vescu. Dans la seconde nous examinerons en particulier la vie de quelques-vns de ceus qui semblent auoir le plus merité du genre humain; & nous y balancerons le respect qui est peut-estre deu à la memoire de quelques Infideles, & Idolâtres, qui ont acquis beaucoup de reputation parmy les anciens.

Ie feray l'ouuerture de ceste premiere partie par vne distinction ordinaire de tout le temps qui s'est passé depuis la creation du monde, & qui coulera encore iusques à sa fin, en trois epoches & sections differentes. La premiere est depuis Adam, iusques à la circoncision d'Abraham portée au dixseptiesme chapitre de la Genese, qui s'appelle le temps du droit de nature. La seconde comprend ce qui s'est ecoulé d'années entre ceste premiere circoncision, & l'Incarnation de Iesus-Christ, pendant lequel espace, la loy Mosaïque, qui est la loy escritte, a eu lieu, depuis que Dieu l'eut donnée en deus tables; aussi nomme-t'on tout cet interualle, le temps de la Loy. Et la troisiesme section se compte depuis la Natiuité de Nostre Seigneur iusques à la consommation des siecles, qui est le temps de Grace, pour tous ceus qui auec l'assistance d'enhaut se rendent dignes d'y participer. Ce sont les trois Estats de la nature humaine, qui doiuent estre soigneusement considerez en traittant la matiere que nous auons entreprise.

Or on ne peut pas douter que beaucoup de personnes ne vescussent fort vertueusement dans le
premier temps, & qu'obseruant ce qui estoit du
droict de Nature, leurs bonnes œuures ne fussent
accompagnées de ceste grace Diuine, qui nous ou-
ure la porte du Paradis. A la verité on ne sçauroit non plus nier qu'vne infinité d'autres personnes ne prissent vn chemin tout contraire, puis
que nous lisons dans le texte Sacré que du temps
de Noë la malice des hommes estoit arriuée à vn
tel poinct, que Dieu se repentit d'en auoir mis
sur terre, laquelle il fut contraint d'inonder
pour la purger de tant de crimes qui s'y commettoient. Mais à l'égard de ceus qui n'esteignirent
point ceste lumiere naturelle dont tous ceus qui
viennent en ce monde sont éclairés, la raison authorisée du consentement de tous les Peres, nous
oblige de croire, que Dieu les auoit mis par sa
bonté infinie dans la voye de salut, & qu'ils
estoient deslors capables d'acquerir, moyennant
sa grace, la felicité eternelle, comme la fin de leur
creation. Que si l'on dit que le peché originel y
apportoit de l'empeschement, sainct Thomas
nous apprend que ceste tache leur estoit effacée
par la Foy, qui opere encore auiourd'huy de mesme en tous ceus que le malheur, & non pas le
mespris, priue de l'vsage des Sacremens. Quant
aus pechez actuels, dont on ne peut douter qu'ils
ne se rendissent par fois coupables, Dieu les leur
pardon-

De l'Es-
tat du
droict
de Natv-
re.

Genef.c.6.

pardonnoit par sa misericorde sur leur repentance & contrition, aydée en cela d'vne grace que l'Eschole nomme surnaturelle.

Car personne ne doit suiure l'opinion de quelques-vns qui ont creu qu'aucun ne se pouuoit sauuer dans la Loy de nature, s'il ne s'estoit tenu exempt de tout crime, & qu'il ne l'eust iamais violée; ce qui semble estre au dessus des forces de nostre humanité. I'auouë bien que nous ne sçaurions remarquer aucune offense mortelle en ceus que le vieil Testament nous represente comme hommes iustes & agreables à Dieu, tels qu'ont esté Abel, Seth, Enoch, ou Noë. Et certes il est fort croyable que ces premiers hommes qui venoient presque de sortir des mains de leur Createur, estoient tout autrement vertueus que ceus qui ont vescu depuis, & qui n'ont receu ceste premiere semence de probité qu'apres beaucoup d'alteration. L'anneau qui a esté touché immediatement de l'Aiman, & celuy qui suit, se resentent bien plus de la force magnetique, que ceus qui en sont plus esloignés. Les Poëtes ont mis sur cela le Siecle d'or aussi-tost apres la naissance du monde. Et Platon a dit fort pieusement pour vn Payen, parlant de la nature Diuine, qu'il s'en falloit rapporter à ce qu'en auoient appris aus autres les premiers hommes, qui pour auoir esté engendrés des Dieus, selon qu'on parloit pour lors en Grece, deuoient bien mieus connoistre leurs parens, que ne

Cassianus Collat. 8. cap. 23.

In Timæo.

pouuoient pas faire ceus qui estoient venus long-temps apres. Comme ce Philosophe a creu que l'entendement humain estoit beaucoup plus illuminé au commencement des Siecles qu'il n'a esté depuis, on peut presupposer la mesme chose de la volonté, qui se portoit vrai-semblablement auec plus d'ardeur au bien, & estoit touchée de plus d'auersion pour le vice, qu'elle n'est auiourd'huy. Mais ce n'est pas à dire pourtant qu'il n'y ait eu dans la Loy de nature que les premiers Patriarches & leurs semblables de sauués, si tant est qu'ils fussent exempts de toute faute. Et il est bien plus croyable, veu ce que dit l'Apostre de nostre inclination au mal, & Salomon de la cheute ordinaire des plus iustes, qu'infinies personnes depuis Adam iusques à Abraham violerent le droit de Nature, qui ne laisserent pas d'estre du nombre des Esleus, ayans fait d'ailleurs quantité d'actions vertueuses, & leur repentance ayant obtenu de la misericorde de Dieu, la remission de leurs pechez.

On ne sçauroit mesmes nier qu'il n'y ait eu dans cét espace de temps où le seul droit naturel auoit lieu, des Gentils qui s'estoient separez du corps des Fideles, & qui ne seruoient pas Dieu comme eus, y ayant des-ja vn culte Diuin establi, comme le sacrifice d'Abel nous le tesmoigne. Les vns sont nommez Fils de Dieu, & les autres Fils des hommes, dont les Filles furent recherchées par les premiers, à cause de leur grande beauté; pour le moins est ce l'interpretation la plus probable

PREMIERE PARTIE.

de toutes celles qu'on donne à ce passage de la Ge- *cap. 6.*
nese. Et depuis le Deluge nous voyons que Mel-
chisédec estoit Chananeen, & d'extraction Gentile ou Payenne. C'est pourquoy sainct Denis l'A- *Cæl. Hier*
reopagite croit qu'il fut illuminé par les Anges, *c. 9.*
qui le porterent à la connoissance du vrai Dieu,
non seulement pour son propre bien, mais encore
pour seruir de guide aus Gentils, à cause de l'authorité qu'il auoit parmy eus comme leur Pontife. Ie sçay bien qu'il y a beaucoup d'opinions differentes sur ce suiet, mais ie suy la plus receuë, &
qui est appuyée, outre le iugement de la pluspart
des Peres Grecs & Latins, sur le tesmoignage de
Iosephe, & de Philon, qui sont les plus considerables de tous les Iuifs. Abraham, qui a esté nom-
mé le pere des Croyans, estoit pareillement Gen- *Cyrillus l.*
til de naissance, venu de Hur en Chaldée, & de *4. contra*
Haran en Mesopotamie. Par où l'on peut iuger *Iul. Ap.*
que ce n'est pas sans raison que nous voyons si sou- *Iust. Mar-*
uent repeté dans la saincte Escriture, que Dieu n'a *tyr Apol.*
point d'égard aus personnes, & ne fait aucune di- *2.*
stinction entr'elles, dont on se puisse plaindre, *Deuteron.*
n'ayant iamais denié sa grace, ny son assistance *c. 10.*
speciale aus vertueus de quelque condition qu'ils *ast. Apost.*
fussent, ny manqué de recompenser, dés le temps *c. 10.*
dont nous parlons, les bonnes actions des hommes de toutes nations, & de toutes extractions,
sans en reietter pas vn qui ait inuoqué sa bonté, & reconnu sa puissance.

C ij

Voila ce qui est presque vniuersellement receu en Theologie, touchant le salut de tous ceus qui ont vescu dans le premier Estat de nostre nature, auant qu'aucune Loy particuliere les eust obligez aus ceremonies qui ont esté depuis, & par consequent qu'on leur peust imputer à crime ce qui l'a esté apres la circoncision d'Abraham, & dans la Loy Mosaïque, parce que, comme dit l'Apostre, où il n'y a point de Loy establie, ny de preceptes donnez, on ne sçauroit accuser personne de transgression.

Ep. ad Rom. c. 4. art. 15.

DE L'ES-TAT DE LA LOY.

La difficulté est bien plus grande à l'esgard de ceus qui ont vescu dans le Gentilisme depuis que Abraham eut receu de Dieu le commandement de se circoncire à l'aâge de quatre-vingt dix-neuf ans, auec ceste declaration, que c'estoit vn pact ou traitté qu'il faisoit auec luy & toute sa posterité, dont il ne reconnoistroit aucun pour estre de son peuple, s'il ne portoit la marque de ceste circoncision qu'il luy enioignoit. Et Moyse ayant eu en suitte de la main du mesme Dieu, les preceptes du Decalogue, auec le reste des Lois qu'il vouloit estre obseruées par les Israëlites, qui faisoient l'Eglise de ce temps-là ; plusieurs Perès ont creu que le surplus des hommes viuans dans les tenebres du Paganisme, & hors l'obseruation de ces Diuines constitutions, n'ont peu faire leur salut en ce monde, ny par consequent éuiter les peines preparées dans l'autre à ceus que l'autheur de la Nature n'a pas predestinez à la participation de sa gloire.

Gen. c. 17.

Ex. c. 20.

Le fondement de ceste opinion s'appuye sur vne maxime de nostre Theologie Chrestienne, receuë de tous les Scholastiques apres sainct Thomas, & qui a esté inserée depuis luy, dans le Concile de Trente, que personne n'a iamais esté iustifié ny sauué que par le moyen de la Foy. Or ceste Foy estant ou expresse & deueloppée, qu'on nomme dans l'Eschole explicite, & par laquelle nous croyõs en Iesus-Christ l'vnique mediateur de nostre Redemption; ou obscure, couuerte & enueloppée, ce que signifie le terme d'implicite, comme l'auoient les Hebreux qui attendoient le Messie, & se promettoient la venuë du Saueur du monde. Il s'ensuit que les Payens, Gentils & Idolâtres qui n'ont iamais eu ny l'vne, ny l'autre Foy, & qu'on nomme pour cela Infideles, ne peuuent en nulle façon s'estre redimez de la peine du peché originel, ny de celle de leurs fautes. Et ainsi nous serons obligez de conclure qu'aucun de ce grand nombre de Payens, pour sages & pour vertueus qu'ils ayent esté tenus, n'a deu croistre le nombre des Eleus, ny participer à la Beatitude eternelle.

Sess. 6. c. 7.

Si est-ce que beaucoup des Saincts Peres, & vn tres-grand nombre des plus graues Docteurs tant anciens que modernes, ont eu vne opinion toute contraire. Ils tombent bien d'accord de la premiere proposition, comme estant conforme à ce que prononça si hautement sainct Pierre dans Hierusalem, qu'il n'y a point de nom sous le Ciel

Act. c. 4. art. 10.

qui nous puisse rachepter, & qui soit en effect le seul principe de nostre salut, que celuy de Iesus-Christ. Mais en expliquant la seconde ils soustiennent que tous les Payens, ny tous les Gentils des Latins, qui sont les Ethniques des Grecs, n'ont pas esté Infideles, de mesme qu'ils n'ont pas esté non plus tous Idolâtres, la pluspart au contraire ayant possedé vne Foy tacite & enueloppée, qui n'est pas tousiours vniforme, & qui peut estre diuerse selon les temps, les lieus, & les personnes, comme l'explique fort bien sainct Thomas. Car encor que celle des Patriarches & des principaus d'entre les Iuifs, ait esté illuminée iusques à ce poinct, qu'ils croyoient certainement l'Incarnation future du Fils de Dieu, & les plus essenciels mysteres de nostre Redemption; si est-ce que les moindres d'entr'eus, comme les nomme ceste plume Angelique, n'en auoient qu'vne connoissance voilée, & vne Foy obscure ou enueloppée. C'est pourquoy Sepulueda maintient qu'on ne sçauroit reprocher le manquement de Foy à beaucoup de Gentils, & notamment à leurs Philosophes, qu'on ne le puisse imputer de mesmes à la pluspart des Hebreus, que nous tenons neantmoins auoir cheminé dans la voye de salut. Or cela supposé, & cet obstacle leué du deffaut de la Foy, on rapporte vne infinité d'authoritez & de raisons, pour prouuer que rien ne nous doit empescher de croire que ceus d'entre les Payens qui ont fait profession de

2. 2. qu. 2. art. 7.

Ep. 91. ad Serr. Th.

PREMIERE PARTIE. 23

suiure la vertu, & de detester l'Idolâtrie, aussi bien que la multiplicité des Dieus, n'ayent peu, assistez d'vne grace speciale de Dieu, paruenir à la felicité des Bien-heureus.

Il n'y a eu que l'Archeuesque Seyssel qui a fait ouuerture d'vn sentiment particulier, selon lequel il attribuë apres ceste vie aus Payens qui ont moralement bien vescu, vn troisiesme lieu entre l'Enfer & le Paradis. Mais parce que c'est vne opinion nouuelle, & que ie ne voy pas qu'elle ait esté suiuie, nous ne nous amuserons pas à l'examiner dauantage, nous contentans de dire qu'il faut prendre garde en Theologie, aussi bien qu'en Philosophie, de ne pas multiplier les Estres sans necessité. *Tract. 2. de diu. prox. art. 3.*

Les authoritez qui font pour la beatitude des Gentils, sont fort puissantes, & les raisons de tresgrand poids.

Pour commencer par sainct Denys, plusieurs alleguent icy ce qu'il escrit au neufuiesme chapitre de sa Celeste Hierarchie, que les autres nations, aussi bien que la Iuifue, ont esté assistées & illuminées par leurs Anges protecteurs, quoy qu'auec beaucoup moins de succez pour elles.

Le Philosophe Martyr sainct Iustin a soustenu dans ses Apologies pour nostre Religion, qu'il y auoit beaucoup plus de Chrestiens qu'on ne pensoit, puisque Socrate & Heraclite pouuoient estre nommez tels, & generalement tous ceus qui s'e-

stoient laissez conduire à ceste raison eternelle qui est ce λόγος & ce Verbe Diuin que nous adorons en la personne de Iesus-Christ. Il appelle selon la mesme façon de parler ἀχρήστους & Anti-Chrestiens tous ceus qui laissent esteindre ceste lumiere de raison qui est naturelle à tous les hommes, & dont le deffaut nous fait cheminer dans les tenebres du vice. Et il adiouste qu'assez de personnes ont passé pour Athées parmy les Grecs, comme Socrate & Heraclite, qui ne l'estoient pas, non plus qu'Abraham, Ananias, Azarie, Misael, & Elie parmy les Barbares. Il n'y a pas lieu de douter apres cela de ce que pensoit ce sainct Martyr du salut des Payens, qu'il nomme Chrestiens au mesme sens qu'Eusebe veut que tous les hommes l'ayent esté, qui ont vescu dans la loy de Nature, en remontant depuis Abraham iusques à Adam. Et selon que sainct Isidore de Pelusie appelle si souuent Logiciens & Chrestiens, la plufpart de ces vieus Philosophes, qui ont cheminé dans les voyes de la droicte raison.

i. 1. hift. Eccl. c. 4.

Sainct Iean Chrysostome dit nettement sur l'Epistre aus Romains, que ceux qui ont mesprisé les Idoles, auant la venuë de Iesus-Christ, adoré le Createur de toutes choses, & vescu moralement bien, se sont sauués, encore qu'il n'eussent pas la Foy ; où ie croy que ce grand personnage a voulu parler de la Foy explicite. Il le repete dans vne autre Homelie sur les Pseaumes, voulant que Dieu ait

PREMIERE PARTIE.

ait tiré des portes de la mort Socrate, Anaxarche, & quelques autres Philosophes.

Sainct Anselme enseigne la mesme chose dans son commentaire sur le mesme endroit de l'Apostre.

Sainct Iean Damascene tient que Iesus-Christ descendant aus Enfers, en tira tous ceus, qui auoient mené vne vie vertueuse ou moralement bonne, encore qu'ils ne possedassent pas cette Foy diuine & sincere, pour vser de ses termes, qui nous vient d'enhaut. Et Herma dans son liure du Pasteur veut qu'ils y ayent esté baptisez par les Apostres. Ie sçay bien que c'est vn Autheur Apocryphe, & que le Bibliothecaire Anastase pretend qu'il n'est pas cet Herma disciple de sainct Paul dont il est parlé au dernier chapitre de l'Epistre aus Romains, le faisant passer pour vn frere du Pape Pie premier, qui portoit le mesme nom. Mais on ne sçauroit nier aussi qu'il n'ait esté cité par les plus anciens Peres, Origene, Tertullien, Irenée, Clement d'Alexandrie, Eusebe, & assez d'autres, outre que sainct Hierosme recommande son liure comme vtile, dans celuy qu'il a fait des Escriuains Ecclesiastiques.

serm. de defun.

Clement Alexandrin represente en plus d'vne de ses Tapisseries, la Philosophie, comme ayant esté le Pedagogue des Grecs, qui les conduisoit, de mesme que la Loy les Hebreux, vers Iesus-Christ. Et il veut que comme Dieu sauua ceus-cy en leur

l. 1. & 7. strom.

26 DE LA VERTV DES PAYENS,
donnant des Prophetes, il ait enuoyé pour la mesme fin des Philosophes aus premiers.

v. Ioan. Languem in schol. ad Apol. 2. Iust. mart.

Il y en a qui ont tenu regiftre d'vn grand nombre de paſſages de ſainct Auguſtin, où il monſtre clairement que les Gentils ont peu arriuer à la grace du Ciel par leur bonne vie, auſſi bien que les Iuifs. Et quand il a iugé la Sibylle Erythrée digne d'eſtre placée dans la Cité de Dieu, il ſemble s'e-

l. 18. c. 23. ſtre aſſez expliqué ſur ce ſuiet, auſſi bien qu'Euſebe, & les autres qui ont eu la meſme opinion de quelques Sybilles. Ce n'eſt pas que le meſme ſainct Auguſtin, & aſſez d'autres Peres n'ayent ſouuent declamé contre ceus qui penſoient que les bonnes œuures fuſſent ſuffiſantes toutes ſeules pour nous iuſtifier deuant Dieu. Mais ce n'a eſté que pour s'oppoſer à l'Hereſie Pelagienne, qui donnoit trop aus forces du franc-arbitre, ou au merite de nos actions; & non pas pour combattre ceſte opinion de la ſaluation des Gentils, moyennant l'aſſiſtance de la grace.

2 2. qu. 10. art. 4. & 3. p. qu. 69. art. 4.

Sainct Thomas interpretant le paſſage du dixieſme chapitre des Actes, où l'Ange dit au Centenier Cornelius deuant qu'il fuſt baptiſé, que ſes prieres, & ſes aumoſnes auoient monté iuſques au throſne du tout-puiſſant, aſſeure qu'encore que ce Capitaine fuſt Gentil, il n'eſtoit pas pourtant Infidele, parce qu'il auoit la Foy implicite, ſans laquelle ſes actions n'euſſent pas peu eſtre agreables à Dieu.

PREMIERE PARTIE.

Entre les Scholastiques plus recens, ce grand Euesque d'Auila Alphonse Tostat a determinement resolu que tous les Gentils se pouuoient sauuer deuant la publication de l'Euangile, en obseruant les seuls preceptes du droict naturel, qui nous portent à aymer Dieu plus que nous-mesmes, & à n'offenser iamais personne, ce qui comprend tout le Decalogue selon le texte de l'Euangile. C'est dans son Commentaire sur le second chapitre de la Genese, où il adiouste que pour cela Socrate, Platon, & quelques autres Philosophes ont peu faire leur salut, encore qu'ils ne solemnisassent pas le iour du Sabath. Sur le chapitre trentiesme de l'Exode il continuë à dire, qu'ils n'ont pas esté exclus de la felicité non plus, bien qu'aucun d'eus ne reconneust le Dieu des Hebreus pour le vray Dieu, le mettant seulement au rang des autres Diuinitez du Paganisme, parce qu'ils n'estoient pas obligez de croire les Escritures des Iuifs, ny de deferer aus loix de Moyse. Et il repete la mesme doctrine sur le quatriesme liure des Rois, prenant sainct Augustin à garant, qui n'a pas fermé le Paradis à beaucoup de Philosophes Gentils, eu égard à leur bonne vie, & à ce qu'ils auoient tousiours suiuy la raison, comme vne bonne guide, ne faisant rien contre ses prescriptions, ou, comme parlent les Escholes *contra dictamen rationis.*

Dominicus Soto ne peut souffrir dans son traitté

Math. c. 7. art. 12. & c. 22. art. 40.

Qu. 14.

c. 5. qu. 22.

l. 1. c. 21.

de la nature & de la grace ceus de l'opinion contraire, qu'il nomme iniurieus enuers la Nature humaine, & maintient que le secours general de Dieu suffit au libre arbitre pour se porter au bien.

Erasme, si ie le puis placer icy, combat pour le salut de l'ame de Ciceron dans vne Preface sur les questions Tusculanes, soustenant que s'il a sacrifié aus Idoles, il ne l'a fait que par force, & pour obeyr aus loix; ce qu'il iuge pouuoir seruir d'excuse valable à quelques-vns de ce temps-là.

Ep. 91. quaest 1. l. 7.

Sepulueda escrit à Serranus vne lettre pour luy prouuer qu'on peut auec raison bien penser de la Beatitude des Philosophes Ethniques, & particulierement de celle d'Aristote.

l. de varcal. Luth. c. 13.

Le Pere Gretzerus qui a voulu reprendre Sepulueda, comme ayant parlé trop affirmatiuement, incline neantmoins pour le salut d'Aristote, mais auec ceste loüable retenuë, que Dieu seul a la connoissance certaine de ce qui en est. Par où il monstre bien qu'il eust fait conscience de prononcer vn iugement de condamnation absoluë, comme font plusieurs, contre ce Philosophe & ses semblables.

Le Pere Trigault suiuant les memoires du Pere Ricius l'vn des Apostres de la Chine, ne doute point que beaucoup de vertueus Chinois n'ayent peu se sauuer en obseruant la simple Loy de nature, & auec le secours special du seul Dieu qu'ils reconnoissoient pour Autheur du Ciel & de la terre.

PREMIERE PARTIE.

Enfin pour ne parfaire vn plus long denombrement des textes de tous les Scholastiques qui ont iugé auec les precedens en faueur des Gentils, Pererius, Catharinus, Salmeron, Viguerius, Della Cerda, Caietan, & assez d'autres ont conuenu en ce sentiment, que rien ne nous obligeoit à desesperer de la felicité eternelle des Payens, qui n'estans pas morts Idolatres, ont moralement bien vescu, auant l'Incarnation de nostre Seigneur.

Les raisons de tous ces grands Docteurs sont fondées principalement sur la bonté de Dieu, qui veut, comme dit sainct Paul, que tous les hommes soient sauuez, ne les ayant creés que pour les rendre participans de la felicité eternelle, qui est leur fin derniere. Il n'y a donc point d'apparence d'en exclure les Gentils, pour n'auoir pas obserué la Loy Iudaïque, veu que la pluspart d'entr'eus n'en eurent iamais aucune connoissance, & que d'ailleurs elle ne les obligeoit pas, comme nous auons dit, mais seulement le peuple Hebreu, à qui elle auoit esté particulierement donnée. Autrement il sembleroit que Dieu les auroit astrains à l'impossible, & leur auroit proposé vne fin où ils ne pouuoient pas arriuer, ce qui ne peut estre dit sans impieté & sans blaspheme. *Ep. 1. ad Timoth. c. 2.*

D'ailleurs le mesme Apostre nous asseure, qu'il n'y a point en Dieu d'acception de personnes, ny de ceste προσωποληψία des Grecs, qui fait preferer les vns aus autres. Sentence qui nous est repetée *ad Rom. c. 2. art. 11.*

vne infinité de fois dans l'vn & l'autre Testament. Pourquoy n'auroit-elle pas lieu aussi bien à l'égard des Payens qui ont vescu pendant le temps de la Loy, que de ceus qui estoient auparauant, & en faueur de qui nous l'auons desia alleguée?

C'est aussi vne maxime en Theologie qui ne reçoit point de contradiction, que Dieu ne refuse iamais sa grace à ceus qui font tout ce qu'ils peuuent pour s'en rendre dignes. Or les Payens qui ont vescu vertueusement suiuant les lumieres du droit de Nature, & soumettans leur liberal arbitre à la raison, ont fait tout ce qui estoit de leur pouuoir, puis qu'ils ne connoissoient point d'autre loy que la naturelle. On doit donc croire que Dieu ne leur a pas desnié sa grace, ny son assistance, & par consequent qu'ils peuuent estre du nombre des Bien-heureus.

Facienti quod in se est, Deus non denegat gratiam.

Celuy-là doit encore estre creu auoir fait tout ce qu'il a peu, qui a tesmoigné d'aymer Dieu de tout son cœur, & son prochain comme soy-mesme, puisque toute la Loy & les Prophetes dependent de ces deus preceptes, par le passage de sainct Mathieu que nous auons desja cité. Or nous sçauons que beaucoup de Philosophes Gentils sont arriuez à la connoissance d'vn Dieu souuerainement bon, ce qui le rend aymable sur toutes choses. Et qu'ils ont en suitte consideré tous les hommes comme des enfans d'vn si bon Pere, qui deuoient par consequent s'aymer comme freres, & ne faire

s. 22. art. 40.

PREMIERE PARTIE.

iamais l'vn à l'autre ce que chacun d'eus n'eust pas voulu qui luy eust esté fait en particulier, precepte fondamental de toute leur Morale. Ceus donc qui ont si bien executé ce qui est de ceste loy grauée dans nos cœurs qui comprend toute celle de Moyse (encore qu'ils ne l'eussent pas receuë comme les Iuifs escritte sur des tables de pierre) parce qu'ils se sont laissez conduire à la lumiere naturelle, aydée sans doute de la grace, & que comme parle l'Apostre, ils ont esté vne Loy viuante à eus-mesmes; ceux-là, dis-je, ne doiuent pas estre condamnez aus penes eternelles comme sont les meschans, & il est bien plus croyable qu'ils ont receu la recompense promise aus Iustes.

Ep. ad Rom. c. 2.

En effet outre que les Payens ont eu les vertus Morales & Intellectuelles, comme nous l'auons expliqué dés le commancement de ce discours, on peut dire qu'ils n'ont pas esté entierement depourueus de celles que nous nommons Theologales, & qui nous viennent par infusion Diuine, pour vne fin surnaturelle. Car nous auons des-ja veu que sainct Thomas leur accorde la Foy enueloppée. On ne sçauroit douter qu'en contemplant la bonté de Dieu, ils n'ayent eu l'esperance qu'il leur feroit misericorde. Et ils n'ont pas esté sans charité, puis qu'ils n'ont peu donner les attributs de toute bonté au souuerain Estre, comme ils ont fait, sans l'aymer sur toutes choses. Aussi n'y auroit-il point d'apparence d'auoüer qu'ils eussent bien eu vn

amour parfait pour leur patrie, & pour leurs amis ce que leurs histoires nous forcent de croire, & de leur dénier celuy de Dieu qui est beaucoup plus naturel, & plus raisonnable. Comment peut-on s'imaginer apres cela que tant de belles vertus ayent esté mal-heureuses? Veu mesmement qu'encore que nous ne suyvions pas l'opinion de l'Escot, de Gabriel, & de Caietan, qui ont enseigné que cét amour de Dieu sur toutes choses donnoit vne disposition à la grace: Et bien que nous croyons par l'authorité des Conciles, que toutes les vertus ensemble ne sont pas des attraits suffisans pour nous concilier ceste grace qui est vn pur don du Ciel. Si est-ce que nous ne pouuons rien penser de plus conforme à la bonté, & à la iustice de Dieu, que *Dom. Soto* de presupposer qu'elle n'a pas desnié son assistan- *l. 1. de Gra-* ce ordinaire, & mesme extraordinaire, à ceus qui *tia c. 21.* l'ont inuoquée par la prattique de toutes ces vertus. C'est ce qui a fait dire au grand sainct Gre- *Morum* goire de Nazianze, qu'il croyoit que l'vsage des *probitas* vertus Morales où estoit son pere, l'auoit comme *cum nobis* porté à la connoissance de nostre Religion, & que *vendica-* la Foy qu'il auoit receuë, en estoit en quelque fa- *bat, vnde* çon la recompense. Cela se lit dans l'oraison fu- *retulit fi-* nebre que la pieté du Fils luy fit prononcer à l'hon- *dem in* neur de son pere en la presence de sainct Basile. Ce *praemium* qui n'empesche pas que la grace ne soit vn present *praeceden-* gratuit que Dieu nous fait, semblables passages des *tium vir-* Peres deuans estre tousiours interpretez au sens *tutum.* que

que l'Eglise leur donne, & selon la doctrine des Conciles. Car de vouloir, comme quelques-vns ont fait, que les Payens ne receussent que des recompenses temporelles de toutes leurs bonnes œuures, & que leur vertu fust assez reconnuë par l'estime qu'on faisoit d'eus, & par la gloire qui accompagnoit leur vie; c'est à mon auis les traiter auec trop de rigueur, de leur donner vn partage où les plus meschans ont assez souuent l'auantage sur eus. N'a-t'on pas veu de tout temps le vice triompher dans vne opulence pleine d'esclat, & la vertu languir de necessité parmy le mespris? La bonne fortune ne s'est elle pas tousiours declarée aussi ennemie des hommes vertueus, qu'elle a souuent fauorisé les plus abandonnez au mal? Il ne semble pas d'ailleurs raisonnable de restraindre toute la felicité de ceus-là, quand ils en iouyroient en ce monde, au moment qu'ils ont à y estre, ny de les priuer en ce faisant de leur fin principale, qui est la beatitude eternelle.

Ainsi l'on conclud en faueur des Gentils qui ont moralement bien vescu, qu'ils ont peu se sauuer auec l'assistance Diuine, dans la loy de Nature depuis le temps mesme d'Abraham, aussi bien que les Hebreus dans celle que Dieu leur donna, encore que les premiers n'obseruassent ny la Circoncision, ny le iour du Sabbath, ny assez d'autres ceremonies qui regardoient seulement la nation Iudaïque. Car pour ce qui est du peché originel, l'Es-

chose nous apprend qu'il estoit effacé en la personne des enfans, par la Foy implicite de leurs parens; & en celle des plus aagez, par la premiere bonne action qu'ils addressoient à Dieu si heureusement qu'il l'auoit agreable. Quant aus pechez mortels, la remission leur en estoit faite par le moyen de la Contrition, de la mesme façon que nous croyons que les Chrestiens l'obtiennent auiourd'huy. Iusques là que Tostat soustient que les Payens mesmes qui auoient adoré les Idoles toute leur vie, & commis de tres-enormes crimes, en receuoient pardon dés l'heure qu'ils estoient touchés d'vne parfaite repentance, se fondant sur le passage d'Ezechiel, qui porte qu'aussi-tost que l'impie a quitté son impieté, pour suiure l'equité & le chemin de la iustice, son ame est viuifiée. Et toutefois on ne peut pas dire qu'ils se sauuassent sans la Foy du Mediateur, parce que leur repentance estoit accompagnée d'vne confiance en la misericorde de Dieu, qui leur faisoit croire qu'il estoit le liberateur des hommes par les moyens dont il luy plaisoit d'vser, & selon que sa prouidence en auoit ordonné; en quoy, dit sainct Thomas, consistoit leur Foy implicite en Iesus-Christ. De ceste façon ils venoient à estre bien-heureus par la vertu du Sauueur à venir, comme nous esperons de l'estre par la mesme vertu du Sauueur dés-ia venu. Que si l'on oppose à cela que sainct Paul a prononcé de grandes maledictions contre les Gentils dans

Parad. 5.
c. 107.

c. 18.

2. 2. qu. 2.
art. 7.

c. 1.

PREMIERE PARTIE.

son Epistre aus Romains; on respond qu'il n'a pas entendu parler des bons, ny des vertueus dont il est icy question, mais seulement des meschans, & de ceus que Dieu auoit laissé tomber dans vn esprit de reprobation, ou qu'il auoit abandonnés à vn sens reprouué, afin d'vser de ses propres termes. Enfin pour terminer ce qui se dit auantageusement du salut des Payens auant l'Incarnation, nous remarquerons que plusieurs ont interpreté d'eus ce passage de l'Apocalypse, où sainct Iean c. 7. parlant des Bien-heureus, apres auoir nommé ceus d'entre les Hebreux qui estoient de ce nombre, dit qu'il en vid arriuer vne grande foule que personne ne pouuoit compter, composée de toute sorte de nations, de peuples, de tribus, & de langues differentes, qui adoroient l'Agneau immaculé ; par où l'on veut qu'il ait entendu parler de tous ces gens de bien répandus par le monde de tous costez (le pays du peuple de Dieu n'en faisant qu'vne bien petite partie) qui n'ont suiuy, pendant le temps de la loy Iudaïque, que le seul droict de la nature. Passons maintenant à la consideration des mesmes Payens qui ont vescu depuis la Natiuité de nostre Seigneur, où commence le temps de la Grace.

Le grand Maistre de l'Eschole a prononcé decisiuement, que si l'on pouuoit se sauuer auec la Foy obscure & enueloppée auant la venuë du Messie, il n'en estoit pas ainsi depuis qu'il a paru dans le

DE L'ESTAT DE LA GRACE.

monde, & que son Testament y a esté publié par tout, parce qu'à compter de ce temps là, nous sommes tous obligez, grands & petits, comme il parle, d'auoir la Foy explicite de Iesus-Christ & des principaus mysteres de nostre Redemption. Tostat rend raison de ce sentiment, & le fonde sur ce que la Loy de Moyse n'engageoit à son obseruation que les Iuifs seulement, & non pas les Gentils, comme nous venons de dire; là où l'Euangile du Fils de Dieu estend sa iurisdiction Spirituelle sur tous les hommes de la terre, depuis qu'elle l'a receu en toutes ses parties, & iusques aus extremitez les plus éloignées, comme les Actes des Apostres nous l'aprennent dés le premier chapitre. Ceste opinion neantmoins a besoin d'estre expliquée, & si nous pouuons adiouster qu'elle reçoit quelques exceptions. Car comme Dieu est vn Agent tres-libre, du consentement de tous les Philosophes & de la meilleure Theologie, il ne se lie iamais tellement les mains, qu'il n'agisse par fois extraordinairement, & qu'au sujet dont il est question, il ne puisse sauuer quand il luy plaist ceux qu'il fauorise de ses Graces surnaturelles. Aussi sainct Thomas mesme a receu pour veritable l'histoire de la deliurance de Traian, par les prieres de sainct Gregoire surnommé le Grand. Et quoy que les sçauans Cardinaus Bellarmin & Baronius, auec assez d'autres bons Autheurs, n'ayent pris ceste relation que pour vne Fable, si est ce qu'on ne sçauroit nier que S.

2. 2. qu. 2.
art. 7.
Parad. 5.
c. 116.

v. 8.

1. sent. dist.
43. &
alibi.

Serm. pro
fid. def.

Iean Damascene ne l'ait approuuée. Les reuelations de sainct Brigide, que les Papes Boniface neufuiesme, & Martin cinquiesme ont recommandées comme pleines de l'Esprit de Dieu, la confirment. Et l'on sçait que toute l'Eglise Grecque a long-temps fait des prieres publiques pour l'ame de cét Empereur Payen. Or quand nous ne voudrions pas nous preualoir de ceste histoire, comme d'vne preuue authentique, du moins nous peut-elle seruir à faire voir qu'on n'a iamais tenu pour article absolument vray ny necessaire, que depuis la publication de l'Euangile, aucun Gentil ne peust en nulle façon obtenir la remission de ses pechez. On peut rapporter à mesme fin ce qui s'est escrit du salut de Falconille Idolâtre, qu'on veut auoir esté rachetée des peines eternelles par l'intercession de saincte Thecle premiere Martyre du Christianisme. Sainct Iean Damascene n'a pas fait difficulté de le coucher ainsi dans l'vn de ses Sermons, & ceste seconde authorité iointe aus precedentes monstre assez, quelle a esté l'opinion de beaucoup des anciens touchant nostre question. Mais quand ces exemples ne pourroient pas estre tirez en consequence, & qu'on deuroit tenir pour certaine la damnation de tous les Payens Idolâtres & ennemis de nostre Loy, comme ie pense que c'est le plus seur, il reste neantmoins deus tres-importantes difficultez à resoudre. L'vne, s'il est bien vray que Iesus-Christ ait esté annoncé par toute la

l. 4. c. 13.

In Euchologio, c. 96. de mortuis.

cui titulus, quod qui in fi- at, &c.

terre de telle sorte, qu'on n'en puisse remarquer aucune partie, où pour le moins les principaus mysteres de nostre religion n'ayent esté connus. L'autre, au cas que cela ne soit pas, & qu'il se trouue des lieus qui n'ayent iamais oüy parler de l'Euangile, si les Gentils de ces endroits-là, sont auiourd'huy de pire condition, que ceus dont nous auons dés-ja parlé qui viuoient deuant la venuë de nostre Seigneur.

Quant à la premiere difficulté, c'est vne chose certaine que plusieurs Peres, comme sainct Hilaire, sainct Anselme, S. Iean Chrysostome, & sainct Ambroise, ont creu que la predication vniuerselle de nostre Foy auoit esté faite dés le temps des Apostres. On a interpreté selon ce sentiment non seulement le passage du premier chapitre des Actes, que nous auons rapporté cy-dessus, mais encore celuy de l'Epistre aus Romains, où sainct Paul adapte à la parole de Dieu, ce que Dauid a dit metaphoriquement de celle des Cieus qui a esté entenduë de toute la terre. C'est la mesme chose de cet autre endroit de l'Epistre aus Colossiens, qui porte que l'Euangile qu'ils auoient receu, s'estoit dés-ja fait connoistre par tout l'Vniuers. Il y a pourtant vne opinion contraire que suyuent sainct Hierosme, sainct Gregoire, le venerable Beda, & sainct Augustin, par laquelle ceste publication de la loy de Grace n'a point d'autre temps limité que celuy de la fin du monde. Ils veulent que l'Apostre &

les Euangelistes ayent parlé ou prophetiquement, considerans l'auenir comme s'il estoit present; ou auec figure, prenans la plus grande & la plus connuë partie de la terre, pour le tout. Car c'est vne façon dont on est obligé d'expliquer assez souuent beaucoup de lieus du vieil & du nouueau Testament. Ainsi lisons-nous dans le premier liure des Machabées qu'Alexandre le Grand poussa ses conquestes aussi loin que la terre se peut estendre; c. 1. bien que personne n'ignore qu'il ne les fit gueres que dans l'Asie, n'ayant que fort peu penetré le dedans de l'Affrique, ny mesmes celuy de nostre Europe, où les Romains ne s'apperceurent pas seulement de ses victoires. Sainct Luc escrit de mesmes que l'Empereur Auguste fit vn Edict, portant commandement de proceder à la description de tout le monde, c'est à dire au denombrement de tous les habitans de la terre. Et neantmoins chacun sçait que ses Ordonnances n'alloient pas plus loin que le ressort de son Empire, qui ne fut iamais de tout le monde, comme on seroit obligé de le croire, s'il falloit prendre les termes de cét Euangeliste dâs leur propre signification. Il semble que sainct Thomas ait esté d'vn auis moyen entre ces deus que nous venons de rapporter, & qui tient de l'vn & de l'autre. C'est dans sa Somme où il fait ceste distinction, qu'à prendre la publication de l'Euangile pour vn bruit espandu par tout 1.2.qu. de la venuë de Iesus-Christ, on peut soustenir 106.art.4. ad 4.

qu'il a esté presché par toute la terre dés le temps des Apostres. Mais que si l'on veut parler d'vne predication auec effet, & telle qu'il n'y ait en Nation où les fondemens de l'Eglise n'ayent esté reconnoissables, alors il tient auec sainct Augustin, que l'Euangile n'a pas esté annoncé en tous lieus, & que ceste publication vniuerselle precedera peut-estre de bien peu de temps, la consommation du monde. Or ce qui obligeoit ce grand Euesque d'Hippone à nier que dés le siecle des Apostres la vois de l'Euangile eust esté entenduë par tous les coins du monde, c'est que de son viuant encore, comme il escrit à Hesychius qui estoit d'vn sentiment contraire au sien, il y auoit beaucoup de nations dans l'Affrique qui n'en auoient pas oüy seulement proferer le nom, bien loin d'auoir esté éclairées de sa lumiere. Les Autheurs de l'histoire Ecclesiastique ont fait la mesme obseruation, & ont remarqué chacun de leur temps des Pays qui ne faisoient que commancer d'en prendre quelque connoissance. Que pouuons nous dire auiourd'huy apres la decouuerte de l'vne & de l'autre Inde; & la certitude que nous auons d'vne terre Australe iusques icy inconnuë, & qui ne doit pas estre moindre que toutes les trois parties de l'ancien monde? En verité c'est ce qui force les plus irresolus à suyure l'opinion de ceus que nous auons citez auec sainct Augustin, qui eust esté bien plus hardi à la maintenir, s'il n'eust esté dans l'incredulité des Antipodes.

Ep. 78. & 80.

Socrates l. hist. c. 15. & 16.
Theodor. 1. hist. c. 23.
Rufinus 1. hist. c. 19.

PREMIERE PARTIE.

Antipodes. Et c'est pourquoy nous voyons tous les Scholastiques modernes, Maldonat, Bellarmin, Tollet, Suarez, Pererius, Lorinus, & Enriquez, qui n'ont point hesité sur cela, ny fait difficulté de reconnoistre qu'encore tous les iours les veritez de nostre Religion sont portées en des contrées où vray semblablement l'on n'en auoit iamais oüy parler. Pour ce qui est du Leuant, chacun sçait comme le Bien-heureus François Xauier a esté nommé l'Apostre du Iapon. Et le Pere Tursellin rapporte au quatriesme liure de la vie de c. 8. ce Sainct, que les peuples de ceste grande Isle se plaignoient souuent à luy, de ce que Dieu les auoit traittez auec tant de desauantage, qu'il ne receuoient son Euangile qu'apres tous les autres. L'Occident qui nous a donné le Nouueau monde, nous fournit quand & quand des tesmoignages irreprochables de ce que nous disons en faueur de ceste derniere opinion. Car c'est tout ce qu'on peut faire de croire pieusement, & parce que la Foy nous y oblige, que les hommes qu'on a trouuez dans cet autre Hemisphere soient venus d'Adam, & n'ayent eu qu'vne mesme origine aueceque nous. Mais à l'égard de la religion Chrestienne, pas vn de ceus qui nous ont donné des relations de l'vne & de l'autre Amerique Septemtrionale & Meridionale, n'a remarqué, qu'il y eust le moindre suiet de s'imaginer, qu'auant Christophle Colomb aucun Chrestien y eust iamais mis le pied. C'est pourquoy

F

Ioseph Acosta interprete les passages de la saincte Escriture touchant la predication vniuerselle des Apostres, du monde qui estoit alors connu. Et il represente fort iudicieusement en vn autre endroit, que comme Dieu auoit disposé l'Europe, l'Asie, & l'Affrique à receuoir auec facilité son nouueau Testament, par le moyen du grand Empire Romain, qui donnoit vne commodité aus Apostres qu'ils n'eussent pas euë autrement, de faire sans beaucoup de peine ce qui estoit de leur charge: Le mesme Autheur de tout bien auoit permis de mesme que son Euangile fust porté aus Indes Occidentales, lors que tant de vastes prouinces qu'elles contiennent estoient presque toutes reunies sous la domination de deux tres-puissants Monarques, celuy de Cusco ou du Perou vers la mer Pacifique, & celuy de Mexico du costé de deça. Ainsi apres tant de graues Docteurs, & de si fortes raisons que n'auoient pas les anciens, nous pouuons bien, ce me semble, acquiescer à ce sentiment, que la Foy n'a pas esté publiée par tout le monde dés les premiers temps du Christianisme, puis qu'il n'y a pas plus d'vn siecle & demy que les voyages de long cours l'ont portée aus Indes ; & veu que vray-semblablement tout ce qu'il y a de terres au dessous du destroit du Maire, & mesmes du Cap de Beach qui n'est gueres éloigné de la ligne, en tirant vers le Pole Antarctique, sont encore presentement dans les mesmes tenebres du

l. 1. hist. c. 3. & l. 7. c. ult.

PREMIERE PARTIE.

Paganisme, où elles estoient deuant la venuë de Iesus-Christ icy bas.

Cela supposé de la sorte, la seconde difficulté ne semble pas fort malaisée à resoudre, parce que de mesmes causes doiuent raisonnablement produire de mesmes effets, & par consequent puis qu'il se trouue des Payens auiourd'huy qui sont dans vne ignorance des choses necessaires à salut, aussi excusable que pouuoit estre celle des anciens, il n'y auroit point d'apparence de condamner les vns, apres auoir prononcé comme nous auons fait en faueur des autres. Aussi n'est-il pas de la bonté de Dieu d'obliger iamais les hommes à l'impossible, & ce seroit vne impieté de croire qu'il le voulust faire. Comment peut-on donc s'imaginer qu'vn pauure Americain qui n'auoit iamais oüy parler de la vraye religion il y a deus cens ans, ne peust deslors en nulle façon éuiter les peines eternelles, encore qu'il vescust moralement bien, & qu'il ressemblast aus bons Payens, dont nous auons parlé, qui se laissant guider par la lumiere naturelle de nostre raison, adoroient vn seul Dieu Createur de toutes choses, & viuoient sans Idolâtrie. Car si la nature ne manque iamais aus choses necessaires, selon les principes de la Physique, croyrons-nous dans la Theologie que l'Autheur de la nature puisse dénier absolument à vn Gentil le moyen de se sauuer, qui fait pour cela tout ce qui est en luy, & qui l'aymant de tout son cœur, sans le connoistre,

F ij

ne fait rien à personne que ce qu'il trouue bon qu'on luy face. L'Escholé met ceste question encore en plus forts termes, supposant vn ieune Payen qui est mort vn peu apres auoir acquis l'vsage de la raison, & auant que d'auoir offensé Dieu mortellement. Adioustons que dans ce peu de temps qu'il a vescu raisonnablement, il a fait quelque action signalée de vertu, qui a esté vne offrande si agreable à Dieu, qu'il s'est racheté par son moyen du peché originel, selon la doctrine que nous auons tantost expliquée. On demande si ce ieune enfant venant à mourir là dessus, doit estre heureus ou mal-heureus à perpetuité. Il y en a qui ne veulent pas que le cas de ceste hypothese puisse iamais arriuer, la prouidence Diuine ne le permettant pas. D'autres soustiennent que Dieu susciteroit plustost vn Ange pour faire connoistre Iesus-Christ à cet Innocent, ou mesmes pour le baptiser, que de souffrir la perte de son ame faute d'vn Sacrement. Mais ie ne voy personne qui ait assez d'inhumanité pour le jetter dans les flammes de l'Enfer, & la meilleure partie de nos Scholastiques luy ouurent le Paradis. Ie veus faire vne autre supposition de ce qui arriue vray-semblablement tous les iours, en ces lieus de la terre Australe & autres; qui n'ont point encore esté découuerts. Car quoy que la pluspart de ceus où nous auons mis le pied depuis cent cinquante ans, ayent esté trouuez remplis d'abomination & d'Idola-

trie, si est-ce qu'en quelques endroits les hommes y viuoient dans la nuë connoissance d'vne Diuinité, sans seruir apparemment aus Idoles ; & il y a grande apparence que ce doit estre la mesme chose, parmy les autres Nations où nous n'auons pas encore penetré. Mais quand le Diable auroit estably son empire par tout où le vray Dieu n'est pas adoré, cela ne nous empescheroit pas de supposer qu'il peut y auoir des hommes dans ce grand Continent que nous marquent les Cartes vers le Sud, qui viuent reglement & vertueusement dans la loy de Nature. Imaginons nous en vn qui dans ceste rectitude morale, se porte par la seule lumiere de sa raison, comme l'ont fait autrefois ces Philosophes de Grece, & mesme de Scythie, à reconnoistre vn seul Autheur de toutes choses. Ie veus croire que les genous en terre, & les bras croisez vers le Ciel, il vse de cette priere dans vn extreme repentance de ce qu'il peut auoir fait de mal. Mon Dieu qui connoissez le plus secret de mon Ame, j'implore vostre misericorde, & vous supplie de me conduire à la fin pour laquelle vous m'auez creé. Si i'auois assez de lumiere pour m'y porter de moy-mesme, il n'y a rien que ie ne voulusse faire pour y arriuer, & pour me rendre agreable à vostre diuine Majesté, que ie reuere auec la plus profonde humilité que ie puis. Excusez mon ignorance, & me faites connoistre vos sainctes volontez, afin que ie les suyue de toute la force que vous

m'auez donnée, desirant pluftoft mourir, que de faire iamais aucune action qui vous puiffe defplaire. S'il arriue qu'immediatement apres cet acte de contrition, capable, felon Toftat, d'effacer toute forte d'Idolatrie & de crimes, ce pauure Gentil vienne à mourir, foit par quelque caufe interne de maladie fubite, ou par vn accident inopiné du dehors, comme de la cheute d'vn arbre, ou d'vne maifon voifine, le iugerons nous damné? Et pourrons-nous bien penfer que Dieu n'ait pas eu agreable vne fi faincte repentance ? Ce n'eft pas l'opinion de beaucoup de Docteurs de la plus haute eftime, qui nient que Dieu, le plus libre de tous les Agens, fe foit tellement attaché aus Sacremens, pour vfer de leurs propres termes, qu'il ne puiffe, quand il luy plaift contre l'ordre ordinaire, & par vne affiftance furnaturelle, fauuer des hommes tels que celuy dont nous parlons, fans les Sacremens. Et il eft tres-probable que fi fainct Thomas euft eu de fon temps la connoiffance qui nous eft venuë depuis d'vn monde nouueau, & de tant de pays Antipodes & autres, où iamais l'Euangile n'auoit penetré, & où il eft encore du tout inconu, il n'euft pas fait difficulté d'accorder que depuis mefmes l'Incarnation de Iefus-Chrift, la Foy obfcure & implicite pouuoit quelquefois, accompagnée d'vne grace fpeciale, fauuer ceus à qui il eftoit impoffible d'auoir la Foy explicite ou déueloppée. Cela fe recueille manifeftement de ce

qu'il croyoit, comme nous auons veu, que l'Euangile eust esté presché par toute la terre dés le temps des Apostres, sinon plainement, pour le moins en ce qui touche la personne du Mediateur, ce que toutes les histoires des Indes nous asseurent auiourd'huy n'estre pas vray.

Apres auoir examiné ce qui se dit des Payens vertueus dans l'Eschole, selon qu'ils se sont trouuez dans l'vn des trois Estats de la nature humaine, il me reste, auant que de terminer ceste premiere partie, de faire quelques obseruations generales, qui se doiuent appliquer à tous ces trois temps, & qui donneront beaucoup d'éclaircissement à nostre sujet. *OBSERVATIONS SVR LES TROIS ESTATS EN GENERAL.*

Premierement il faut bien prendre garde que l'affection que nous pouuons auoir pour quelques Gentils, à cause des vertus eminentes qui nous les recommandent, ne nous face tomber dans vne erreur voisine de celle des Gnostiques, que sainct Irenée taxe d'auoir mis en mesme rang la figure de nostre Seigneur, & celles de Pythagore, de Platon & d'Aristote. Sainct Augustin dit que ceste Marcelline Carpocratienne encensoit les images du Fils de Dieu, & de sainct Paul, d'vne pareille deuotion que celles d'Homere & de Pythagore. Et l'on a escrit de l'Empereur Alexandre Seuere, qu'il auoit dans son cabinet les statuës d'Apollonius & d'Orphée, qu'il reueroit comme celles d'Abraham & de Iesus-Christ. Ceus qui mettroient *Adu. her. l. 1 c. 24.* *l. de He. res.* *Ælius Lampridius in eius vita.*

en parallele les plus illuſtres d'entre les Ethniques, auec nos grands Sainēts Confeſſeurs, Martyrs, & autres dont l'Egliſe celebre la memoire, ne s'éloigneroiét gueres de ceſte impieté. Et ie trouue qu'on n'a pas reproché à Zuingle ſans beaucoup de raiſon, d'auoir confondu d'vn ſtyle prophane les vertus Chreſtiennes auec les prophanes, comme ſi l'on n'y deuoit mettre aucune difference. C'eſt dans ſon expoſition de la Foy addreſſée au Roy François premier, où il luy promet qu'il pourra voir en Paradis Hercule, Theſée, Antigone, Numa, Ariſtide, les Catons, & beaucoup d'autres ſemblables, meſlés auec les Patriarches, la Vierge, ſainēt Iean, & les Apoſtres, parlant ainſi ſans reſpect de ce qu'il y a de plus ſacré dans le Ciel.

Il faut auſſi remarquer, qu'autrefois Pelagius ayant ſouſtenu que ſans la Foy du Mediateur, & ſans l'ayde de la grace ſurnaturelle, les Payens vertueus auoient eſté ſanctifiez par les ſeules forces de leur franc-arbitre qui s'eſtoit porté au bien; il fut pour cela condamné d'hereſie par deus Con-

can. 4. & 5. ciles, l'vn tenu dans la ville de Mileuis en Affrique, l'autre dans celle d'Oranges de noſtre Gaule
c. 7. concil. Narbonnoiſe. La doctrine de l'Egliſe, dont il n'eſt
Arauſic. 2. pas permis de ſe ſeparer, porte, que ces forces de noſtre liberal arbitre ne ſont pas telles, que nous puiſſions touſiours eſtre abſolument vertueus, & accomplir de nous-meſmes ſans iamais faillir tous les commandemens de Dieu, eſtant beſoin pour
cela

cela que nous soyons aydez de sa Grace, & que la foiblesse de nostre nature soit appuyée de son secours, ce que le Concile de Trente a fort precisé- ment determiné. C'est pourquoy l'erreur de Zuingle, outre sa prophanation, n'a pas esté d'auoir simplement ouuert le Paradis à ces Gentils, qu'il estimoit fort vertueux ; mais elle a esté d'auoir donné dans le Pelagianisme, & d'auoir voulu les sauuer sans la grace surnaturelle, & en vertu de l'obseruation simple de la loy de Nature, ce qui paroist contraire à la doctrine des Peres, & aux definitions de l'Eglise. *3. primi can.*

Ie seray bien aise encore qu'on considere, qu'à l'égard du theme que nous auons pris, il n'est pas entierement necessaire de sçauoir si les Payens se sont sauuez auec le secours ordinaire ou extraordinaire de la Grace. C'est vne question à part sur laquelle on s'exerce tous les iours dans l'Eschole. Et il me suffit pour le present d'estre asseuré, qu'il n'est pas impossible, que quelques-vns d'entre eus qui ont moralement bien vescu, ayent eu place apres leur mort parmy les Bien-heureus. D'où il s'ensuit qu'il y a de la temerité, aussi bien que de l'inhumanité, à les vouloir condamner tous aus peines eternelles de l'autre vie, sans misericorde & sans reserue, comme plusieurs font. Car il se rencontre des personnes si austeres, qu'elles interdisent l'entrée du Paradis non seulement à Samson, & à Salomon, figures de nostre Redempteur, mais à nostre pre-

G

mier Pere mesme, formé de la propre main de Dieu; l'Abbé Rupert, & Tatian que refute sainct Irenée, auecque Marcion & Saturnin, n'ayans pas fait conscience de douter du salut d'Adam, ce que ie ne croy pas qu'ils ayent peu faire sans vne espece d'impieté. Ce n'est pas merueille si des hommes de ceste humeur prennent la hardiesse de damner sans distinction toute la Gentilité. Il y en a d'autres si faciles au contraire, qu'ils ne ferment le Ciel à qui que ce soit. Origene a creu que le Diable mesme seroit à la fin participant de la Beatitude que son orgueil luy a fait perdre. Et il s'est trouué des faiseurs d'Apologie pour Iudas, qui l'ont voulu mettre au nombre des Saincts, comme celuy qui n'auoit liuré nostre Seigneur à la mort que par vn grand zele, sçachant que de là dependoit le salut de tout le genre humain. La voye moyenne entre ces deus extremitez est celle qu'on doit icy suyure, de mesme qu'on fait quasi par tout ailleurs. Et comme nous ne pouuons douter de la damnation de la pluspart des Payens, qui sont morts dans l'infidelité & l'idolatrie; aussi ne deuons-nous pas desesperer de la misericorde de Dieu, à l'égard de ceus d'entr'eus qui ont eu la raison pour guide de leurs actions, & par elle la Foy implicite de nostre Sauueur, accompagnée peut-estre d'vne grace surnaturelle, au moyen de laquelle ils se sont racheptez du mal-heur des autres.

Mais bien qu'on se puisse promettre cela genera-

l. 3. de Trin.
c. 31. l. 3. c. 35. & sequ.
Euseb. hist. Eccl. l. 4. c. 27.

Caiani hæretici.

PREMIERE PARTIE.

lement parlant de la bonté de leur Createur, ce n'est pas à dire pourtant qu'il y ait lieu de s'asseurer de la felicité d'aucun d'eus en particulier, comme nous ne doutons point de celle de nos Saincts que l'Eglise a canonisez. C'est vne comparaison qui ne doit iamais estre faite. Et ie croy que ce qu'il y a de plus certain, lors qu'on descend iusques à examiner le salut ou la damnation des Indiuidus, c'est de suspendre son iugement, & de reconnoistre qu'on n'y peut rien determiner auec certitude. Ie suis neantmoins pour auancer icy ce paradoxe, que de tous les anciens il n'y en a point dont on doiue plustost presumer le bon-heur de l'autre vie, que de ceus qui auoient de leur viuant la reputation d'Athées, & de gens sans religion ; si nous en exceptons quelques monstres d'hommes ; tels qu'ont esté vn Diagore Melien, vn Euemere Tegeate, & vn Theodore Cyrenien, qui ne vouloient pas mesmes reconnoistre vne cause premiere : Encore semble-t'il que Clement Alexandrin ait eu meilleure opinion d'eus que de tout le reste des Payens Idolâtres. Ma raison est qu'on nommoit communement Athées de ce temps-là, tous ceus qui s'apperceuans de l'impertinence des fausses Religions qui auoient cours, refusoient d'adorer la multiplicité des Dieus du Paganisme, n'en pouuans admettre plus d'vn. Et c'est pourquoy nous auons veu que Iustin Martyr a nommé Socrate & Heraclite Chrestiens, encore, dit-il, qu'ils passassent pour Athées dans le Siecle où

Adm. ad Gentes. p. 15.

G ij

52 DE LA VERTV DES PAYENS,
ils viuoient. Quoy qu'il en foit, nous fommes obligez d'auoüer auec grande foubmiffion d'efprit, que les voyes dont Dieu fe fert pour fauuer les hommes, ne font pas fouuent reconnoiffables, que fes con-*Ep. ad Rom. c. 11.* feils, comme dit fainct Paul, font des abyfmes impenetrables, & que fes iugemens n'ont iamais efté compris de perfonne. C'eft par cefte humble deference, & par ce neceffaire abaiffement d'efprit, que nous finirons la premiere partie de noftre entreprife, pour voir dans la feconde quelle opinion nous deuons auoir de la vie de certains Payens, qui ont efté dans la plus haute eftime parmy les Grecs ou les Romains; & auec quel refpect nous pouuons eftre obligez de parler de quelques-vns d'entr'eus dont le falut eft defefperé, & qui font morts notoirement dans l'Idolatrie.

DE LA VERTV DES PAYENS.

SECONDE PARTIE.

LA Morale des Stoiciens a esté reprise par tout le reste des Philosophes, d'auoir rendu les Vertus si inseparables les vnes des autres, qu'il estoit impossible à leur dire, d'en posseder vne sans les auoir toutes. Par le mesme raisonnement il ne se pouuoit faire qu'vn homme vertueus eust le moindre vice, parce que celuy qui se rendoit coulpable d'vn seul, le deuenoit de toute sorte de crimes. Et comme Herodote escrit qu'vne petite fontaine de Scythie infecte de son amertume tout le fleuue Hypanis qu'il met entre les plus grands; l'o-

Sen. l. 4. de benef. c. 26. & l. 5. c. 15.

l. 4.

pinion de ceus de ceste secte estoit, qu'vn seul defaut dans les mœurs rendoit vn homme vicieus tout à fait, nonobstant toutes les bonnes habitudes qu'il auoit acquises auparauant. A la verité si ceste doctrine fust passée pour veritable, il n'y auroit pas lieu de mettre auiourd'huy en question, si les Payens, dont nous voulons parler, meritent que nous deferions quelque honneur à leur memoire. Car outre que l'infidelité & l'idolatrie peuuent estre reprochées à plusieurs, on ne sçauroit nier que les plus accomplis d'entr'eus, n'ayent eu beaucoup d'autres vices, qui ne nous permettroient pas de mettre en consideration quelques qualitez vertueuses, puis que le mal auroit necessairement aneanti le bien, par les maximes d'vne si estrange Philosophie, de mesme qu'vn peu de leuain aigrit & corrompt toute la masse qui le reçoit.

 Mais il y a long-temps que l'Eschole a condamné tous ces paradoxes, & que sainct Augustin a fait voir qu'on se tromperoit dans l'Ethique, où le
n Enchir. bien & le mal sont souuent meslez ensemble, si l'on y vouloit receuoir la reigle des Dialecticiens, qui porte que deus contraires ne se peuuent iamais rencontrer en vn mesme sujet. En effet le vice & la vertu se broüillent par fois de telle sorte, qu'on void des hommes fort vicieus faire de tres-bonnes actions ; & d'autres au contraire qui en commettent de tres-meschantes, bien qu'ils soient d'ailleurs dans l'exercice de beaucoup de vertus. Ainsi

Theophraste remarque, qu'auec des pierres fort noires on peut tirer des lignes blanches; & Pline que la couleur de l'argent ne l'empefche pas de faire des marques obfcures fur le papier. C'eft la mefme chofe de certaines perfonnes dont les operations font fi differentes de leur naturel, qu'il femble qu'elles dementent leur principe. Or ce qui eft encore fort notable dans ce meflange moral, c'eft qu'on y obferue l'vnion de deus contraires, fans qu'il fe forme vn temperament particulier des deus, comme il arriue prefque toufiours ailleurs. Vn mefme homme fera auare & prodigüe, fans iamais eftre liberal; temeraire & poltron, fans pouuoir eftre nommé vaillant. Cela monftre bien que la fcience des mœurs ne reçoit pas toutes les maximes des autres, & qu'elle a fes reigles differentes de celle de la Phyfique, auffi bien que de la Logique. Tant y a qu'on ne fçauroit nier que la vertu & le vice ne fe rencontrent fouuent en mefme lieu, ny fouftenir auec raifon que ces deus contraires foient abfolument incompatibles. Ils ne l'eftoient pas en la perfonne du Roy Philippe de Macedoine, de qui l'on a dit que iamais autre que luy n'auoit apporté à la Royauté tant de vertus & tant de vices tout à la fois. Et Polybe le fait encore voir en parlant d'Aratus, qu'il affeure auoir efté hardi & timide tout enfemble. Il n'y auoit rien de plus vaillant que luy dans fon pays, ny de plus craintif au dehors, & quand il fe trouuoit fur les

Excer. Confi. ex Polyb.

l. 4. hift.

terres des ennemis. Le mesme Historien obserue là dessus comme grand Philosophe qu'il estoit, qu'on void assez d'espiits de ceste trempe; & que tel est courageux dans les perils d'vne chasse tres-dangereuse, qui ne fait paroistre nulle valeur au mestier de la guerre. Celuy-là passera pour inuincible dans les duels, qu'on prendra pour vn poltron au milieu d'vne bataille rangée. Ceus de Candie qui estoient les nompareils aus assauts de nuict, & en toute sorte d'exploits de surprise, ne valoient rien aus combats reiglez, ny où il estoit question d'executer par la force quelque grande entreprise à descouuert; tout au rebours des Macedoniens, & de ceus d'Achaïe, qui auoient les qualitez diametralement opposées à celles-li. Enfin c'est vne chose si constante & si ordinaire que ceste varieté d'esprits, & ceste inconstance de mœurs, dont vn chacun de nous peut estre bon tesmoin à soy-mesme, qu'à le bien prendre la plus rafinée perfection a tousiours quelque traict d'imperfection, comme il n'y a point de vin qui n'ait sa lie, & comme la plus belle grenade, selon le dire de Crates le Thebain, n'est iamais sans le deffaut de quelque grain pourri. Ainsi nous pouuons bien establir cette maxime, que les plus vertueus de ce monde sont simplement ceus qui ont le moins de vices; & que quant à ceste pureté exempte de tout meslange, ne se trouuant pas icy bas, nous ne la deuons chercher que dans le Ciel.

Il n'est

Il n'est pas raisonnable neantmoins de confondre cependant le vice auec la vertu; pour estre logez en mesme endroit, ils ne laissent pas d'estre reconnoissables l'vne d'auec l'autre; & cela estant ainsi, nous sommes obligez de distribuer à vne mesme personne le blasme & la loüange, à proportion du bien & du mal qui se trouuent dans ses actions. C'est suiuant ceste reigle que ie me suis proposé d'examiner la vie de quelques Gentils des plus renommez de l'antiquité à cause de leur merite. Et pource qu'il n'y en a point qui le soient dauantage, que ces grands Philosophes dont le seul nom a souuent le pouuoir de nous inspirer vn secret amour de la vertu, nous les choisirons entre tous, comme les plus propres à nostre dessein. Il est vray que le nombre en estant fort estendu, ie fais estat de ne m'attacher gueres qu'à ceus d'entr'eus, qui ont esté fondateurs de quelqu'vne des sectes de l'ancienne philosophie, parce que ce sont sans doute les plus considerables; comme l'on peut dire dans le Christianisme, que les Chefs de ces illustres familles Religieuses, sont les premieres personnes de leur ordre en pieté & en suffisance, aussi bien qu'en la suitte du temps. Voyons donc si ces Sages du Paganisme nous donneront plus de sujet de les estimer que de les blasmer; & taschons de reconnoistre s'il y en a eu quelques-vns, qui ayent possedé assez de lumiere naturelle, pour trauerser, moyennant la grace du Ciel, des siecles de

tenebres & d'infidelité comme ont esté les leurs, sans se perdre dans l'Idolatrie où ils estoient nourris. S'ils l'ont peu faire, le cours de leur vie n'est pas moins admirable que celuy d'Alphée, ou de ces autres fleuues qui conseruent la douceur de leurs eaus parmy l'amertume de celles de la mer. Et nous les pouuons comparer encore à ces sources d'eau pure & tres-bonne à boire, qui sortent du milieu des collines de sel, qu'Herodote dit qui se trouuent dans les deserts de Lybie.

In Melpom.

Il faut commencer ceste recherche par le pere commun de tous les Philosophes, qui est Socrate; Car puis qu'il n'y en a presque point eu, qui n'ayent fait gloire de tirer leur sçauoir, & s'il faut ainsi dire, leur extraction spirituelle de ce grand homme, nous luy ferions tort, & à l'ordre que nous deuons tenir, si nous ne luy donnions le premier lieu. Ce n'est pas que ie ne sçache bien, qu'on en peut nommer beaucoup qui ont vescu auant luy. Thales, Bias, Solon, & le reste des Sept Sages de la Grece l'ont precedé. Anacharsis, Pherecydes, Pythagore, Anaximandre, Anaxagore & quelques autres, auoient dés-ja paru dans le monde quand il y est venu. Mais parce que nous ne les voulons pas tous considerer, & que ce n'est pas nostre opinion qu'on doiue donner icy la priorité du merite, selon celle du temps, comme parmy les Iurisconsultes; nous attribuerons volontiers l'auantage du rang, à celuy qu'on a dit auoir le premier

SECONDE PARTIE.

de tous fait descendre la philosophie du Ciel en terre.

DE SOCRATE.

C'Est à cause de la Morale que les Anciens ont honoré Socrate de ce bel Eloge. Ceus que nous venons de nommer qui auoient philosophé deuant luy, s'estoient contentez de contempler le Ciel, ou de rechercher les causes principales de ce qui se fait dans la Nature. Mais pour ce qui touchoit les mœurs, fort peu d'entr'eus s'estoient souciez de cultiuer ceste partie, qui est sans doute la plus importante de toute la philosophie. A la verité les sept Sages dont nous venons de parler, nous ont laissé de fort beaus preceptes moraus, & des Sentences de grand vsage dans la vie ciuile. Ils n'ont rien eu pourtant de comparable à Socrate, leur vie n'ayant pas esté exemplaire comme la sienne. Et ie me souuiens bien qu'Appian *de bello Mithr.* n'est pas seul qui a fait l'obseruation, que ceus d'entr'eus, comme Pittaque, & Periandre, qui se sont meslez de la Politique, & qui ont eu part au gouuernement public, peuuent estre mis au rang des plus insupportables Tyrans qu'ait eus la Grece. Si est-ce qu'on ne deuroit pas parler d'eus, ce me semble, auec tant de mespris que quelques-vns ont fait. Nous sommes obligez de croire qu'ils

n'obtinrent ceste haute reputation de sagesse, que par de grandes & rares qualitez d'esprit, encore que quelques-vns en ayent peut-estre abusé. Et ceus-là procedent contr'eus de mauuaise foy, qui veulent mesurer leur merite au pied de ces petits prouerbes qu'on leur attribuë ; comme s'ils n'auoient acquis toute [●] reputation que par ces deus ou trois mots, qui ont esté sans doute les deuises de chacun d'eus, & non pas le sommaire de leur science, selon le dire de ceus qui se rendent à mon auis ridicules eus-mesmes, en les deprimant si fort. Quoy qu'il en soit, Socrate fut le premier qui s'auisa que la curiosité des choses d'enhaut, & les disputes de la Physique, auoient rendu trop negligens dans la Morale, tous ses predecesseurs. En effet, il fit profession de mespriser également l'Astrologie, la Geometrie, & la Musique, qui occupoient les meilleurs esprits de son temps, comme nous l'apprenons d'vne Epistre de Xenophon à Eschines. Et faisant voir que tout le reste de nos estudes estoit de peu de consideration, au pris de ce qui concernoit les bonnes mœurs, il establist le premier ceste troisiesme & principale partie de la Philosophie, appellée Ethique, qui imprime dans nos cœurs l'amour de la Vertu, & qu'on a fort bien nommée la Georgique de nostre ame. C'est ce qui fit dire aussi-tost, qu'il auoit attiré la science du Ciel icy bas, & ce fut pourquoy l'Oracle d'Apollon Pythien, à qui Dieu a souuent permis de

SECONDE PARTIE

reueler beaucoup de veritez, prononça que Socrate estoit le plus sage de tous les hommes. Ie sçay bien qu'Origene veut dans le septiesme de ses liures contre Celsus, que cét Oracle ait plus consideré les sacrifices de Socrate que sa Philosophie, lors qu'il parla de luy si auantageusement. Mais quelle couleur peut-on donner à vn sentiment si particulier, puis que le Paganisme a eu tant de personnes qui ont fait de bien plus grãds sacrifices que Socrate, sans auoir iamais receu vn semblable Eloge.

Or outre ceste approbation generale de toute la Gentilité, la plus-part des Peres de l'Eglise l'ont eu en si grande veneration, qu'apres Iustin Martyr qui a bien osé le nommer Chrestien, comme nous auons veu dans la premiere section de ce discours, il n'y en a gueres eu qui n'ayent creu que Dieu par vne grace speciale luy auoit fait misericorde. Sainct Iean Chrysostome, sainct Ambroise, & sainct Augustin ont tesmoigné qu'ils estoient de ce sentiment; & tous les Scholastiques modernes qui n'ont pas desesperé du salut des Payens vertueux, ont esté persuadés de celuy de Socrate; ce que Tostat & quelques autres ont dit en termes exprez. Mais entre tous les Autheurs Catholiques qu'on peut alleguer en sa faueur, il n'y en a point qui ayent mis sa vertu si haut que Marcile Ficin a fait. Il propose la vie de Socrate pour vne image de la vie Chrestienne, & pour vn original parfait dont on doit s'efforcer d'estre la

c. 2. Genes. & Ex. c. 30. qu. 14.

l. 8. Epist.

copie. A la verité sainct Chrysostome escriuant contre ceus qui se moquoient de la façon de viure des Moines, auoit bien representé Socrate comme vn exemplaire de pauureté Chrestienne; mais il ne l'auois pas donné pour vn Tableau si acheué ny si accomply, que Ficin le veut faire passer. Xenophon & Platon ont pris la peine de tracer de leur main ce beau pourtrait; & long-temps depuis Diogenes Laertius en a tiré vn crayon apres eus, qui ont esté les premiers Peintres du monde pour bien faire la figure des Esprits. Le plus beau lineament à mon gré de tout leur ouurage, est celuy par lequel ils nous expriment la fin de Socrate, qui meurt constamment accusé de s'estre moqué de la pluralité des Dieus que la Grece adoroit, & d'auoir enseigné à la ieunesse d'Athenes qu'il ne pouuoit y auoir plus d'vne diuinité. Car quoy que l'vn & l'autre de ses Disciples ayent fait mine de l'excuser de cela, par leurs Apologies dressées exprez, pour rendre sa memoire moins odieuse à ceus de leur temps. Si est-il certain qu'Anytus & Melitus ne prirent point d'autre pretexte pour l'accuser; & qu'il ne beut la cigue que pour auoir fait leçon de ceste nouuelle doctrine. Et c'est vray-semblablement le plus grand suiet qu'ayét eu les Peres de l'Eglise de bien penser de son salut, parce qu'on peut dire que d'estre mort pour soustenir dans la loy de Nature l'vnité de Dieu, ce n'est pas estre fort loin du merite de ceus qui ont souffert le martyre

SECONDE PARTIE.

dans la loy de Grace pour la Foy de nostre Sauueur. Sur quoy on pourroit adiouster qu'ayant esté le premier des Philosophes Payens qu'on ait puni de la sorte, selon que Diogene l'a remarqué, puis qu'Anaxagore, qui auoit esté soupçonné d'auoir de mauuaises opinions des Dieux, en fut quitte pour vn simple bannissement; il semble qu'on puisse en quelque façon nommer Socrate le premier Martyr du Messie à venir, comme nous sçauons que sainct Estienne l'a glorieusement esté du mesme Messie dés-ja venu.

Et neantmoins toutes les vertus, dont la vie de Socrate fut vn perpetuel exercice, n'empescherent pas que la mesdisance de quelques Gentils ne fust assez insolente pour s'attacher à luy; & le beau suiet de sa mort, tel que nous venons de le rapporter, n'a peu tant obtenir sur deus ou trois des premiers Peres de l'Eglise, qu'ils n'ayent quelquefois parlé de luy en d'assez mauuais termes, par vn zele qui a besoin d'estre expliqué.

Quant aus Gentils, ce n'est pas merueille que ceus d'entr'eus qui vouloient paroistre affectionnez à leur fausse Religion, declamassent contre Socrate, comme contre vn Impie & vn Athée, qui renuersoit autant qu'il luy estoit possible, tous les Autels. C'est par là qu'ils esmeurent tout le peuple contre luy, apres auoir fait representer des Comedies de la composition d'Aristophane, où *In Nebulis.* Socrate soustenoit qu'il n'y auoit point d'autres

Dieux que le Chaos, les nuës, & la Langue; enseignoit en suitte aus enfans à battre leurs Peres; & puis estoit estranglé, & sa maison bruslée auec son sousmaistre Chærephon; le tout pour le ietter dans vne hayne publique, & afin de porter la populace d'Athenes à le mal-traitter. Mais on ne sçauroit attribuer qu'à la seule enuie, qui en veut tousiour aus plus grands hommes, la calomnie de Porphyre. Luy seul escriuit plus de mal contre Socrate, & vomist plus d'iniures contre sa reputation, que tous ses delateurs n'auoient fait, lorsqu'ils l'opprimerent de leurs fausses accusations. Ce qui monstre bien la verité du prouerbe Grec, qui porte qu'on verroit plustost vne aloüette sans houppe sur la teste, qu'vne vertu eminente sans enuie.

Socrat. Eccl. hist. l. 3. c. 19.

Les Peres qui ont pris la liberté de faire des inuectiues contre Socrate, & contre quelques-vns des plus renommez Philosophes apres luy, auoient bien d'autres mouuemens. Aussi ne pouuoient-ils pas estre touchez d'vne si honteuse passion, dans vne vie si Chrestienne & si parfaite que la leur. Rien ne les a portez à cela que l'extreme impieté des Payens, contre qui ils estoient tous les iours aus prises, & qui osoient bien non seulement preferer Phocylide, Theognis, Isocrate, & ces Philosophes, comme faisoit Iulien l'Apostat, à Salomon, à Moyse, & à nos plus grands Saincts: mais passer mesmes iusques à ceste abomination, de comparer la creature à son Createur, l'homme à

D. Cyr. l. 7. cont. Iul. & passim.

Dieu

SECONDE PARTIE.

Dieu, & Socrate, Epictete, Apollonius, ou quelque autre, à Iesus-Christ. Pour resister à vne si folle opinion qu'ils auoient de leurs Philosophes, Cyrille d'Alexandrie, Gregoire de Nazianze, & Theodoret, n'ont fait nulle difficulté de les deprimer de tout leur possible, & ont creu mesmes qu'ils estoient obligez de les diffamer, pour le bien de tant d'ames qui se perdoient en les estimant trop, & veu qu'on rendoit leur vertu criminelle, la comparant à celle de nostre Seigneur. Voyla le fondement de tout ce que nous auons contre Socrate, Platon, & quelques autres de mesme profession, parmy les escrits des Peres. Et certes ie croy que dans vn temps pareil au leur, nous serions encore obligez d'en vser de la sorte. Mais si sainct Augustin a fort bien dit au sujet des Donatistes, escriuant au Comte Boniface, que ceus-là auoient tort qui alleguoient le procedé des Apostres, pour dire qu'on ne deuoit pas employer l'authorité des Empereurs au fait de la Religion, parce qu'ils ne consideroient pas que leur siecle estoit different de celuy dont ils parloient, & qu'il falloit se gouuerner tousiours selon la diuersité des saisons. Si de plus nos Docteurs se seruent encore tous les iours fort à propos de ceste distinction, ayant égard au temps de l'Eglise naissante, qui ne permettoit pas beaucoup de choses qu'on trouue à present de fort bon vsage : Pourquoy n'alleguerons-nous pas la mesme raison sur le propos où nous sommes ? Et pour-

Ep. 50.

quoy ne fouftiendrons-nous pas que le zele de fainct Gregoire & de fainct Cyrille eftoit excufable, dans vn aage où toute la terre eftoit encore pleine d'idolatrie, & où ils voyoient que la reputation de ces grands Philofophes preiudicioit à l'Euangile, & empefchoit l'auancement de la Foy, ce qu'on ne fçauroit dire auiourd'huy? Nous ne fommes pas d'ailleurs obligez d'adherer infeparablement à toutes les opinions de ces Peres. L'Eglife laiffe la liberté des fentimens en ce qui ne touche point la Foy, & l'on quitte fouuent fainct Thomas pour fuiure l'Efcot dans l'Efchole. Nous pourrons donc bien faire icy le mefme iugement de Socrate, que fainct Iuftin, fainct Auguftin, S. Chryfoftome, & prefque tous les Docteurs de l'Eglife en ont fait, encore que ces deus ou trois autres que nous auons nommez, foient d'vn auis contraire, veu mefmement qu'ils ont en cela tous les bons Autheurs Grecs & Romains qui les contredifent.

Voyons neantmoins de quels crimes on charge la reputation de Socrate, & pourquoy l'on veut defefperer de fon falut. On luy impute le vilain vice de l'yurognerie; celuy que les Grecs ont nommé Pederaftie; vne extreme cholere; & finalement l'Idolatrie, dont ceus mefmes qui ont fait fon Apologie, font demeurez d'accord, & qui femble eftre toute euidente par fes dernieres paroles, quand il reconnut qu'il eftoit redeuable d'vn Coq à Efcu-

SECONDE PARTIE 67

lape. A quoy l'on peut adiouster ce qu'on a tant dit du Demon duquel il se seruoit.

Pour ce qui touche les excez de bouche, ie sçay bien que ses Disciples le font boire à la Grecque dans leurs symposes, auec vn peu plus de chaleur que la bien-seance ne le permettroit parmy nous. Ce n'a pourtant iamais esté iusques à s'enyurer, tant s'en faut, ils remarquent expressement qu'on ne l'auoit iamais veu dans ce miserable estat. Et ie ne puis rien rapporter de plus exprez pour iustifier la calomnie de ceste premiere accusation, que ce qu'obserue dans sa vie, Diogene, touchant la peste qui trauailloit souuent la ville d'Athenes. Il dit que Socrate fut quasi le seul qui s'en exempta de son temps par sa grande sobrieté, & pour estre le plus temperant des hommes en son boire, & en son manger.

L'Amour masculin est vn crime beaucoup plus atroce, puis qu'il est abominable, & s'il faloit auoir égard au sens qu'on a donné au prouerbe de la Foy Socratique, & aus apparences de la passion dont il estoit touché pour Alcibiade, i'aouë qu'il seroit fort difficile de l'excuser. Mais s'il faut iuger plus sainement des choses, c'est de l'Amour mesme que nous tirerons son plus grand merite. Car iamais homme ne fit profession d'affectionner le genre humain auec tant d'ardeur que luy. Mais c'estoit pour luy imprimer l'amour de la vertu, le retirer du vice, & le porter à la recherche de ceste bel-

I ij

le philosophie, qui luy denoit donner la connoissance d'vn seul Dieu. De-là vient que Socrate fait gloire dans Xenophon d'estre vn excellent Maquereau, ce qui ne peut estre pris que spirituellement & dans le sens que nous luy donnons, autrement il faudroit que luy, Xenophon, & tous ceus qui ont estimé ses escrits, comme a fait toute l'antiquité, eussent perdu, ie ne diray pas la pudeur, mais le sens. Il se vante dans Platon auec la mesme hardiesse, & par la mesme figure, qu'il ne sçait rien que des amourettes. Et quand il est representé frequentant les reduits où les ieunes hommes de sa ville s'exerçoient, & où il se rendoit tous les iours maistre de l'esprit de quelqu'vn, on ne sçauroit sans médisance, ny mesmes sans absurdité, l'interpreter autrement que nous faisons. Que s'il faut le iustifier par d'autres apparéces, chacun sçait qu'outre sa Xantippe, il eust encore vne seconde femme, ce qui peut monstrer que ses affections n'offensoient point la Nature. Et si il n'y a pas lieu pour cela de luy reprocher son incontinence, parce que, comme dit Suidas Autheur à son égard sans reproche, il ne prit deus femmes que pour obeyr à la loy d'Athenes, qui ordonnoit qu'outre la legitime, on eust encore vne Concubine, afin de multiplier les habitans de ceste ville qui estoient en trop petit nombre.

Ie ne sçay pas quelles preuues on peut donner de sa cholere, mais ie suis seur d'en produire de

fort expresses pour l'en descharger. Premierement on sçait que les mauuaises humeurs de ceste insupportable Xantippe ne seruirent iamais qu'à exercer sa patience, ce qui luy faisoit dire qu'il trouuoit toutes choses douces & faciles au dehors, apres auoir souffert ceste femme au dedans. Or bien qu'elle fust tres-inique enuers luy, si est-ce qu'elle rendit vn merueilleus tesmoignage de son humeur exempte de toute emotion, quand elle dist qu'elle ne l'auoit iamais veu retourner en sa maison, qu'auec le mesme visage qu'il auoit lors qu'il en estoit sorti. Car comme l'ame est celle, qui donne à vn chacun cet air de ioye, ou de tristesse qui se remarque d'abord, & que c'est elle encore, qui nous ride ou nous applanit le front en vn instant, selon ses mouuemens interieurs; il ne faut pas s'estonner s'il ne paroissoit aucun changement dans la face de celuy, qui possedoit vn esprit inuariable, & presque au dessus de toute sorte d'agitation. Nous lisons la confirmation de cela dans Arrien, où Epictete asseure que de toutes les qualitez de So- *l. 2. c. 12.* crate, il n'y en auoit point qui luy fust plus propre que celle de ne se fascher iamais, non pas mesmes dans ses disputes, où il souffroit sans alteration d'esprit, autant d'iniures qu'on luy en vouloit dire. Aussi nous a-t-on representé toutes ses conferences pleines d'vne douceur inimitable. Il n'y enseigne rien qu'en s'enquerant, & bien loin d'establir ses maximes auec obstination, il semble dou-

ter des choses les plus resoluës. Vn homme qui a le premier protesté que sa plus certaine science consistoit en la connoissance qu'il auoit de ne sçauoir rien de certain, n'estoit pas pour s'opiniastrer dans vne dispute, ny pour se mettre en cholere contre ceus qui auoient des sentimens contraires aus siens. C'est ce qui fait dire à Ciceron en traittant des passions, qu'il nomme fort proprement des perturbations, que la raison leur doit estre comme vne medecine Socratique pour les reduire à la moderation. S'il eust creu que Socrate se fust laissé emporter à la cholere, comme le veulent ses accusateurs, il se fust bien empesché de parler si improprement.

On prouue tres-mal son Idolatrie par les termes dont ses Disciples se sont seruis dans leurs Apologies, quand ils ont escrit qu'il n'auoit rien innoué au fait de la Religion, ayant tousiours vescu pour ce regard comme les autres, & vsé des sacrifices, selon qu'ils estoient alors en vsage. Car desia leur propre interest, & la crainte de la ciguë les peut auoir fait parler de la sorte. D'ailleurs il y a lieu de dire que Socrate, qui n'auoit que la Foy implicite, se contentoit de reconnoistre vn seul Dieu dans la loy de Nature, sans vouloir pour cela troubler le gouuernemét public par l'introduction d'vn nouueau culte, dont il ne pouuoit vser, sans violer les lois de l'Estat. Et que s'il a sacrifié à quelques Diuinitez Atheniennes, ç'a esté vray-semblablement

par vne nuë reconnoissance des puissances d'vn seul Dieu, qu'il adoroit sous des noms differens. C'est ainsi qu'au dire de Zenon, comme nous verrons tantost, le nom de Iupiter comprenoit celuy de toutes les autres Diuinitez. Et que Macrobe maintient dans les derniers chapitres de son premier liure des Saturnales, que tous les Dieux des anciens se rapportoient au Soleil. L'Empereur Iulien enseigne la mesme doctrine dans l'Oraison qu'il a composée à la loüange de ce bel Astre. Et nous sommes obligez de croire que c'est ainsi que l'entendoient ces Philosophes Payens, qui se moquoient presque tous, au rapport de Tertullien, de la pluralité des Dieux; parce qu'il y a grande apparence d'vne part qu'ils faisoient ce qu'ils pouuoient pour n'interesser point leur conscience; & d'autre costé on ne les eust pas soufferts, s'ils eussent tesmoigné qu'ils auoient vne Religion à part.

l.1.ad Nat. & in A-pol.

Quant à ce que prononça Socrate vn peu auant que d'expirer, qu'il deuoit vn coq à Esculape, dont il prioit son amy de le vouloir décharger; il est vray que Tertullien semble auoir pris cela au pied de la lettre, quand il escrit que c'estoit pour n'estre pas ingrat vers Apollon, & pour luy rendre graces de ce qu'il l'auoit nommé le plus sage de tous les hommes. Mais Lactance l'explique encore plus au desauantage de Socrate, lors qu'il attribuë ce soin à vne pure vanité, & à vne crainte d'estre mal trait-

c. 46. A-pol.

De falsa sap. l. 3. c. 20.

té aus Enfers par Rhadamante, en quoy Lactance n'a pas mieus rencontré, qu'vn peu apres en sa negation si absoluë des Antipodes. Cœlius Rhodiginus n'a peu s'empescher de le mal-traitter sur cette inuectiue contre Socrate, dont il interprete les paroles dans vn sens beaucoup plus mystique, qu'il n'est besoin, ce me semble, de leur dóner. En effet, ie ne croy pas qu'ó les doiue rapporter à autre chose, qu'à ceste figure qui estoit l'ornement continuel de tous ses propos. C'est l'Ironie ou l'innocente raillerie qui luy plaisoit si fort, comme tous ses entretiens en font foy, qu'il s'en voulut seruir mesmes en mourant. Il dit donc en ce dernier accessoire qu'il deuoit vn coq à Esculape, le Dieu des remedes, pour signifier qu'il se voyoit aus termes d'estre bien-tost gueri de tous ses maux. L'action de Seneque estant prez de sa fin, reçoit à mon iugement la mesme explicatió. Tacite remarque qu'entrant dans le bain, qui aida à faire ce que le poison n'auoit peu executer, ce grand homme ietta de l'eau sur ses seruiteurs qui estoient les plus proches de luy, adioustant ces belles paroles, qu'il offroit en forme de sacrifice ceste liqueur à Iupiter, surnommé le Liberateur. Ie tiens pour asseuré que Socrate & Seneque n'ont rien voulu témoigner autre chose par leurs derniers propos, qu'vn remerciement qu'ils faisoient à Dieu de ce qu'il les tiroit des peines de ce monde. Sur tout il n'y a point d'apparence de prendre ceus du premier si fort au pis,

c. 24.

l. 16. lect. ant. c. 12.

l. 15. Annal.

non

SECONDE PARTIE.

non plus que ses sermens ordinaires par le chien, par la pierre, ou par le platane, dont il se seruoit exprez pour se moquer de ceus qui iuroient par les fausses Diuinitez de Castor & d'Hercule, dont il vouloit par là reprendre le mauuais vsage. Et neantmoins Lactance n'a pas fait de moindres inuectiues contre ces sermens, que contre l'offrande du coq, en quoy son authorité ne peut pas estre de grande consideration, veu celle de sainct Augustin, qui a fort bien pensé de la façon de iurer de Socrate, luy donnant la fauorable interpretation que nous venons de rapporter. *l. de vera Relig.*

Le dernier reproche qu'on luy fait, regarde le Demon, qu'on dit auoir esté le conducteur de sa vie. Si nous voulions rapporter icy tout ce qu'Apulée, Plutarque, & assez d'autres en ont escrit, nous ferions de ce seul article vn bien gros volume. Les vns ont creu qu'il auoit vne veritable vision de quelque mauuais Esprit. Les autres qu'il estoit aduerti par vne vois prohibitiue seulement. Et il y en a qui ont pensé que c'estoit par l'esternuëment qu'il receuoit les auis de ce qu'il ne deuoit pas faire. Mais plusieurs qui se sont ris de tout cela, ont soustenu que sa seule prudence, dont Dieu l'auoit si auantageusement partagé, estoit son Demon. Que si l'on veut qu'il y ait eu quelque chose de plus, on peut prendre en sa faueur l'opinion d'Eusebe, d'Eugubinus, & de Marsile Ficin, qui ont esté persuadez que son bon Ange estoit le veri- *l. 13. de præp. Euāg. c. 17. de perenni Phil. l. 8. c. 20.*

table Demon qui le gouuernoit.

ad Apol. Pl. pro Socrate.

Encore que nous ayons respondu le plus à la décharge de Socrate que nous auons peu, sur tout ce qui luy estoit imputé, ie serois bien fasché pourtant d'auoir prononcé affirmatiuement pour son salut, ny de l'auoir mis auec certitude au rang des Bien-heureus, comme il semble que quelques-vns ayent voulu faire. Quand il auroit esté Chrestien de la façon que Iustin Martyr l'a entendu, il ne laissoit pas d'estre comme homme, pecheur d'ailleurs, & nous ne tenons pas que tous les Chrestiens soient participans de la beatitude eternelle. C'est pourquoy ie trouue qu'on a raison de reprédre Erasme, d'auoir osé escrire dans vn de ses Dialogues, qu'autant de fois qu'il lisoit la belle fin de Socrate, il auoit bien de la peine à s'empescher de dire, ô sainct Socrate priez Dieu pour nous. Ces paroles sont trop hardies, aussi bien que celles qui suiuent au mesme lieu, où il parle des sainctes ames de Virgile & d'Horace. Mais comme ie pense qu'on ne sçauroit sans temerité, asseurer que Dieu ait fait la grace à Socrate de le receuoir dans son Paradis, ie croy que la temerité est encore plus grande de le condamner aus peines eternelles de l'Enfer, veu la bonne opinion qu'ont euë de luy tant de Saincts Peres, & tant de profonds Theologiens. Car puisque nous auons monstré que selon leur doctrine, les Payens vertueus ont peu se sauuer par vne grace extraordinaire du Ciel, à qui pouuons-nous presu-

Vix mihi tempero quin dicã, Sancte Socrates ora pro nobis. in conu. Relig.

mer qu'elle ait esté plustost accordée, qu'à celuy que toute l'antiquité a nommé le sage Socrate? Ce qui me fait iuger que tous les pechez dont on l'a voulu taxer, ne nous doiuent pas destourner de l'opinion la plus humaine, & que i'estime la plus agreable à Dieu, parce qu'elle est la plus charitable, c'est qu'outre ce que nous auons rapporté pour l'en décharger, tout le monde sçait que les Atheniens porterent vn dueil public de la mort qu'ils auoient fait souffrir à vn si grand personnage; qu'apres auoir osté la vie à l'vn de ses Accusateurs, ils punirent l'autre d'vn exil perpetuel; & qu'honorans en suite sa memoire d'vne statuë d'or, ils reparerent par vn iugement public l'iniure qu'ils auoient faite à son innocence. Adiouftez à cela ce que luy peut auoir serui deuant la bonté Diuine l'establissement parmy les hommes d'vne si vtile partie de la Philosophie, qu'est la Morale. Quelle amour de la vertu, & quelle horreur du vice n'a-t'il point donné par là à toute sorte d'esprits? Et combien de crimes pouuons-nous dire qu'il a empeschez, par les principes, & par les reigles d'vne si belle science que nous tenons de luy? Car comme nous croyons auec raison que le demerite & la peine des Heresiarches croist, à proportion du mal que cause icy bas la mauuaise doctrine qu'ils y ont semée; Il est conforme à la mesme raison de presumer, que la recompense de celuy qu'on peut nommer l'vn des premiers precepteurs du genre hu-

main, aura esté tres-ample, eu égard à l'vtilité grande que le monde reçoit encore tous les iours de ses enseignemens. Et par consequent, quoy que nous ne determinions rien du salut de Socrate, dont il semble que Dieu se soit voulu reseruer la connoissance, si est-ce que nous croyons qu'on en peut auoir fort bonne opinion ; & qu'au moins il n'y a personne qui ne doiue parler de luy auec le respect que merite vn homme de si rare vertu. Passons à la consideration de ceus qui l'ont suiuy, & dont les noms ne se lisent point sans quelque titre d'honneur, dans ce qui nous reste des anciens Grecs & Romains.

DE PLATON ET DE LA SECTE ACADEMIQVE.

L'ORDRE chronologique nous presente Platon deuant Aristote, qui fut quelque temps son Auditeur. Et quand nous aurions égard au merite, celuy du premier est tel, que Ciceron le prefere en plus d'vn lieu au second, le nommant apres Panætius, l'Homere des Philosophes, & aduertissant ailleurs qu'il doit estre écouté comme le Dieu de ceus de ceste profession. Sainct Thomas, tout Peripateticien qu'il a esté, a fait le mesme iugement. Sainct Augustin estime la façon de philosopher de Platon plus que tous les autres dans sa Cité

l. 1. Tusc. qu. l. 5. de fin. & l. 2. de Nat. Deor.

l. 4. de regim. Princ.

l. 8. c. 5.

de Dieu. Et nous sçauons que presque tous les Peres de l'Eglise ont esté dans ses commencemens Platoniciens, Alexandre d'Aphrodisée leur ayant le premier fait gouster la doctrine du Lycée, que l'Eschole neátmoins n'a receuë auec le credit qu'elle y possede auiourd'huy, que depuis Albert le Grand & son Disciple le Docteur Angelique. Or on pourroit penser que l'Eloquence singuliere de Platon luy auroit causé ceste grande reputation, tant enuers l'Orateur Romain, que beaucoup d'autres Payens, qui ont creu que si Iupiter mesme eust eu à s'expliquer des pensees qu'auoit ce Philosophe, il ne l'eust pas peu faire en de meilleurs termes que luy. Mais encore que le bien-dire ait de puissans charmes pour se faire admirer, si n'est-ce pas à luy seul que Platon doit la gloire de son nom; sa doctrine & ses mœurs en ont fait la meilleure part, & nous pouuons croire que toutes ces choses iointes ensemble, luy acquirent le beau surnom de Diuin, qu'aucun des anciens ne luy a refusé, s'il n'a fait profession publique d'inimitié contre luy, & d'auersion mesme contre la vertu. Cela paroist assez par ce qu'on a dit de sa naissance. Car comme celle de tous les grands hommes a tousiours eu quelque chose de prodigieux dans l'opinion des hommes, sainct Hierosme obserue que Platon a *l. 1. adu.* esté tenu pour le fils d'vne Vierge & d'Apollon. Il *Iul.* faut prendre de tels contes pour vn artifice de celuy, qui tasche d'obscurcir par le moyen de la

Fable les veritez, dont il est le capital ennemy, & de diminuer, s'il pouuoit, la gloire de la Natiuité de Nostre Seigneur. Ainsi le mesme pere du mensonge a fait escrire aux Tartares, que leur Cingis Cham, dont ils publient tant de merueilles, estoit fils d'vne autre Vierge, qui l'auoit conceu des rayons du Soleil. Tant y a que toutes ces impostures sont ordinairement fondées sur le merite du suiet qui les appuye. Que si l'on a fait ce qu'on a peu pour rendre la naissance de Platon miraculeuse, les particularitez qu'on rapporte de sa fin, ne sont pas moins considerables. L'on veut qu'il soit mort au mesme iour qu'il estoit venu au monde, de mesme qu'Attalus, Pompée, Cassius, & depuis peu Henry Roy de Portugal. Et que ce n'ait esté qu'au bout de l'an le plus considerable de tous les climacteriques, qui est le quatre-vingt & vniesme, auec vn passage si dous, qu'il cessa de viure & d'escrire tout ensemble, si nous en croyons Ciceron. Seneque, & depuis Marsile Ficin, adioustent que les Mages qui se trouuerent dans Athenes, luy sacrifierent deslors, comme à celuy que le Ciel auoit manifestement fauorisé, luy accordant vne si parfaite reuolution de neuf fois neuf années. Aussi dit-on que Denys d'Heraclée se fit expressément mourir de faim, pour estre de ceux qui finissoient leur course dans vn si iuste & si souhaittable terme. Xenocrate, Eratosthene, & Diogene le Cynique, sont mis de ce nombre par Censorin, qui se trompe

Pluta l. 8. des symp. Appian l. 4. Conestaggio, l. 3.

de die Nat. c. 15.

SECONDE PARTIE.

vray-semblablement à l'égard du dernier. Enfin nous lisons dans sainct Augustin, que Labeo auoit donné le rang à Platon au dessus de tous les Heros, le plaçant auec Hercule, Romulus, & les autres Demy-dieux de ce temps-là ; ce qui est conforme aus sentimens qu'auoit eus de luy Marc Varon le plus sçauant des Romains, pour ne rien dire d'Apulée, & d'assez d'autres Academiques, qui ont bien osé égaler aus Dieus mesmes, ce Fondateur de leur famille. *l. 2. de ciu. Dei c. 14.*

Mais laissons à part toutes ces prophanations des Gentils, & voyons ce qui a peu obliger les premiers Peres de l'Eglise à faire plus d'estat des Platoniciens que de tous les autres Philosophes. Il est certain que Platon rendit le systeme de sa science d'autant plus excellent, qu'il estoit composé de ce qu'auoient eu de meilleur trois des plus rares esprits de la Grece. Car pour ce qui estoit de la Physique, & des choses qui tombent sous le sens, il voulut suiure les principes d'Heraclite, qu'il iugea les plus solides de tous. Il defera dans la Logique, & en tout ce qui depend du seul raisonnement, à Pythagore, comme à celuy qui auoit le discours le plus iuste, & le plus fidele ce luy sembloit. Et à l'égard de la Morale & des choses Politiques, il s'arresta à ce que luy en auoit monstré son grand Maistre Socrate, qui auoit fait son capital de ceste partie, comme nous auons remarqué. Ce n'est donc pas de merueille, qu'vne si belle & si curieuse do-

ctrine ait esté fort estimée, & que d'ailleurs les premiers Chrestiens se soient pleus dans vne façon de philosopher, où ils ne voyoient quasi rien qui fust contraire à la Foy. Tant s'en faut, les principaus axiomes des Platoniciens s'accommodent si bien auec elle, que sainct Augustin a reconnu s'estre serui fort heureusement de leurs liures, pour se faciliter l'intelligence de beaucoup de veritez Catholiques ; apres auoir declaré qu'il auoit trouué dans quelques-vns de leurs escrits, presque tout le commencement de l'Euangile de sainct Iean, qui contient les plus hauts mysteres de nostre creance. On ne sçauroit nier que Platon n'ait enseigné tres-expressément l'eternité d'vn seul Dieu, Createur de toutes choses. Il monstre au second liure de sa Republique comme ce mesme Dieu, qui est l'Autheur de tout ce qu'il y a de bien au monde, ne fut iamais la cause d'aucun mal. L'immortalité de l'ame est establie presque dans tous ses Dialogues ; où l'on void aussi la punition ineuitable des meschans, auec la recompense certaine des bons. Dans son Epinomis il donne auis qu'on se doit bié prendre garde, de croire qu'il y ait vne plus grande vertu, que celle de la Religion, & de la pieté enuers Dieu. Et non content d'auoir prescrit le culte Diuin au huictiesme liure de ses loix, il condamne à perdre la vie dans le dixiesme, ceus qui seront conuaincus d'irreligion & d'impieté. De-là passant comme de la premiere à la seconde table de ses ordonnances

l.7. confess. c.9. & 20.

In Sophista.

SECONDE PARTIE.

donnances, il asseure que Dieu n'a rien de plus à gré, que de voir les parens honorez par ceus qu'ils ont mis au monde ; ordonne des punitions contre les violateurs de ce respect ; & en condamne mesmes à la mort, s'il s'en trouue d'assez dénaturez pour leuer la main sur leurs peres ou leurs meres. Auec quelle chaleur ne poursuit-il point toute sorte d'autres crimes? Le pariure, les meurtres, le larrecin sont abominez par tous ses escrits ; & il n'y a vice qui n'y trouue sa peine establie, auec vne proportion parfaitement Geometrique, pour vser de son propre terme. Enfin il se rencontre tant de conformité en beaucoup de choses entre la doctrine Academique & celle du vieil Testament, qu'aucun des premiers Docteurs de l'Eglise n'a douté que Platon n'eust pris connoissance des liures Iudaïques en son voyage d'Egypte. Eusebe le monstre en diuers lieus de sa preparation Euangelique. Et il fait voir particulierement dans le douziesme liure que la Republique descritte par ce Philosophe, & celle de Moyse, n'ont presque esté qu'vne mesme chose. Les Iuifs estoient diuisez en douze Tribus : Platon a fait la mesme distribution de ses Citoyens. Hierusalem estoit vne ville Mediterranée : Platon veut que la sienne soit distante de la Mer de quatre-vingts stades ; & il descrit son Terroüer peu different de celuy de Hierusalem. Aussi Clement d'Alexandrie approuue le mot de Numenius Pythagoricien, qui nommoit Platon le

l.1. Strom.
Μωσῆς Ἀττικίζων.

Moyse Athenien. Et sainct Ambroise a creu qu'il auoit esté disciple du Prophete Hieremie; opinion que sainct Augustin se repent d'auoir suiuie dans quelques-vnes de ses compositions, & dont il se retracte au huictiesme liure de sa Cité de Dieu, veu qu'il y auoit bien cent ans que Hieremie n'estoit plus, lors que Platon vint au monde. Sainct Augustin monstre mesmes en ce lieu-là, que si la curiosité de ce Philosophe luy auoit peu faire apprendre quelque chose en Egypte de la science des Hebreus, ce ne pouuoit pas auoir esté par la lecture de leurs liures, que le Roy Ptolomée n'auoit pas encore fait traduire; mais seulement pour en auoir oüy parler, & par le moyen de quelque interprete, dont il auoit eu besoin pour ce regard, aussi bien que pour comprendre l'obscure sagesse des Egyptiens. Quoy qu'il en soit, la Metaphysique de Platon s'est trouuée si voisine de nostre veritable Theologie, que Iustin Martyr, Clement d'Alexandrie, & Eusebe de Cesarée, ont creu qu'il auoit penetré iusques dans le mystere de la Trinité. Le sainct Esprit, qu'il appelle l'ame du monde, est reconnu en plusieurs lieus de ses œuures. Et la personne du Fils est expressément nommée dans la sixiesme Epistre qu'il escrit à Hermias, Eraste, & Corisque. C'est pourquoy Cyrille d'Alexandrie estoit si persuadé que Platon auoit eu ceste connoissance, qu'il l'accuse d'heresie là-dessus, d'auoir multiplié les natures aussi bien que les personnes,

c. 11.

Apol. 2. l.
5. Strom.
Præp. Eu.
l. 11. c. 10.

l. 1. contra
Iul.

& d'auoir mis trois Dieus dans la Trinité comme les Arriens. Si est-ce qu'il est tres-difficile de s'imaginer de quelle façon ce Philosophe a peu arriuer iusques-là, s'il n'y a esté conduit par le moyen de la reuelation. Car toute l'Eschole tombe d'accord que Dieu ne se connoist humainement, que par ses œuures visibles, qui sont ses creatures. Or ceste connoissance nous peut bien donner celle d'vne essence eternelle, & d'vn Createur increé, mais non pas de trois personnes qui composent vne Trinité. Et par consequent Platon n'a peu, sans vne grace tres-speciale du Ciel, connoistre ce mystere, que sainct Thomas auec tous les Peres ont nommé incomprehensible, & que nous tenons pour vne verité releuée. Il faut donc dire en interpretant Iustin & les autres qui l'ont suiui, que Platon n'en a eu qu'vne lumiere obscure & fort imparfaite; ou bien que s'il l'a euë plus nette & plus claire, ç'a esté par le moyen des lettres Sainctes, dont il receut quelque explication en Egypte, & qui luy tinrent lieu de reuelation.

Quelque auantage neantmoins qu'eust reçeu son esprit de ce costé-là, il n'a pas laissé d'estre repris de plusieurs grandes fautes, & ceus qu'il a eus pour contraires, comme chacun en trouue en ce monde, luy ont imputé iusques à des crimes qui diminuëroient de beaucoup sa reputation, s'ils estoient tous veritables. Les Chrestiens se sont principalement plaints de son Idolatrie, de sa Me-

tempsychose, de ce qu'il faisoit le monde vn animal, permettoit dans ses loix aus maistres de tuer leurs seruiteurs, & ordonnoit dans sa Republique ceste scandaleuse communauté de femmes, qui a tant fait crier Lactance contre luy. Mais il n'y en a point qui l'ait ce me semble plus rudement traitté que Tertullien, quand il a dit dans son traitté de l'ame, qu'il luy desplaisoit extremement de voir que tous les Heretiques empruntoient de Platon des armes pour combattre la verité, & pour defendre leur mauuaise doctrine. Les Gentils d'vn autre costé luy ont reproché son auarice & sa gourmandise, qui luy firent, disent-ils, passer la mer par trois fois pour s'enrichir aupres des deus Denys, Tyrans de Sicile, & pour prendre part aus bons morceaus de leur table. Ils l'accusent en suit d'auoir eu des amours illicites, le nommant Sathon pour Platon par vn equiuoque honteus. Nous en voyons dans Athenée qui veulent que sa medisance contre Philippe, ait esté cause que toute la Grece perdit sa liberté sous ce Prince. Ils taxent sur tout Platon du vice le plus contraire de tous à la Philosophie, qui est le mensonge, pour auoir fait combattre vaillamment Socrate en trois diuerses rencontres, de quoy ny les Historiens & Orateurs du temps, comme Thucydide & Isocrate, ny les Poëtes encore n'ont iamais parlé. Voire mesme ils ne veulent que le texte de ses propres Dialogues pour le conuaincre d'imposture, dans l'vn desquels

l.3.de falsa sap.c.21.& 22.

l.11.deipn.

idem l.5.

il reconnoist que Socrate n'auoit iamais fait voya- *in Critone.*
ge de confideration, ny esté plus loing d'Athenes
que l'Isthme du Peloponnese. D'où il s'enfuit qu'il
ne peut pas auoir porté les armes où son disciple
dit, ny executé les prouësses qu'il luy fait faire dans *in Apolog.*
l'Isle de Dele. Le temps aussi rend à leur dire ces
Dialogues ridicules, parce que Parmenides ny Phe-
drus n'estoient pas de l'aage de Socrate, pour se
pouuoir entretenir auec luy; & par consequent le
dernier des deus, mort long-temps deuant Socrate,
ne pouuoit pas luy donner de l'amour. Aussi lit-on
dans Diogenes Laërtius, que Socrate ayant ouy
reciter le Lysis de Platon, s'écria que ce ieune homme son escholier luy auoit attribué bien des choses,
où il n'auoit iamais pensé. Et Gorgias auec Phædon
se plaignent encore dans Athenée, de ce que le mes- *l. 11.*
me Platon leur fait tenir mille propos dont ils ne
peuuent demeurer d'accord.

Pour respondre aus Gentils les premiers, il faut
remarquer tant à l'égard de Platon, que de tous ces
autres grands Fondateurs de Sectes, dont nous par-
lerons tantost; que la ialousie & l'enuie, qui regnent
encore honteusement auiourd'huy dans toute sorte de professions, ont donné lieu à vne infinité de
mesdisances, dont ils se sont déchirez les vns les
autres. C'est pourquoy la seule reputation de Platon, & le témoignage de probité que luy ont rendu tous les Siecles passez depuis luy iusques à nous,
sont suffisans pour refuter toutes les calomnies d'A-

thenée, & de quelques autres qui ont eu intention de le diffamer. Que s'il faloit vser de repartie, ie ne voudrois rien opposer à ce qu'on l'a voulu taxer d'auarice, & d'intemperance de bouche auprez des Tyrans de Sicile, que la liberté de ses paroles qu'ils ne peurent iamais souffrir. L'vn d'eus luy dist vn iour, piqué iusques au vif, que tous ses discours estoient de vieillards qui radottent, & les vostres, luy repliqua-t'il, sont de Souuerains qui tyrannisent; ce qui a beaucoup plus de grace en Grec que nous ne luy en donnons en François, parce que l'allusion des mots ne s'y trouue pas. Peut-on s'imaginer qu'vn homme venu exprez pour profiter des bonnes graces d'vn Roy, luy vouluſt parler de la sorte? Et ne sçait-on pas d'ailleurs que Platon refusa de dancer deuant luy, comme fit Aristippe, qu'il eust vray-semblablement imité, si l'auarice ou la gourmādise eussent eu tant de pouuoir qu'on dit sur ses affections? Les autres accusations de ses aduersaires n'ont peut-estre rien de plus solide. Et pour ce qui concerne la verité de ses Dialogues, où l'on veut qu'elle soit fort interessée à cause qu'il fait parler des personnes mortes ou absentes, qui n'ont iamais tenu les discours qu'on leur attribuë ; ceus qui luy imputent cela comme vne grande faute, monstrent bien qu'ils ignorent la nature du Dialogue, & les priuileges dont il a tousiours ioüy. Qu'ils sçachent que ce fils de la philosophie, comme le nomme Lucien, dont l'Academie & le Lycée

ont fait tant d'estime, a le droict de rendre la parole non seulement à ceus qui ne sont plus, ou qui peuuent estre éloignez, mais de faire discourir les Dieus mesmes, & quand il luy plaist les moindres animaus. Quelques-vns voulurent reprendre Ciceron, comme on fait icy Platon, dont cet Orateur se moque dans le quatriesme liure de ses Questions Academiques. Et les dediant à Marc Varron, il l'aduertit de ne trouuer pas estrange, qu'on luy eust fait tenir des propos où il n'auoit iamais songé, *Sed nosti* puis qu'il n'ignoroit pas la coustume des Dialo- *morem dia-* gues. Et qui ne sçait point que Xenophon a repre- *logorum.* senté dans son conuiue Callias Amoureus d'Autolycus, lors que celuy-cy n'estoit pas encore nay? De mesme qu'il fait dire à Pausanias en faueur *Athenée l.* d'vne vilaine passion, qu'vne compagnie d'Amans 5. *deipn.* seroit inuincible, à quoy l'on soustient que Pausanias n'eust pas seulement voulu penser. C'est donc l'vsage commun du Dialogue, de le prattiquer ainsi, & vne grande impertinence d'accuser Platon d'auoir failli dans vn genre d'escrire, où il a si bien reüssi, qu'il en a esté nommé le Pere, quoy que Ze- *Diog. Laert.* non Eleate en fust veritablement l'inuenteur, ou *in Plat.* vn certain Alexamenus, selon l'opinion d'Aristote.

Les obiections de nos Docteurs sont sans difficulté bien plus consideables, & quoy que les fauteurs de Platon taschent d'interpreter benignement ses Idées, sa Metempsychose, son animation

du monde, & beaucoup d'autres tels poincts de sa doctrine qui souffrent quelque fauorable explication, si est-ce qu'on ne peut pas l'excuser en tout. A la verité sainct Iustin semble le décharger du crime d'Idolatrie, reiettant sa façon de parler des Dieus de son temps, sur la crainte de la ciguë qu'il auoit veu donner à son Precepteur. Et le Cardinal Bessarion adiouste à cela, que quand Aristote & Platon ont parlé des Dieus en pluriel, ce n'est pas qu'ils creussent les fables de leur temps, ny qu'ils reconnussent plus d'vn vray Dieu tout-puissant & eternel; mais qu'ils vouloient designer par là beaucoup d'autres substances immortelles, que leur philosophie admettoit comme dependantes du premier principe. Ie sçay bien encore que le mesme Cardinal s'efforce de monstrer comme les inuectiues de Lactance contre la communauté des femmes que Platon establit dans sa Republique, ont esté iniustes & trop sophistiques, veu que les Massagetes, les Brachmanes, les Troglodites, & assez d'autres peuples qu'il nomme, l'ont receuë; & que les Lacedemoniens sous Lycurgue, les Romains sous Numa, & les Anglois du temps de Cesar n'en estoient pas fort éloignez. On peut mesme dire à la décharge de ce Philosophe, qu'il n'a iamais eu intention de representer vn estat propre à la societé des hommes tels que nous sommes ; mais seulement de tracer vne idée de ce qui se pouuoit plustost souhaitter qu'esperer sur ce sujet. Ciceron a esté

In calumn. Plat.l.2.c. 4.

ib.l.4.c.2.

sté de cet aduis dans son premier liure de l'Ora-
eur. Et bien que Marsile Ficin se soit persuadé, *ad 5. de rep. Pl.*
suiuant l'imagination de quelques Academiciens,
que les Athenes d'Egypte & de Grece, estoient deuant le Deluge semblables à la Republique de Platon ; si est-ce qu'on void qu'il s'excuse luy-mesme
de l'auoir renduë si Metaphysique, qu'elle ne rece- *l. 5. & 10. de rep.*
uoit point d'exemple icy bas, & ne deuoit estre
veuë que dans le Ciel. Ce sont des ieus innocens de
ceus de sa profession, qui se plaisent par fois à s'i-
maginer la perfection des choses hors de la reali-
té, comme quand les Poëtes conçoiuent vn Siecle
d'or, ou les Peintres quelque beauté si accomplie,
qu'il ne s'en trouue point de telle dans le monde,
ce qui ne preiudicie nullement au merite des vns
ny des autres. Mais nonobstant qu'on puisse diminuer de la sorte beaucoup de reproches qui ont
esté faits à Platon auec peut-estre trop d'aigreur, si
faut-il reconnoistre qu'il estoit homme, nay dans
les tenebres du Paganisme, & qui a escrit plusieurs
choses suiettes à correction, en ce qu'elles blessent
nostre Religion. Sa plus forte excuse doit estre tirée de son humanité, & de ce qu'on n'a point veu
de Philosophes qui n'ayent eu leurs erreurs aussi
bien que luy les siennes ; ce qui ne fait pas pourtant qu'on doiue absolument reietter tout ce qui
vient d'eus, ny que leur science soit à mespriser *in myst.*
en toutes ses autres parties. Car comme a tres-bien *enarr. vit.*
obserué sainct Gregoire de Nysse, il n'y a pas vne *Moy.*

M

de toutes les philofophies feculieres, où il ne fe trouue quelque chofe de charnel, & qui eft comme vn prepuce qu'on eft obligé de couper, afin que le corps de chacune demeure purifié, par le moyen de cefte circoncifion fpirituelle, dont il me fouuiens qu'Origene parle auffi dans le fecond chapitre de fon fecond liure, fur l'Epiftre aus Romains. Nous tafcherons de la faire non feulement à l'égard de la philofophie Academique, mais encore de toutes les autres que nous aurons à examiner par cy-apres. En effet, le Chriftianifme les reçoit toutes indifferemment, pourueu, dit fainct Auguftin, qu'elles reforment leurs maximes qui font preiudiciables à la Foy. Par exemple, Platon enfeigne auec l'immortalité des ames, leur paffage de corps en corps, qu'elles doiuent informer fucceffiuement. Coupez cefte derniere partie, & retranchez la Metempfychofe, vous trouuerez le refte de fa doctrine excellent. Il monftre dans fes loix comme les inferieurs doiuent eftre foufmis à leurs fuperieurs, & que la raifon veut que ceus qui ont le plus de vertu commandent aus autres; furquoy il attribuë infenfiblement aus maiftres vn pouuoir qui s'eftend iufques fur la vie de leurs feruiteurs. Faites la circoncifion du dernier article, le furplus ne fçauroit eftre trop eftimé. Il tafche d'ofter de fa Republique ce violent defir de poffeder en proprieté, qui caufe prefque tous les maus de la vie; & de rendre le bien, felon fa nature, le plus

l. 19. de ciuit. Dei, c. 19.

diffus & le plus commun qu'il peut estre. C'est vn dessein tres-pieus & qui n'a rien que de Chrestien & d'Apostolique. Mais sur ce fondement il dissout le plus sainct & le plus estroit lien de la societé ciuile, qui est celuy des mariages, voulant que toutes les femmes soient communes, afin que personne n'ait rien de particulier. Voilà où il faut encore employer la circoncision, pour bien vser du demeurant, selon la reigle de sainct Gregoire. Si l'on s'estoit contenté de corriger Platon de la sorte, personne ne s'en deuroit plaindre, & l'on pourroit, ce me semble, rendre auec cela tout l'honneur qui est deu d'ailleurs à la memoire d'vn si grand personnage.

Ce qui a quelquefois obligé les premiers Peres de l'Eglise à le censurer bien rudement, ç'a esté la trop grande estime que les Payens faisoient de luy, qui estoit souuent scandaleuse, & qui faisoit dans ce temps-là où le Christianisme s'establissoit, vn grand tort à la Religion, comme nous auons desia remarqué en parlant de Socrate. Nous voyons dans Origene que Celsus auoit eu assez d'impieté pour soustenir que Iesus-Christ tenoit de Platon les plus belles Sentences qu'il eust dittes, & particulierement celle qui porte qu'vn chameau passeroit plustost par le trou d'vne aiguille, qu'vn homme riche n'entreroit au Royaume des Cieus, parce que ce Philosophe a escrit, qu'il estoit comme impossible d'estre fort bon & fort riche tout ensemble. Ceus

l. 6. contra Celsum. & D. August. ep. 33.

92 DE LA VERTV DES PAYENS,

qui ont eu de ces passions indiscrettes pour luy, & pour ses ouurages, trouuoient que la naissance du monde, estoit bien mieus couchée dans le Timée, que dans la Genese. Ce beau pays que Socrate descrit à Simmias dans le Phædon, auoit beaucoup plus de grace que le Paradis terrestre. Et la fable de l'Androgyne estoit sans comparaison mieus inuentée que tout ce que Moyse a dit de l'extraction d'Eue de l'vn des costez d'Adam. C'est ainsi que de ce temps-là les Gentils qui voyoient ruiner leurs autels, taschoient de leur part à prophaner la saincte Escriture. Et au lieu de reconnoistre qu'Homere & Platon ont desguisé dans leurs contes fabuleus ce qu'ils auoient appris en Egypte des liures de Moyse, plus ancien de tant de siecles qu'aucun Autheur prophane; ils estoient si impertinens que de soustenir tout le contraire, & de vouloir que Moyse eust esté le transcripteur des inuentions d'Hesiode & d'Homere. Ainsi le mesme Celsus *l. 4.* compare dans vn autre endroit d'Origene, l'embrasement de Sodome & de Gomorrhe, à celuy que les Poëtes veulent qu'ait causé la temerité de Phaëton dans le monde. Et il apparie encore ail- *l. 6.* leurs la cheute de Lucifer à celle de Vulcain, ou à cette autre des Geants foudroyez par Iupiter, & non pas à la precipitation d'Até, qui se void dans *l. admon. Gent.* Homere, côme a fait Iustin Martyr. Certes l'ignorance payenne a esté grande, & la malice du Diable extreme, qui eust voulu rendre l'histoire Saincte

SECONDE PARTIE.

moins confiderable, s'il euft peu, en fuppofant des fables agreables au lieu de fes Diuines veritez. Car affez de perfónes ont remarqué le rapport qu'il y a entre Samfon & Hercule, Helie & Phaeton, Ioseph & Hippolyte, Nabuchodonofor & Lycaon, la manne des Ifraëlites & l'ambrofie des Dieus. Sainct Auguftin met en parallele fur cela Ionas & Arion. Sainct Cyrille Archeuefque d'Alexandrie, & depuis luy Theophylacte, apparient le mefme Ionas à cet Hercule, que Lycophron nomme Τριέσπερον, *Trinoctium*, à caufe qu'il fut trois iours & trois nuicts dans le ventre d'vne Balene, d'où il fortit auecque la Pelade. Sainct Theodoret ne doute point que Platon n'euft oüy parler du fleuue de feu que Daniel reprefente au feptiefme chapitre de fes propheties, le pyriphlegethon du Tartare en eftant prefque vne copie dans le dialogue de l'immortalité de l'ame. Et ie me fouuiens que Raphaël de Volterre trouue dans la boëte de Pandore le peché originel que nous tenons d'Eue. Or nous n'auons rapporté tout cecy que pour faire voir les raifons qu'ont eu quelques Peres, de condamner auec chaleur le Philofophe dont ie parle, & fes liures, puifque les Ethniques d'alors, contre qui ils eftoient tous les iours aus prifes, ofoient bien les mettre au deffus de ceus que le Sainct Efprit a dictés. A prefent que cefte confideration ceffe, veu qu'il n'y a rien à craindre de tel, que le Paganifme n'eft plus, & qu'encore que le monde

l. 1. de ciu. Dei. c. 14.
inc. 2. Iona.

in Caff.

l. 12. de Iudicio.

l. 30. c. de ijs qui nupt. vi.

ne soit pas purgé d'Impies ny d'Athées, si est-ce qu'il ne se trouue personne qui prefere auiourd'huy Saturne à Dieu le Pere, ny Socrate, Platon, ou quelqu'autre semblable à Iesus-Christ; nous pouuons bien dans vn temps si different parler d'eus auec moins d'animosité, & rendre à leur vertu, aussi bien qu'à leur science, l'honneur qu'elles meritent. Ny l'vne, ny l'autre ne sçauroient plus rien faire perdre à la Religion. Et nous ne porterons nul preiudice à la pieté, vsant de moins de seuerité en leur endroit, puisque nous ne ferons en cela que seconder les sentimens de beaucoup des plus Saincts Docteurs de l'Eglise.

En effet, outre que tous les Peres qui ont esté d'auis dans la premiere partie de ce liure que les Payens vertueus se pouuoient sauuer auec la Foy implicite, n'ont iamais parlé de Platon qu'en tresbonne part, nous pouuons voir comme sainct Irenée s'est souuent serui des raisons & de l'authorité de ce Philosophe, pour conuaincre d'irreligion les Heretiques de son temps. Le Cardinal Bessarion monstre combien sainct Denys & tous les Theologiens Grecs l'ont estimé, lorsqu'ils ont employé ses plus belles distinctions aus mysteres de nostre Foy. Et sainct Augustin s'est declaré en vne infinité d'endroits si passionné pour luy, que Tostat, qui n'a cedé à pas vn Scholastique du dernier siecle en la connoissance des Peres, croit que ce grand Prelat d'Affrique, n'a point douté du sa-

l. 3. adu. her. c. 35.

l. 2. in ca-lumn. c. 3.

4. Reg. c. 5. qx. 21.

lut de Platon. Ce n'est pas que Tostat ignorast de
quelle façon sainct Augustin s'estoit repenti dans
ses Retractations de l'auoir trop loüé. Mais il ne *l. 1. c. 1.*
s'ensuit pas qu'il en eust mauuaise opinion pour
cela, comme quelques-vns se le sont persuadé, puisque les loüanges peuuent estre excessiues à l'égard
mesmes des biens-heureus, si elles ne sont propor-
tionnées au degré de leur beatitude. Que si ie
voyois quelque Autheur, qui nous eust asseurez
de la parfaitte repentance de Platon, & de cette
priere que quelques-vns luy font faire à Dieu, auát
que de mourir, pour obtenir la remission de ses
pechez, rien ne m'empescheroit de conclure en
faueur de son absolution. Ie pense que le plus seur
est de ne rien asseurer en cela, sinon que le rare merite d'vn si grand personnage nous oblige dans le
doute, à ne rien pronócer temerairemét contre luy.
Car comme sainct Bernard a eu raison de reprendre Abaylard, de ce qu'en voulant trop faire pa- *Ep. 190.*
roistre Platon Chrestien, il se monstroit luy-mes- *dum mul-*
tum sudat
me presque Payen ; ceus-là ne sont possible pas *quomodo*
moins blâmables de l'autre costé, qui se meslent *Platoné fa-*
ciat Chri-
de déterminer là-dessus ce que l'Eglise n'a pas vou- *stianum, se*
lu iusques icy decider. L'Orateur Romain parlant *probat*
Ethnicum.
de nos actions, donne vne reigle de Morale qui se *l. 1. de offic.*
peut encore, à mon auis, tres-bien appliquer à la
matiere que nous traittons. Il dit qu'on ne doit
iamais rien faire de tout ce qu'on ignore qui soit
bien ou mal fait. Mon opinion est qu'on ne de-

uroit iamais non plus parler affirmatiuement dans la Religion de ce qui est douteus ; & cela estant ainsi, on ne peut estre sans faute, si l'on pretend de iuger Platon diffinitiuement. Il estoit homme, & ie ne fais point de difficulté que comme tel il n'ait erré dans sa doctrine, & dans ses mœurs. Mais il a beaucoup merité du genre humain par ses escrits: sa vie a esté tres-exemplaire dans le Paganisme, sa repentance a peu attirer sur luy la Grace du Ciel, & nous deuons souhaitter que Dieu luy ait fait misericorde.

D'ARISTOTE ET DE LA SECTE PERIPATETIQVE.

COMME Platon a eu ses admirateurs qui luy ont donné le surnom de Diuin, Aristote a receu des siens les glorieus tiltres de Genie de la nature, & de fidele interprete de tous ses ouurages. L'vn ne sçauroit en cela pretendre aucun auantage sur l'autre, & si l'on peut dire que les Academiciens, non plus que les Peripateticiens, n'ont rien fait en parlant ainsi de leurs Chefs, que toutes les autres familles philosophiques n'ayent prattiqué, lors qu'elles ont employé le nom de leurs Fondateurs. Mais il semble qu'Aristote se pourroit glorifier d'auoir encore auiourd'huy ses Sectateurs, & de regner presque aussi puissamment dans toutes
les

es Escholes qu'il fit iamais dans le Lycée, ce que pas vn des autres ne sçauroit pretendre. Car encore que la pluspart des Peres qui auoient plus d'inclination pour Platon que pour luy, ayent fait de grandes inuectiues contre sa doctrine, iusques-là que sainct Ambroise dans ses Offices, & Origene refutant Celsus, soustiennent, qu'elle est beaucoup plus à craindre que celle d'Epicure. Si est-ce que depuis qu'Albert le Grand, & sainct Thomas principalement, se furent donnez la peine d'expliquer, autát qu'il leur fut possible, tous les mysteres de nostre Religion, auec les termes de la philosophie Peripatetique, nous voyons qu'elle s'est tellement establie par tout, qu'on n'en lit plus d'autre par toutes les Vniuersitez Chrestiennes. Celles mesmes qui sont contraintes de receuoir les impostures de Mahomet, n'enseignent les sciences que conformément aus principes du Lycée, ausquels ils s'attachent si fort, qu'Auerroës, Alfarabius, Almubassar, & assez d'autres Philosophes Arabes, se sont souuét éloignez des sentimens de leur Prophete, pour ne pas contredire ceus d'Aristote, que les Turcs ont en leur idiome Turquesque, & en Arabe, comme Belon le rapporte. Et i'apprends des Relations recentes, que les Tartares ont aussi les liures de ce Philosophe, traduits en leur langue, dont ils font tres-grand estat, sur tout à Samarcand, où Tamerlan establist, à ce que disent nos histoires, vne fort celebre Academie. Ce qui me

l. 3. c. 14.

v. Bergeron. 17. des Tart.

fait rapporter au siecle de sainct Thomas seulement ceste reception generale du Peripatetisme parmy les Chrestiens, & non pas à celuy de Charlemagne, du viuant duquel on veut qu'il fust desia en vogue dans l'Vniuersité de Paris, la premiere de toutes, & celle qui a succedé aus Athenes des anciens; c'est qu'il paroist que long-temps depuis cet Empereur, on n'y connoissoit le nom d'Aristote que pour le detester. Car Rigordus témoigne que sous Philippe Auguste, vn Concile tenu contre l'heresie d'Almaricus, touchant le regne du sainct Esprit, en suite de celuy des deus autres personnes de la Trinité, fit brusler la Metaphysique d'Aristote dans Paris, où elle auoit esté depuis peu apportée de Constantinople, comme celle qui estoit capable de fomenter toute sorte d'heresies. Et Alexandre Neccam, Docteur Anglois, de l'Ordre de sainct Augustin, a laissé par escrit, qu'on croyoit alors qu'il n'y auoit que l'Ante-Christ qui deust bien entendre les liures d'Aristote, dont il se seruiroit pour conuaincre tous ceus qui entreroient en dispute contre luy. Par où l'on peut voir que fort peu deuant Albert le Grand, la Philosophie Peripatetique n'estoit pas de grande consideratiō, & qu'il n'y a eu que le Docteur Angelique, son Disciple, qui luy ait donné ceste grande authorité qu'elle possede dans l'Eschole. En effet, la secte d'Aristote l'a tellement emporté sur toutes les autres, qu'on a dit qu'il auoit prattiqué ce que

De gestis Ph. Aug.

de nat. rerum.

ont les Otthomans à l'égard de leurs freres, s'etant enfin rendu seul maistre absolu de l'Empire Philosophique.

Or le suiet que nous auons fait voir qu'ont eu quelques Peres de mal-traitter Platon, a esté encore plus puissant à les émouuoir contre Aristote. Car si Tertullien parloit bien, quand il asseuroit *l. de anima.* des Philosophes en general, qu'ils estoient les Patriarches des Heretiques, il semble qu'on puisse particulierement imputer ce crime à celuy, qui se vante dans son traitté contre les Sophistes, d'auoir e premier reduit la Dialectique en art, n'ayant selon l'obseruation de Ramus, recommandé aucun de ses ouurages auec tant de vanité que celuy-là. Et certes si nous en croyons Ammonius, Aristote a *in vita* esté l'inuenteur de la vraye demonstration, s'estant *Arist.* le premier auisé de separer de toute matiere les preceptes de la Logique, d'où vient qu'il ne s'est serui que de lettres toutes nuës, pour bien faire voir quelle estoit la vertu de la forme Syllogistique. C'est ce qui a fait nommer à Ciceron l'induction *l. 1. de Inuent.* Socratique, & le Syllogisme Peripatetique. Ainsi l'on peut presumer qu'Aristote a fourny les armes à tous ceus qui ont voulu broüiller dans la Religion, qu'on a tousiours reconnus fort adroits dans l'vsage des reigles de sa Dialectique. Quoy qu'il en soit, on sçait qu'il y a eu des Heretiques qui ont fait leur Dieu de ce Philosophe, & que les Carpo- *Baron. tom. 3.* cratiens, auec les Theodosiens, & Gnostiques, ont *D. Iren. l.*

N ij

adoré ſes Images. Ce n'eſt donc pas ſans cauſe que les Peres taſchoient de le deprimer, dans vn temps où ils n'auoient point de plus grands aduerſaires que ceus de ſa ſecte, qui ſubſiſtoit encore, & qui eſtoit de tres-grande authorité parmy les Gentils d'alors. Mais outre tout cela ces bons Peres trouuoient dans le corps de ſa ſcience, tant de maximes contraires à la pieté, qu'ils euſſent fait conſcience de ne luy pas courir-ſus. Ils voyoient qu'apres auoir reconnu dans ſes liures de Phyſique, l'vnité d'vn Dieu, par la raiſon du mouuement, qui ſuppoſe neceſſairement vn premier moteur; & dans ſa Metaphyſique encore vne premiere cauſe, & vn ſeul principe independant, qui eſt le meſme Dieu; il le faiſoit neantmoins vn agent neceſſaire, & ſans preuoyance des choſes d'icy bas. Que ſon eternité du monde, qu'Alexandre d'Aphrodiſée a creu le plus inuariable article de toute ſa doctrine, eſtoit incompatible auec la Geneſe. Que la mortalité de l'ame ſe recueilloit de ſes principes, par des conſequences qui ſembloient ineuitables. Que l'Enfer luy eſtoit vne fable, & la Religion vn art de regner. Bref, que les Prophetes paſſoient dans ſes liures pour des atrabiliaires, & toute ſorte d'Anges ou de Demons, hors ſes intelligences, pour de pures illuſions. Toutes ces choſes, dont la moindre eſt vne abomination dans le Chriſtianiſme, les fit reſoudre à diffamer le plus qu'ils pourroient celuy qui les enſeignoit. Et certes on ne ſçauroit vſer

1. adu. her. c. 24.

auec trop de rigueur de la Circoncision de sainct Gregoire sur tout cela, si tant est qu'on le luy puisse iustement imputer. Car par exemple, pour ce qui touche la prouidence de Dieu, encore qu'il semble la nier, à l'égard de ce qui est sublunaire dans sa Metaphysique, si est-ce qu'il monstre ailleurs dans sa Morale, que les hommes sages sont tres-aimez de Dieu, qui recompense leurs bonnes actions, & qui prend soin des choses humaines. Ainsi, comme la mortalité de l'ame resulte de ses principaus axiomes, selon que nous pensons l'auoir fait voir dans nostre traitté de l'immortalité, il n'a pas laissé de la declarer immortelle en beaucoup de lieus, & nommément où il en parle expressément, comme dans ses liures de l'Ame. C'est pourquoy nos Docteurs n'ont point fait de difficulté pour cela, de suiure, generalement parlant, sa doctrine. Et George Trapezunce, ou de Trebizonde, employe vn liure entier à rendre euidente la conformité qui se trouue entre sa philosophie, & la saincte Escriture. Comme Porphyre en auoit fait sept que nous n'auons plus, pour mostrer que Platon qui estoit fort pieus, & Aristote, ne differoient qu'en ce qu'ils s'estoient seruis de diuers termes dans de mesmes pensées ; à quoy Proclus, Boëce, Ficinus, le Cardinal Bessarion, Foxius, Picus, Carpentarius, & beaucoup des interpretes Grecs d'Aristote, ont aussi trauaillé. Ie pense qu'on se doit souuenir là-dessus du surnom de Sphinx, que ces mesmes interpretes luy

l.12. met. c. 9.

Eth. Nic. l.10. c. 9.

l.2 compar. Arist. & Plat.

donnent presque tous, à cause de ceste obscurité affectée parmy vne si grande contrarieté de sentimens, qu'il a respanduë exprez en plusieurs lieus de ses œuures, comme la Seche fait son ancre, afin que les opinions qui luy estoient propres, ne fussent pas si facilement reconnuës. Le témoignage de Themistius est encore icy fort important, quãd il asseure qu'Aristote enseignoit toute autre chose chez luy, que ce qui se void dans les liures qu'il a donnez au public; adioustant que c'est vne espece de folie, de penser tirer de leur lecture ses veritables pensées, qu'il a tousiours tenuës les plus secrettes qu'il a peu. Mais les Peres qui auoient leurs motifs tels que nous auons remarqué, au lieu de faire chois des textes les plus fauorables, & d'interpreter les autres par ceus-là, comme nous faisons ordinairement, prenoient les plus scandaleus pour le conuaincre d'impieté, & rendre odieus par ce moyen, tout son Peripatetisme.

Il n'a pas esté épargné non plus par beaucoup de Payens, & principalement par ceus des autres familles philosophiques, qui auoient toutes leurs animositez particulieres les vnes contre les autres. Les Stoiciens sur tout & les Epicuriens luy en ont voulu, pource qu'il se trouuoit comme dans vn milieu entre ces deus sectes parfaitement contraires, où il receuoit les coups de toutes deus, qui s'accordoiét en ce seul poinct de luy faire la guerre. Les premiers, comme chacun sçait, mettoient le

SECONDE PARTIE. 103

souuerain bien en la vertu toute nuë, de sorte que leur Sage estoit le plus heureus du monde au milieu de la pauureté, des maladies, & de toutes les plus grandes disgraces de la vie. Les autres asseuroient que la parfaitte felicité ne se rencontroit que dans la volupté. Et Aristote se moquant de la vanité des vns, autant qu'il condamnoit la dissolution des autres, fit election d'vne voye moyenne, faisant dependre la beatitude humaine de l'vnion des biens de l'esprit, du corps, & de la Fortune. En verité on ne sçauroit nier qu'il n'ait philosophé en cela beaucoup plus raisonnablement que les autres, puisque sainct Paul mesme a confessé exaggerant les calamitez des premiers Chrestiens, que sans la recompense de l'autre vie, ils eussent esté les plus miserables de tous les hommes; ce qui monstre assez que le souuerain bien de celle-cy, ne se trouue pas, humainement parlant, comme faisoit Aristote, parmy les aduersitez. Quoy qu'il en soit, *l.5. de fin.* il se rendit par là ces deus sectes mortellement ennemies, pource que, comme dit fort bien Ciceron, toute l'authorité de la philosophie consiste à bien reigler ce poinct de la felicité, qui est la fin & le but de toutes nos actions, de sorte que quiconque est en different pour ce regard, ne sçauroit euiter vne perpetuelle contestation sur tout le reste. Voicy donc les reproches que luy firent ceus qui se laisserent le plus emporter aus ardeurs de la dispute, & aus iniustes mouuemens de la haine qui

Qui de summo bono dissentit, de tota philosophia ratione dissentit. Summo bono constituto in philosophia, constituta sunt omnia.

l'accompagne presque tousiours. En premier lieu, ils luy ont obiecté son impieté, qui luy fit faire des sacrifices à vne Concubine d'Hermias, apres l'auoir espousée, semblables à ceus dont les Atheniens vsoient en l'honneur de Ceres Eleusine. Ceste actió, disent-ils, auec l'Hymne composé à la loüange du mesme Hermias, le rendirent criminel dans Athenes, & le contraignirent de s'enfuir à Chalcis, où il s'empoisonna auec de l'aconit, si tant est qu'il ne se soit pas precipité dans l'Euripe, qui separe l'Isle Eubée du continent de la Grece. Ils l'accusent secondement d'auoir donné le conseil à Antipater de se deliurer d'Alexandre par poison, dequoy *ex Dione l. 77.* Plutarque ne s'est pas teu dans la vie de ce Roy. Et Xiphilin rapporte que l'Empereur Caracalla voulut faire brusler tous les liures d'Aristote, mal-traittant ceus de sa secte qui viuoient dans Alexandrie, à cause de ceste pretenduë conspiration de leur maistre contre vn si grand Prince, qui luy faisoit l'honneur de se dire son disciple. Enfin nous voyós *in Epic.* dans Hesychius qu'Epicure mal-menoit Aristote, de ce qu'ayant mangé tout son patrimoine, il auoit esté contraint de s'enroller à la guerre où il auoit esté fort mauuais soldat, & puis de vendre des *Exc. Polyb.* medicamens. Timée le traitte de mesmes dans Polybe, le nommant parasite & gourmand. Et le huictiesme liure d'Athenée est plein de semblables inuectiues, ausquelles il n'est pas mal-aisé de respondre, non plus qu'aus precedentes.

Premierement

SECONDE PARTIE.

Premierement pour ce qui eſt de ſon impieté, que ſes ennemis veulent auoir eſté cauſe de la retraitte qu'il fit en Chalcis, il s'enfaut tant qu'on le puiſſe dire criminel de ce coſté-là, que vray-ſemblablement il ne reçeut toute la perſecution que les Atheniens luy firent alors, que pour auoir parlé trop librement de l'exiſtence d'vn ſeul Dieu, & auec meſpris de tous ceus qu'ils adoroient. Ce fut pourquoy ſe voyant dans la meſme accuſation qui auoit fait perir Socrate, & bannir vn peu auparauant Anaxagore, il diſt, en mettant ordre à ſa ſeureté, qu'il ne vouloit pas donner vne nouuelle occaſion aus Atheniens d'offenſer encore en ſa perſonne la philoſophie. Origene a ſi bien interpreté ceſte action, qu'expliquant le precepte que donne noſtre Seigneur à ſes Apoſtres, de fuir d'vne ville où ils ſeroient perſecutez dans vne autre, & refutant Celſus qui s'en eſtoit voulu moquer auec ſes prophanations ordinaires, il luy dit que l'éloignement d'Ariſtote, dont nous parlons, a eſté conforme à la Morale de l'Euangile, & qu'il fit la meſme choſe, eſtant pourſuiuy calomnieuſement, que Ieſus-Chriſt conſeille à ſes Diſciples. On peut bien voir en cela l'hōneur que reçoit ce Philoſophe, lors qu'vn Pere de la cōſideratiō d'Origene, parle de luy ſi auātageuſement. Gretzerus diſputant contre Sepulueda du ſalut d'Ariſtote, ne doute point qu'il n'ait voulu éuiter par ce banniſſement volontaire, la neceſſité où on le vouloit reduire, de rendre à des

Mat. 10. art. 23.

l. 2. contra Celſ.

de varijs cœl. L mih. c. 13.

Idoles vn culte, qu'il croyoit n'estre deu qu'à Dieu seul. Ce ne fut donc nullement pour auoir deferé des honneurs Diuins à Hermias ou à sa Concubine, qu'il s'absenta, s'il ne les voulut pas mesme accorder aus Dieus que toute la Grece adoroit de son temps. Et ie pense qu'il n'y a pas plus de verité en cela, qu'en ce que ses aduersaires adioustent, les vns qu'il prit de l'aconit, dont il se fit mourir; les autres qu'il se ietta dans ce fameux Euripe de sept reflus par iour, voulant estre compris par celuy qu'il ne pouuoit comprendre; & quelques-vns encore qu'il se tua pressé de sa conscience, & des poursuittes qu'on faisoit contre luy, sur la mort d'vn de ses amis, dont on le chargeoit. Car outre le peu d'apparence d'attribuer ceste foiblesse, & ce desespoir, à l'vn des plus grands esprits qui ait paru dans le monde; la diuersité de tant d'accusations contraires, en monstre assez la fausseté; & l'on peut voir dans Diogene, & dans Denys d'Halicarnasse, comme la veritable cause de sa mort fut vne maladie, qu'il eut aagé de soixante & trois ans; apres auoir supporté vne debilité d'estomach, auec tant de force d'esprit, qu'on s'estonna, dit Censorin, de le voir arriuer iusques à ce terme.

Iustin. orat. paren. Cæl. Rhod. lect. ant. l. 29. c. 8. Pamelius in not. ad Apol. Tertull.

de die Nat. c. 14.

Il suffit de respondre à ce qu'on luy impute de la fin violente d'Alexandre, que Plutarque n'en a parlé que comme d'vn faus bruit; que l'humeur tyrannique de Caracalla luy a bien fait commettre d'autres extrauagances; & qu'Ammonius destruit

pleinement ceste calomnie, quand il asseure qu'Aristote accompagna ce Monarque dans toute son expedition Asiatique, n'estant retourné en Grece qu'apres son decez. Car il ne pouuoit pas, cela presupposé, conspirer auec Antipater qui auoit esté laissé au gouuernement de la Macedoine. Outre que le corps d'Alexandre estant demeuré plusieurs iours nud, & sans estre enseuely, à cause de la dissention qui se mit entre ses Capitaines, c'est sans doute, comme a fort bien obserué Plutarque, que s'il eust esté empoisonné, les marques du venin fussent bien-tost paruës sur luy, veu la chaleur du païs où il estoit ; & neantmoins on n'en eut pas sur l'heure le moindre soupçon, qu'Olympias ne prit que bien six ans depuis, sur quelques faus bruits qui coururent.

A l'égard des iniures qu'Epicure, Timée, & quelques autres ont vomy contre sa reputation, celles du premier ne peuuent estre d'aucune consideration, à quiconque prendra garde qu'il n'y a quasi pas vn des Philosophes anciens, à qui il n'ait fait de semblables outrages, ce qui se void au mesme lieu où Hesychius rapporte ceus qui vont contre l'honneur d'Aristote. Suidas l'a bien vangé de Timée, lorsqu'il le nomme vn imposteur, vn insolent, & vn homme qui ne merite pas d'estre mis au rang des raisonnables, apres auoir parlé si insensément de celuy qu'on a eu raison d'appeler le Secretaire de la Nature, veu qu'il semble qu'elle mes-

me luy ait dicté ce qu'il a escrit de toutes ses operations. Et Polybe pouruoit suffisamment à la renommée de ce Philosophe, remarquant que rien n'a donné la hardiesse aus Calomniateurs de l'accuser, aussi bien qu'Homere, d'auoir aimé les bons morceaus, que les seuls passages de leurs œuures, où ils en ont fait par fois la description. Mais quand nous n'aurions point le témoignage de toute l'antiquité pour Aristote, auec celuy de sainct Augustin, qui le qualifie homme de bien & de treshonneste vie, ie ne voudrois point d'autre preuue de ses mœurs, que le chois que fit de sa personne, Philippe de Macedoine, pour l'instruction de son fils. Chacun sçait quelle fut la prudence de ce pere, qui n'eut rien plus à cœur en toute sa vie, que la bonne institution d'vn si grand Successeur. Et nous auons la lettre qu'Aristote reçeut de luy sur la naissance d'Alexandre, dans laquelle il remercie les Dieus, non pas tant de ce qu'ils luy auoient donné vn fils, que de ce que sa naissance se trouuoit en vn temps auquel il pourroit receuoir les enseignemens d'vn Philosophe si renommé, & si capable d'inspirer la vertu à l'heritier d'vne Couronne. Certes il faudroit estre bien iniuste, pour ne pas preferer le iugement de ce Prince à toutes les mesdisances que nous auons rapportées, n'y ayant nulle apparence qu'il eust voulu approcher d'vn enfant qui luy estoit si cher, vne personne dont il n'eust pas connu les mœurs, aussi bien que la suffisance,

in Excer.

*l. de vtil.
cred.*

SECONDE PARTIE.

ny faire élection entre tant de grands hommes qu'auoit alors la Grece, d'vn qui eust esté diffamé de vices si honteus, & si reprochables. Aussi n'a-t'il iamais esté accusé de s'estre mal-acquitté de sa charge ; & le restablissement de la ville de Stagire, sa patrie, que Philippe ou Alexandre firent reba-stir en sa consideration ; aussi bien que le salut de celle d'Eresse, qu'elle deut à sa seule priere, sont des marques infaillibles du contentement qu'il donna de luy, & du credit que sa vertu luy acquit dans la Cour de Macedoine. *Plutar. in Alex. Ammo-nius in eius vita.*

S'il faut maintenant qu'apres auoir ainsi veu ce qui s'est dit de part & d'autre, nous nous expli-quions en suitte de ce que nous croyós qu'on peut raisonnablement penser d'Aristote au temps où nous sommes. Mon opinion est, qu'il faut garder ce respect à l'antiquité, qui l'a eu en grande vene-ration, de ne parler iamais de luy qu'auec beau-coup d'estime. Ses escrits nous y obligent encore, qui, tous estropiez qu'ils sont, reglent auiourd'huy le sçauoir des hommes, fournissant presqu'à toutes les disciplines, les maximes fondamentales dont el-les se seruent. Et ie croy qu'on ne peut le traitter au-trement, sans offenser autant qu'il y a de person-nes qui font profession des lettres, ne pensant pas qu'il s'en trouue aucune, de la façon que nous sommes instituez, qui ne luy doiue la meilleure partie de ce qu'elle a d'acquis. Mais en ce qui con-cerne le salut ou la perte de son ame, ie me trouue-

rois tres-empefché s'il faloit fe determiner là-deffus, & qu'il ne fuft pas permis de demeurer dans le doute, que ie pretens eftre le plus feur party que nous puiffions prendre. Car il ne me femble pas raifonnable de conclure fon mal-heur eternel fur la confideration de fes fautes, puifque le plus iufte tombe fept fois le iour, & qu'il peut s'eftre repenti auffi bien que ceus dont nous auons defia parlé. Beaucoup moins le voudrois-je condamner, comme à fait le Pere du College Ambrofien, Collius, pour s'eftre donné la mort à foy-mefme, ayant fait voir tantoft le peu d'apparence qu'il y a de le tenir coulpable de ce crime. D'vn autre cofté i'ay bien de la peine à le iuftifier, comme font ceus qui ne hefitent point à lo placer parmy les Bien-heureus. Le Docteur Sepulueda eft de ceus-là, qui a fouftenu fon opinion publiquement & par efcrit du temps de Charles-quint. Le Iefuite Gretzerus ayant voulu reprendre Sepulueda de trop de hardieffe, auoüe neantmoins qu'il incline en faueur d'Ariftote auffi bien que luy, n'improuuant en cela que fa façon de parler affirmatiue. Et Cœlius Rhodiginus non content de donner à ce philofophe vne veritable repentance dans l'article de fa mort, auec des larmes pleines de douleur & d'efperance qu'il offrit à cefte premiere caufe, qui eft Dieu; adioufte que plufieurs ont creu qu'Ariftote auoit eu quelque prenotion ou auant-connoiffance de l'Incarnation de Iefus-Chrift, fur ce qu'il re-

Prou. Salom. c. 24.

l. de anim. Pag.

lect. antiq. l. 17. c. 24.

SECONDE PARTIE.

petoit souuent auec estime vn vers de l'Odyssée, qui porte que les Dieus Immortels ne font nulle difficulté de se reuestir de nostre nature humaine, lors qu'ils ont enuie de nous instruire. Or il est tres-difficile de s'imaginer qu'vn si haut mystere qui n'a passé que pour scandale aux Iuifs, & pour folie aus Gentils, selon les propres termes de sainct Paul, ait peu aucunement estre preueu par vn Philosophe Payen ; quelque conference qu'Aristote eust euë auec ce Iuif, dont parle Clement Alexandrin. Et *l. 1. Strom.* quant à ceste parfaite Contrition qu'on luy attribuë en mourant, outre qu'elle n'est garantie par aucun Autheur de marque, il y a beaucoup de raisons qui m'empeschent de la croire veritable. La premiere est que nonobstant le passage de sa morale, que nous auons cité, il a prononcé nettement dans sa Metaphysique, comme en lieu propre, que Dieu ne prenoit nulle part aus choses qui se passoient sous le Ciel ; & nous voyons que Diogene auec Hesychius, qui ont escrit sa vie, font couler ceste proposition, comme vn article tres-constant de sa doctrine, de quoy presque tous ses commentateurs, notamment les Grecs & les Arabes, sont aussi demeurez d'accord. Quelle apparence, cela estant, de le faire inuoquer à son ayde l'Estre des Estres, ou la Cause des Causes, qu'il croyoit sourde, & plus aueugle que Tyresias, comme dit le Poëte, en toutes nos affaires. Ma seconde raison est fondée sur ce que tous ses principes semblent fauoriser la

pernicieuſe creance de la mortalité de l'Ame, ſelon que nous l'auons deſia obſerué icy, & plus particulierement dans noſtre petit diſcours Chreſtien de ſon Immortalité; d'où il s'enſuit qu'il n'eſtoit pas pour faire ceſte priere à Dieu, parce qu'elle eſt ridicule en la bouche de ceus qui penſent que tout meurt auecque le corps. Pour derniere raiſon, ie voy dans les termes de ſon teſtament, d'où les Iuriſconſultes enſeignent qu'on doit tirer les plus veritables ſentimens des hommes, des marques d'vn eſprit qui n'eſtoit nullement dégagé de l'Idolatrie. Il ne dit pas en riant, comme Socrate, qu'il doit vn coq à Eſculape, mais il ordonne ſerieuſement qu'on le décharge d'vn vœu qu'il auoit fait pour la ſanté de Nicanor, & qu'on faſſe faire quatre animaus de pierre, de quatre coudées chacun, pour eſtre placez dans les Temples où Iupiter & Minerue eſtoient adorez, en la ville de Stagire. Ce ne ſont pas là des legs, ce me ſemble, d'vne perſonne qui euſt la Foy implicite, & qui perſuadée dans la loy de Nature, de l'exiſtence d'vn ſeul Eſtre ſouuerain, luy ait preſenté ſon cœur en mourant, pour obtenir ſa miſericorde. Voilà ce qui m'empeſche de prononcer auſſi reſolutiuemét que d'autres font, pour la felicité eternelle d'Ariſtote; bien que ie la luy ſouhaitte d'autant plus ardemment, que ie me ſens ſon redeuable de la plus ſolide partie de mes eſtudes humaines. Elles m'ont appris que nous ne ſçaurions trop honorer la memoire
de

de nos Peres spirituels, la sienne me sera tousiours en singuliere veneration pour ce regard, & n'osant pas former vn iugement du tout à son auantage, sur la iuste crainte que i'ay d'offenser la pieté, ie demeureray dans vn doute respectueus, que ie pense qui ne peut estre desagreable à Dieu.

DE DIOGENE ET DE LA SECTE CYNIQVE.

ENCORE qu'Antisthene soit le fondateur de la famille Cynique, nous faisons chois neantmoins de Diogene son disciple, pource que sa vie a esté beaucoup plus celebre, & que plusieurs à cause de cela l'ont nommé le Prince des Cyniques, comme l'on peut voir dans vne Oraison de l'Empereur Iulien. Et certes Origene, sainct Iean Chrysostome, sainct Hierosme, & assez d'autres Peres en ayant parlé tres-honorablement, ils nous donnent suiet de faire plustost nos reflexions sur luy, que sur aucun autre de la mesme Secte. Elle eut son nom du lieu où Antisthene faisoit ses leçons, fort peu élongné de l'vne des portes d'Athenes, & qui se nommoit Cynosarges; bien qu'on ait dit depuis que la façon de viure trop libre, & comme canine, que prattiquoient les Cyniques, les auoit fait nommer de la sorte. Quoy qu'il en soit, ceus de ceste profession, se moquoient de ce titre iniurieus, le

Orat. 6.

P

rendant mefme honorable & de refpect enuers d'autres qui les confideroient fans paffion particuliere. Ce fut pourquoy Diogene demanda en riant à Alexandre, qui l'eftoit venu voir, s'il n'auoit point eu de peur que le chien le mordift. Et l'on void dans le difcours de fa vie, beaucoup de plaifantes reparties qu'il fit à ceus qui le penfoient iniurier de ce vilain mot.

On ne fçauroit pourtant nier que les Philofophes Cyniques n'ayent merité de grands reproches à l'égard de beaucoup d'actiõs des-honneftes qu'ils vouloient faire paffer pour indifferentes. Ce n'eft pas qu'ils ne fiffent vn fingulier eftat de la Morale. Car de toutes les parties de la philofophie, ils ne cultiuoient que celle-là, fe moquants de la Dialectique, de la Phyfique, & mefmes des difciplines liberales, comme l'on peut voir dans Diogenes Laertius, à la fin de la vie de Menedemus. Et il obferue dans celle de noftre Diogene, que ce Philofophe faifoit gloire d'ignorer la Mufique, la Geometrie & l'Aftrologie, comme chofes du tout inutiles. Mais nonobftant que les Cyniques s'appliquaffent fi particulierement à la fcience des mœurs, ils ne laifferent pas d'y commettre de fi lourdes fautes, qu'on ne fçauroit vfer auec trop de rigueur de la Circoncifion de S. Gregoire, pour retrancher les abus de certaines maximes dont ils fe feruoient. Par exemple, ils pofoient pour fondement que tous les biens de ce monde appartenoient à

Dieu. Ils adiouſtoient en ſuite, que l'homme ſage eſtoit l'Image de Dieu, & ſon amy tres-intime. D'où ils concluoient que puiſque toutes choſes ſont communes entre les amis, le Sage pouuoit ſe ſeruir de tout ce qui eſt en ce monde, comme de choſe qui luy appartenoit. Ce raiſonnement, dont Diogene vſoit d'ordinaire, a ſes premieres propoſitions fort bonnes, mais la conſequence qui oſte la proprieté des biens à ceus qui les poſſedent de bonne-foy, eſt pleine d'iniuſtice, & va au renuerſement de toute ſorte de polices. On peut dire neantmoins que les Cyniques n'ont pas eſté ſeuls qui ont voulu prendre cét auantage, en qualité de Philoſophes & de Sages, puiſque les Stoiciens ont touſiours proteſté que le leur alloit du pair auec Iupiter, & qu'ils luy ont donné des prerogatiues peu differentes de celles que nous venons de rapporter. Voicy vne autre façon d'argumenter, qui eſt plus propre aus Cyniques, & qui les a portez à des ſaletez tout à fait abominables. Ce qui eſt bon, diſoient-ils, eſt bon par tout. Or il eſt bon de boire, de manger, & de faire le reſte des actions naturelles. Il n'y a donc point de mal à manger par les ruës, & à faire en plein marché, comme le reſte des animaus, tout ce que les hommes ne prattiquent ordinairement que dans la ſolitude, & parmy les tenebres. Par ces belles reigles de Logique naturelle, Hipparchia ſe laiſſoit cõnoiſtre à Crates deuant tout le monde; & on veut que Diogene ait

fait vne ordure en lieu public, y exerçant vne chirurgie, pour vser du terme dont les Grecs expliquent cela, capable de donner de la honte à l'effronterie mesme, quand l'action ne seroit point accompagnée d'vn crime detestable. Certainement il y a de quoy s'estonner, qu'vne Secte qui auoit de si prodigieuses maximes, fust soufferte, & il faut croire qu'elle estoit bien recommandable d'ailleurs, puis qu'on la toleroit encore du temps de sainct Augustin, nonobstant de si grands deffauts. Ie me souuiens d'auoir leu dans Ciceron vn passage fort exprez sur cecy, & qui ne va pas peu à la décharge de Diogene, si tant est qu'on le puisse en quelque façon excuser, comme faisoit Chrysippus, qui ose mesmes le loüer dans Plutarque, de ce que nous condamnons le plus en luy. C'est où Ciceron traitte dans le premier liure de ses Offices, de l'authorité des coustumes, monstrant combien nous deuons deferer par tout à l'vsage estably par vne longue suitte d'années. Que si Socrate, ou Aristippe, dit ce grand Orateur Romain, ont fait ou prononcé par fois des choses qui sont formellement contraires à nos mœurs, il ne faut pas que personne presume de les imiter en cela, ny de s'attribuer la mesme licence que ces personnages auoient acquise par des qualitez toutes Diuines, & par leurs vertus vrayement Heroïques. Les propositions scandaleuses, auec les actions infames de quelques Cyniques, doiuent estre interpretées

l. 3. contra Academ. c. 18.

l. des contred. des Stoïques.

comme Ciceron l'ordonne. Et nous voyons en effet, que Diogene luy-mesme a souuent reconneu, qu'il se portoit exprez à des extremitez vicieuses, pour ramener les autres au milieu de la vertu ; disant qu'il imitoit en cela les Musiciens excellens, qui ne font nulle difficulté dans vn concert qu'ils gouuernent, de pousser leurs vois vn peu au de-là du ton où ils veulent ramener ceus qui ont discordé. D'ailleurs l'Empereur Iulien souſtient dans l'Oraiſon que nous auons deſia citée, & qu'il com- *Orat. 6.* poſa contre vn Cynique qui abuſoit de ſa profeſsion, que Diogene ne s'abandonnoit en public à ces fonctions naturelles qu'on luy reproche, que pour ſe moquer de ceus qui faiſoient, ce luy ſembloit, bien pis que luy, & pour reprendre vne infinité de perſonnes, qui n'ayans point de honte de commettre mille actions de violence, d'auarice, & d'iniuſtice, dans les plus grandes aſſemblées, font mine de rougir & de trouuer mauuais ſi vn autre s'y décharge d'vne goutte d'eau. Que ſi quelqu'vn pretend vſer des meſmes libertez qu'on veut que Diogene ait priſes en de certaines rencontres, il faut auparauant dit Iulien, d'vn ſentiment tout pareil à celuy de Ciceron, qu'il faſſe prouiſion de toutes les vertus qui rendoient ce Philoſophe ſi admirable, & qu'il accompagne ſa liberté de la iuſtice, de la temperance, & de la force d'eſprit, qui paroiſſoient en tout le reſte de ſes actions. En effet, le vray Cynique, dont Arrien nous a laiſſé

l'idée au troisiesme liure des propos memorables d'Epictete, ne doit rien entreprendre qu'il ne puisse executer auec beaucoup de pudeur, de netteté, & de bonne grace. Ce qui fait assez comprendre que Diogene & Crates ne pretendoient pas d'estre imitez si inconsiderément qu'on pourroit bien penser, & qu'ils ne sont accusables que d'erreur, pour auoir tenu pour indifferentes toutes les actions que la Nature semble excuser. C'est pourquoy le premier voyant quelqu'vn qui se moquoit de ce qu'il prenoit son repas dans vne Foire, luy respondit froidement, qu'il ne l'auroit pas fait, si la faim ne l'eust surpris au mesme lieu.

Or comme il n'y a nulle apparence de vouloir excuser Diogene en toutes les licences qu'on dit qu'il se donnoit, ie trouue aussi fort estrange qu'on luy reproche des vices dont apparemment il ne fut iamais coupable. Le Docteur Collius desirant prouuer que la Morale de ce Cynique estoit entierement contraire à celle du Christianisme, rapporte deus de ses reparties qu'il pretend choquer directement nos preceptes Euangeliques. L'vne fut à celuy qui luy reprochoit le crime de la fausse-monnoye, à qui il fit ceste responſe, i'auouë d'auoir esté autrefois tel que vous estes, mais ie ne pense pas que vous deueniez iamais tel que ie suis. Ie veus que ceste replique ait quelque pointe d'aigreur, & qu'elle ne fasse pas voir toute la mortification que sainct Matthieu desire de nous, lors que nous som-

SECONDE PARTIE. 119

mes iniuriez. Ce n'est pas à dire pourtant qu'elle soit absolument condamnable, comme le pretend Collius. Peut-estre que Diogene connoissoit que le bien de celuy à qui il auoit à faire, vouloit qu'il luy donnast ceste touche; auquel cas vn Chrestien mesme eust esté obligé d'en vser, comme il fit. Et ce qui m'oblige d'en iuger de la sorte, c'est qu'il n'a fait souuent que tourner en raillerie de semblables attaques. Car à celuy qui le pensoit offenser en l'appellant banny, il se contenta de respondre qu'il n'eust iamais philosophé sans ceste disgrace. Et à vn autre qui luy tint ce mauuais langage, que ceus de Sinope sa patrie, l'auoient condamné comme faux-monnoyeur à vn perpetuel exil: Et moy, repliqua-t'il, ie les condamne à vne continuelle demeure au miserable lieu où ils sont. Cela fait voir qu'il diuersifioit ses responses, selon les personnes auec qui il traittoit, mais qu'elles estoient pourtant plus plaisantes d'ordinaire que fascheuses. La seconde de ses reparties que condamne fort Collius, c'est quand se sentant rudement heurté par quelque faquin, qui portoit vne piece de bois, & qui ne luy auoit crié qu'il se prist garde qu'apres le coup, il le frappa de son baston cynique, & puis luy dit en riant qu'il prist garde à luy. Ce n'est pas là, dit Collius, tendre la iouë apres auoir reçeu vn soufflet, selon nos diuins preceptes. Il est certain qu'on void des exemples de patience beaucoup plus à priser que ce que fit alors Diogene. Mais

outre qu'il le faut considerer comme vn Payen, qui ne pouuoit pas arriuer de luy-mesme à toute la perfection que la loy de Grace nous a depuis enseignée; encore y a-t'il trop de rigueur à le maltraitter là-dessus. Car comme Collius auoit leu ce traict de Diogene dans celuy du mesme nom, qui a escrit les vies de tous ces anciens Philosophes, il pouuoit aussi obseruer qu'en vn autre lieu le mesme Autheur conte l'affaire tout autrement, & fait demander simplement à Diogene, qu'on aduertissoit de se prendre garde apres auoir esté heurté, si l'on auoit intention de le frapper vne seconde fois, voulant dire que l'auertissement estoit inutile à l'égard de la premiere. D'ailleurs quand la chaleur d'vn premier mouuement luy auroit fait distribuer vn coup de baston à cet estourdy, il n'y auroit pas de quoy en faire vn si grand crime. Et il a donné assez d'exemples de patience qui se lisent au mesme endroit, pour obtenir pardon de ceste petite saillie, outre qu'il y paroist plus de gayeté que de bile. Ayant reçeu vn soufflet de quelqu'vn, il en témoigna si peu de ressentiment, qu'il se contenta de luy dire en riant; certes ie n'auois pas bien sçeu iusques à ceste heure le grand auantage qu'il y a de porter vn habillement de teste. Vne autre fois qu'il eut esté excedé de coups dans vn festin par de ieunes gens, il n'en voulut point tirer d'autre reparation, que de faire voir leurs noms escrits aupres des playes qu'ils luy auoient faites. Son disciple Crates prattiqua

tiqua depuis la mesme chose à l'égard d'vn ioüeur de Guiterre, nommé Nicodromus, qui l'auoit blessé au visage, où il se mit vn escritteau, portant ces mots, de la main de Nicodromus, par vne gentille allusion, à ce que les grands Peintres ont accoustumé d'escrire au pied de leurs ouurages. C'est donc à tort qu'on a voulu depuis peu condamner Diogene, pour n'auoir pas sçeu porter auec assez de patience les iniures qu'il receuoit, veu que luy & ceus de sa secte, ont fait des leçons de souffrance à toutes les autres. Il faut que i'adiouste icy à l'égard du crime de la fausse-monnoye, pour lequel il est certain qu'il fut contraint de quitter son pays, que comme luy-mesme ne le nioit pas dans l'vn de ses liures, aussi est-il excusé par tous les anciens, sur ce qu'il ne s'y porta que par l'auis de l'Oracle d'Apollon. Les vns disent que ce Dieu le vouloit tirer par là de son pays, & le ietter dans sa vocation philosophique. Les autres, comme l'Empereur Iulien, soustiennent que le sens de l'Oracle alloit à luy faire abandonner les erreurs populaires, & les sentimens du vulgaire, comme vne monnoye qui ne luy estoit pas propre. Tant y a qu'il prit d'abord la response Delphique au pied de la lettre. Et on veut que depuis il luy ait donné l'interpretation que nous venons de dire, se seruant d'vne monnoye bien differente de celle du peuple, si nous entendons par elle les maximes & les façons de viure qu'il suiuit. Il est certain quil entra vn iour

Orat. 6. & 7.

dans vn theatre comme tout le monde en sortoit, & qu'il dit à ceus qui s'eftonñoient de cela, qu'on ne luy voyoit faire pour l'heure que ce qu'il vouloit prattiquer toute fa vie, allant toufiours contre le cours de la multitude, & ne s'accordant auec elle prefque en pas vne de fes opinions.

Ses aduerfaires luy ont encores reproché quelques amours auec cefte fameufe Courtifanne Laïs, qui luy faifoit des faueurs gratuites, qu'Ariftippe achetoit bien cheremét. On l'accufe auffi de s'eftre fait mourir par gourmandife, ayant mangé trop auidement d'vn Polype de mer, felon Athenée, ou d'vn pied de bœuf qui émeut fa bile, felon Laërtius, lequel rapporte neantmoins deus autres caufes de fon trefpas. Et à la verité, ayant vefcu quatre-vingts dix ans, il fe feroit auifé bien tard d'eftre gourmand, & pour vn morceau de fort petite tentation. Outre qu'on fçait qu'il s'eft fouuent moqué de fon viuant, de ceus qui faifoient des facrifices pour obtenir la fanté, où neantmoins ils commettoient des excez de bouche capables de la leur faire perdre. Enfin on peut voir dans le mefme Athenée, des inuectiues contre les Cyniques en general, qu'on taxe de n'auoir eu aucune des bonnes qualitez de l'animal qui leur a donné le nom, quoy qu'ils en poffedaffent toutes les mauuaifes conditions.

Mais fans s'arrefter à ce qu'il paroift plus d'animofité que de vray-femblance en la plufpart de ces

Athen. l. 13.

idem. l. 7.

l. 13.

SECONDE PARTIE.

choses, on en a escrit au contraire de si auantageuses pour luy & pour ceus de sa secte, que le bien de celles-cy, excede sans proportion le mal des autres, qui deuiennent par ce moyen fort peu considerables. A l'égard de son Systeme Philosophique, qui ne regardoit, comme nous auons dit, que la seule Morale, rien ne peut mieux décharger ses professeurs de toutes les saletez qu'on leur a voulu imputer, que la seule approbation des Stoiciens, reconnus pour les plus austeres de tous les Philosophes, & qui se fussent bien empeschez de donner leurs suffrages à des personnes, dont la vie eust esté si pleine d'ordures. Or chacun sçait qu'ils viuoient en fort bonne intelligence auec les Cyniques, comme n'ayant les vns & les autres qu'vne mesme fin, de viure selon la vertu, en quoy ils constituoient le souuerain bien. C'est pourquoy les mesmes Stoiciens nommerent le Cynisme la plus courte voye que l'on pouuoit tenir pour arriuer à ceste belle vertu. L'Empereur Iulien le compare à ces boëtes peintes de silenes & de grotesques par le dehors, qui n'ont rien que de precieus au dedans, ce qu'Alcibiade auoit desia dit de Socrate. Et plusieurs ont voulu qu'Hercule en eust esté le Fondateur, plustost que Diogene ou Antisthene, la nudité du Cynique, auec laquelle il surmonte tant de violentes passions, estant semblable à celle de ce domteur de monstres; comme le baston & le bissac du premier ne nous represente pas mal la massuë & la

Σύντομον ἐπ' ἀρετὴν ὁδόν. Diog. Laërt. in Mened. & in Zenone. Orat. 6.

Idem & Lucian. in Cynico.

124 DE LA VERTV DES PAYENS,
peau de Lyon de celuy-cy. Aussi lors que sainct Augustin enseigne dans sa Cité de Dieu, que le
l. 19. c. 19. Christianisme reçoit toute sorte de Philosophes, il dit que les Cyniques mesmes y sont admis en cet equipage que nous venons de descrire, & sans quitter leur façon de viure, pourueu qu'ils changent seulement quelques axiomes contraires à la Foy.

Quant à la persone de Diogene, les plus grands hommes de l'antiquité l'ont eu en admiration. Alexãdre le mit à vn si haut poinct, qu'il protesta au sortir d'vne conference qu'ils eurent ensemble, que s'il n'eust esté Alexandre, il eust voulu estre Diogene, Seneque ne se peut lasser de le loüer en mille lieus, & l'ayant nommé *virum ingentis animi* dans son liure de la tranquillité de nostre vie, il adiouste ce bel eloge à tous les autres, que si quelqu'vn n'est pas bien asseuré de la felicité de Diogene, celuy-là peut encore reuoquer en doute l'estat des Dieus immortels, & ce qu'on croit de leur beatitude. Sainct Iean Chrysostome le propose comme vn exemplaire de beaucoup de vertus religieuses, au second des liures qu'il a faits contre ceus qui mes-
l. 2. contra prisoient la vie Monastique. Sainct Hierosme parle
Iouinia. de luy tres-honorablement : il le nomme plus
c. 9. grand, & plus puissant qu'Alexandre, estale toutes ses vertus deuant Iouinien, pour luy en faire honte, & descriuant sa mort tout autrement que nous ne l'auons cy-deuant rapportée, & qu'aucun Autheur

SECONDE PARTIE.

Payen, que ie sçache, ne l'a escritte, il le fait expirer au pied d'vn arbre, auec ces derniers propos, qu'il donnoit la mort à la fievre, plustost qu'il ne la receuoit, comme s'il eust esté seur de son immortalité. Il ne faut pas oublier là-dessus ce que Plutarque, & vn Demetrius cité par Laërtius, ont observé, que Diogene mourut aupres de Corinthe le mesme iour qu'Alexandre finit ses iours dans Babylone; tant on s'est tousiours pleu à tirer des paralleles entre l'vn & l'autre, & à égaler ce Philosophe presque nud, à celuy qui conquit autant de parties du monde, qu'il en estoit venu à sa connoissance. L'estime qu'on faisoit du premier, parut bien alors aus honneurs qu'on rendit à sa memoire. Car la dispute fut si grande entre ceus qui se vouloient attribuer la gloire de luy donner sepulture, que le magistrat de Corinthe fut contraint d'interposer son authorité, & de le faire enterrer auprez de la porte qui conduisoit à l'Isthme du Peloponese. Son tombeau y fut orné d'vne colomne qui portoit vn chien de marbre Parien, le plus estimé qu'eussent les Anciens; ce qui monstre bien que le mot de Cynique n'estoit pas tenu pour iniurieus, selon nos precedentes coniectures. Ceus de Sinope luy dresserent aussi des statuës d'airain apres sa mort, nonobstant le traittement qu'ils luy auoient fait pendant sa vie, croyant qu'il leur estoit tres-auantageus de se pouuoir vanter d'auoir eu vn tel Citoyen. Pour ce qui est des Atheniens, ie ne veus

l.8. sympos. qu.1.

point d'autre preuue de l'eſtime qu'ils faiſoient de Diogene, que la punition d'vn ieune homme qu'ils condamnerent au foüet, pour luy auoir rompu ſon tonneau, luy en donnant vn autre au nom de la ville. Il ne nous reſte auiourd'huy que les titres des liures qu'il auoit compoſez, dont nous ne ſçaurions voir la liſte dans Laërtius ſans en regretter la perte. En effet, outre l'excellence des matieres qui deuoient eſtre bien traittées, Diogene auoit vne eloquence ſi puiſſante, qu'en parlant meſme, il perſuadoit tout ce qu'il vouloit. On dit qu'Oneſicritus l'vn de ſes diſciples, Hiſtorien d'Alexandre, & qui fit le voyage des Indes auec ce Prince, voyant que deus de ſes enfans, qu'il auoit enuoyez d'Egine en la ville d'Athenes, y eſtoient demeurez l'vn apres l'autre ſans ſe pouuoir ſeparer de Diogene, ſe reſolut de les aller querir, & qu'il y fut retenu luy-meſme comme ſes fils, par les charmans propos de ce Philoſophe. Mais ie croy que ce qu'on peut dire de plus fort à ſa recommendation, c'eſt le meſpris qu'il faiſoit ouuertement de la multitude des faus-Dieus qu'on adoroit de ſon temps. Quelque perſonne admirant en ſa preſence les beaus preſens mis dans vn temple de Samothrace, par ceus qui auoient éuité les perils de la mer, il leur dit hardiment que les dons promis par d'autres qui auoient fait naufrage, euſſent eſté en bien plus grand nombre ſi l'on en euſt peu tenir regiſtre. Les Atheniens ayant declaré par vn Decret

Plutar. in vita A'ex. & Diog. Laërt.

SECONDE PARTIE.

qu'on deuoit reuerer Alexandre pour le Dieu Liber ou Bacchus, il les pria de vouloir auſſi ordonner que Diogene fuſt pris pour le Dieu Serapis. Ces railleries font aſſez voir ce qu'il penſoit des religions pleines d'impieté, dont la Grece faiſoit alors profeſſion. Ie ſçay bien que Ciceron rapporte vn trait de luy, qui le pourroit faire paſſer pour vn homme méconnoiſſant toute ſorte de Diuinité, quand il oſa dire de cét inſigne voleur Harpalus, qu'il ſembloit n'eſtre en ce monde que pour y porter teſmoignage contre l'exiſtence des Dieus. Mais il ſemble qu'il ſe ſoit purgé de ce crime par ſa reſponſe à vn certain Lyſias Apothiquaire, qui auoit eu la hardieſſe de luy demander s'il croyoit veritablement qu'il y eut des Dieus. Comment, luy dit-il, ne le croirois-je pas, ſi ie vous tiens pour l'vn de ceus qu'ils hayſſent le plus. Il y en a qui ont attribué la meſme repartie à vn autre Philoſophe nómé Theodore. La liberté de Diogene parut ſur tout à témoigner ſon auerſió contre toute ſorte de ſuperſtitió. Il apperçeut vn iour quelqu'vn qui ſe lauoit, en intention d'effacer par ce moyé les crimes dont il ſe ſentoit coupable; comme nous apprenons de Relations du Leuant, que beaucoup de Gentils le prattiquent encore tous les iours, ſe baignans dans le fleuue Indus, ou dans le Gange, à meſme deſſein. O miſerable, s'écria Diogene, eſt-il poſſible que vous ignoriez que les fautes de la Morale, non plus que celles de la Grammaire, ne

se purgent pas auec de l'eau, & sur tout que les premieres ne s'en vont pas si facilement. Ayant esté prié par les Atheniens de se faire enroller au nombre de ceus qui participoient à leurs plus secrets mysteres, ce qu'ils appelloient, se faire initier ; & s'y voyant exhorté par la consideration de ce qu'il n'y auoit, à leur dire, que les initiez qui presidassent là bas, & qui fussent admis dans les champs Elysiens : Ce seroit vne chose bien ridicule, leur respondit-il, si tant de braues hommes, comme Agesilaus & Epaminondas entr'autres, estoient presidez en ce pays-là par des gens de neant, pour n'auoir point eu de part à vos initiations. C'est ainsi qu'il donnoit hardiment à connoistre le peu de conte qu'il faisoit de leurs ceremonies superstitieuses, méprisant le peril qui n'estoit pas petit, de parler si nettement en faueur de la verité, & contre les abus du temps.

Or rien ne m'a tant obligé à faire voir par toutes ces remarques, quel estoit le genie de Diogene, & auec combien de raison les Chrestiens aussi bien que les Payens l'ont eu en si haute estime, que l'extreme rigueur, & i'ose dire iniustice, dont on a vsé depuis peu en son endroit. Car pour me taire de ceus qui ne proferent iamais son nom, que pour le rendre ridicule, & comme si sa personne n'auoit rien eu pour tout de recommendable, il s'est trouué vn Escriuain parmy nous si peu equitable, ie ne veus pas vser d'vn plus rude mot, qu'il n'a
point

point fait de conscience de comparer Diogene & Democrite, à Brusquet, & à Maistre Guillaume, qu'il asseure auoir esté pour le moins aussi Sages que ces Philosophes. Bon Dieu, est-il possible qu'on se dispense de parler de la sorte! Il dit que Plutarque & Laërtius, se fussent bien passez de transmettre iusques à nous les sottises de ces deus faquins, dont l'vn ne merite autre eloge d'honneur que celuy d'vn Farseur, à sçauoir Democrite, & l'autre d'vn gros gueus de l'ostiere. Bref, continuë-t'il, toute leur difference ne se trouuoit que comme de Maistre Guillaume à Iean-Farine, & de Brusquet à Pantalon ; Diogene estant vn fou & maniaque parfait, Democrite vn bouffon perpetuel ; ce sont ses propres termes. En verité il n'y a point d'esprit raisonnable, ny tant soit peu connoissant la nature des choses, qui n'en soit scandalisé, & que de si extrauagantes similitudes ne iettent dans l'indignation. Ie ne trouuerois pas estrange qu'on leur reprochast les vices qu'ils peuuent auoir commis, & qu'on excitast l'auersion de tout le monde contre les crimes & les saletez dont nous auons esté contrains de toucher quelque chose. Ie ne voudrois pas non plus asseurer que Diogene ne fust aussi Athée que cét Escriuain le fait ; rien ne m'obligeant à suspendre ma creance pour ce regard, que l'authorité des Peres qui ont parlé de luy en si bonne part. Mais de le soustenir tel, parce qu'il se moquoit des Dieus de la populace, c'est vne tres vi-

R

cieuse consequence, & qui va contre ce que tous les Docteurs ont tenu au suiet de Socrate, de Platon, & des autres Payens non idolâtres, comme nous auons veu aus sections precedentes. Il n'y a pas plus d'apparance de le vouloir rendre ridicule par sa pauureté volontaire, & par son tonneau que toute la ville d'Athenes honora. Et c'est peut-estre tomber dans la bouffonnerie dont on le taxe, de rapporter là-dessus comme l'on a fait, ce que les yurognes prattiquent dans vn cabaret, où ils se seruent du col d'vne bouteille en guise de chandelier, pour l'amour du vin qui la leur fait affectionner aussi bien qu'à Diogene son tonneau. Ces railleries sont si basses, & prises d'vn si mauuais lieu, qu'on s'en deuoit estre abstenu. Pour le regard de sa lanterne, ie demeure d'accord que ce seroit estre ridicule de la porter auiourd'huy à mesme dessein qu'il faisoit ; mais il y a mille choses semblables des anciens dont on se pourroit rire en les prenant à la rigueur de la sorte ; & il se faut souuenir de ce que nous auons remarqué de Diogene, qu'il detonnoit par fois exprez pour ramener les autres, & rendre le concert meilleur. D'ailleurs ceste action de chercher vn homme, s'explique par beaucoup de rencontres pareilles, & de façons de parler qui luy estoient ordinaires. Sortant d'vn bain public, quelqu'vn luy demanda si la presse y estoit grande, il respondit qu'il y auoit laissé beaucoup de monde, mais qu'il n'y auoit point veu d'hommes. Il en

dit vne autre fois autant au retour des ieus Olympiques sur vne mesme interrogation. Et ie rapporterois deus ou trois autres traits semblables, n'estoit que toute leur grace consiste aus termes Grecs, qui ne peuuent pas estre bien rendus en nostre langue. Tout cela ensemble fait voir, qu'il ne chercha cét homme imaginaire auec sa lanterne en plein midy, que pour faire mieus comprendre & retenir par vne action extraordinaire, ce qu'il auoit si souuent donné à entendre, que la chose du monde la plus rare estoit de voir vn homme tel qu'il doit estre, c'est à dire raisonnable, la raison seule nous distinguant du reste des animaus. Certes c'est bien laisser aller sa plume à l'essor de presumer qu'on fera passer vne personne pour folle, en interpretant sinistrement de certaines actions que toute l'antiquité a sçeuës, & qui n'ont pas empesché qu'elle n'ait eu ceste mesme personne en grande veneration. Alexandre qui n'auoit pas suiet ny comme Souuerain, ny comme disciple d'Aristote de fauoriser la secte Cynique, veu sa contrarieté au Peripatetisme, & qu'elle n'espargnoit non plus les Princes que les moindres particuliers, a neantmoins honoré Diogene de son viuant à l'exemple de toute la Grece. Ciceron, Seneque, Plutarque, & s'il y a eu encore quelques plus grands Autheurs parmy les anciens, n'en ont parlé qu'auec admiration. Sainct Chrysostome, sainct Hierosme, & assez d'autres Peres de l'Eglise, l'ont proposé à imiter

en beaucoup de choses aus fideles de leur temps. Et petits hommes que nous sommes, nous pretendrons nonobstant cela de le faire passer pour vn ie ne sçay qui, ou pour vn insensé? Et nous presumerons tant de nostre iugement que de le croire assez considerable, pour l'emporter sur celuy de tant de rares personnages apres deus mille ans d'approbation?

Disons vn mot de Democrite puis qu'on l'a voulu apparier auec Diogene, nous reseruans à parler plus particulierement de sa façon de philosopher, lors que nous traitterons tantost de celle d'Epicure, qui tenoit de luy ses Atomes, & ses principaus axiomes. L'Escriuain de qui nous nons plaignons, dit qu'il n'y a rié de plus inepte, ny de plus impertinent qu'vn ris indiscret. Ie l'auoüe. Mais ie souhties que celuy de Democrite ayant esté reueré de toute l'antiquité, aussi bien que le pleurer d'Heraclite, ne doit pas estre pris pour tel. En effet c'estoit vn ris fondé sur vne profonde meditation de nostre foiblesse, & de nostre vanité tout ensemble, qui nous fait conceuoir mille desseins ridicules dans vn lieu où il croyoit que toutes choses dependoiét du hazard, & de la rencontre fortuite des atomes.

Lucian in vit. auct. Comme Heraclite pleuroit sur le mesme suiet, à cause de l'ineuitable fatalité d'vn empyreume, ou embrasement general que le monde ne pouuoit éuiter, & qui deuoit reduire en cendres auec les hommes tout ce qu'ils y affectionnent si tendre-

SECONDE PARTIE

ment. On peut voir dans Hippocrate, l'vn des plus serieus esprits de toute l'antiquité, le iugemét qu'il fit du rire de Democrite, & comme il trouua que les Abderitains, à la priere de qui il estoit venu voir ce grand rieur, auoient plus besoin d'Ellebore, que celuy qu'ils croyoient estre tombé en frenesie. Ie pense qu'il y auroit plus de suiet de l'en accuser, s'il estoit vray qu'il se fust creué les yeus pour mieux philosopher, comme Ciceron l'a escrit. Et neantmoins cet excellent Orateur ne laisse pas d'employer toutes les forces de son art à le loüer en diuers lieus de ses ouurages; & il le prefere tellement dans ses questions Academiques à Cleanthe, à Chrysippe, & aus autres Philosophes qui ont esté depuis luy, qu'à son auis ils ne paroissent tous que de la cinquiesme classe, pour vser de ses propres termes, quand on les compare à Democrite. C'est donc à tort qu'on le veut auiourd'huy conuaincre de folie par vn ris discouru & philosophique, comme estoit le sien. Et il n'y a pas plus d'apparence d'appeller faquin celuy, de qui le pere auoit eu l'honneur de receuoir chez luy ce grand Roy Xerxes, qui laissa des Precepteurs exprez pour instruire le fils d'vn tel hoste. Ie sçay bien qu'Athenée dit que Democrite fut cité en iugement pour auoir consommé son patrimoine; & que Laërtius veut que ses voyages l'ayant obligé à faire ceste grande despense, il ait couru fortune de perdre le droit du sepulchre de ses ancestres par les lois de son pays.

ep. 2. ad Damagetum.

l. 5. de fin. l 1. de nat. Deor. & l. 4. Acad. qu.

Diog. Laërt. ex Herod. l. 4.

Mais l'vn & l'autre conuiennent en ce poinct, qu'aussi-tost qu'il eut fait voir son grand Diacosme, le plus excellent de tous ses liures, il fut absous de la rigueur de la loy; & le dernier adiouste que le public luy fit present de cinq cents talens, l'honorant encore de beaucoup de figures de bronze qui furent consacrées à sa gloire. Ce n'est pas là le traittement qu'on fait à des faquins, & à des bouffons; qui n'ont pas aussi accoustumé de mettre leur souuerain bien dans vne assiette d'esprit tranquille & constante, comme faisoit Democrite sous le nom de l'Euthymie, & de ce celebre εὐεστώ, dont on a tant parlé.

Apres auoir rendu ce que ie croy qui estoit deu à la vertu de ces deus personnages, nous finirons ce chapitre de la philosophie Cynique par vne franche reconnoissance, qu'encore qu'à mon auis Diogene merite que nous honorions sa memoire plustost que de la diffamer, si est ce que ie ne voy rien qui nous puisse obliger à bien penser de son salut, comme nous auons fait de celuy des autres dont nous auons desia parlé. Ses erreurs ont esté grandes dans la Morale; on l'accuse d'auoir commis des crimes detestables, comme nous auons veu; & ne paroissant point qu'il s'en soit iamais repenti, on ne sçauroit que tres-mal iuger de luy pour ce regard. Cela n'empesche pas pourtant qu'il n'ait eu d'ailleurs de rares parties d'esprit, & qu'on ne le puisse tenir pour vn tres-grand Philosophe Payen.

SECONDE PARTIE.

Sur tout on doit bien prendre garde de penser, que tous ceus de sa Secte n'ayent esté que des hommes de neant, comme quelques-vns osent dire. La pauureté des Cyniques a esté tres-honorable, & leur mendicité de celles qu'on prefere à toutes les richesses du monde. Certes quand il n'y auroit que la consideration de ce Demetrius si hautement loüé par Seneque, & qui dédaigna si genereusement l'amitié & les presens de l'Empereur Caligule, ce seroit estre déraisonnable de parler d'eus de la sorte. Aussi n'est-ce pas l'opinion de plusieurs qu'on doiue estre si iniurieus en leur endroit. Il y en a qui les comparent en beaucoup de choses à nos plus austeres Religieus. Et Lipse n'a fait nulle difficulté d'escrire, que sans le defaut de la pieté & de la hôte, dont les Cyniques faisoient vn mespris qui ne peut estre trop blasmé, leur pauureté, leur patience, & le reste de leurs vertus, les rendoit tres-semblables aus Peres Capucins de ce siecle. Ce que ie rapporte exprez, pour l'opposer aus mauuais iugemens de ceus qui leur ont esté trop contraires. Qu'on se souuienne du souhait qu'Antisthene faisoit si souuent, de deuenir plustost insensé, qu'esclaue de la volupté, & l'on n'aura pas suiet de croire que luy, ny ses disciples, se soient portez par pure intemperance aus actions qu'on leur reproche, & que nous auons condamnées, parce qu'elles sont d'ailleurs à detester. Mais quoy? S'il faut haïr les hom

l. 7. de benef. c. 8. & 11.

l. 1. manud. ad Phil. Stoïc. c. 12.

Μανίλω μᾶλλον, ἤ ἡδεῖλω. *Diog. Laërt. in Antisth.*

qui vitia odit, homines odit.

mes à cause de leurs fautes, resoluons nous d'estre inhumains, & de n'aimer iamais personne.

DE ZENON CYPRIOT DE LA VILLE DE CITIE, ET DE LA SECTE STOIQVE.

IL y a eu plusieurs Zenons, comme on peut voir dans Diogenes Laërtius, qui en nomme iusques à huict, dont les vns ont esté historiens, les autres Medecins, ou Grammairiens, & la pluspart grands Philosophes. Mais il ne nous a donné la vie que de deus, dont le plus ancien est l'Eleate, Inuenteur de la Dialectique, & celuy qui cracha sa langue contre le Tyran Nearche. L'autre est le Cypriot de Citie, que nous auons choisi entre tous les Stoiciens, à cause qu'il est le Fondateur de leur famille, qui receut son nom des portiques où ce Philosophe se pleût à discourir publiquement dans Athenes. Il y vint par vn naufrage, qu'il reputa depuis si auantageus, qu'on l'oüit souuent se loüer de la faueur des vents, qui l'auoient si heureusement fait eschoüer dans le port de Pirée. Et il se porta du tout à l'estude, sur la responsse (dit-on) d'vn Oracle qu'il auoit consulté touchant le cours de sa vie, par lequel la couleur des morts luy estoit recommandée, ce qu'il interpreta fort bien du teint

tūc secūdis velis nauigani cum naufragiū feci.

SECONDE PARTIE.

passe que contractent ordinairement les hommes studieus.

Or de toutes les Sectes, la sienne sans doute a esté la plus austere, d'où vient cét axiome que nous lisons dás sa vie, que les Sages sont tousiours seueres, & ne disent iamais rien pour plaire, mais seulemét pour profiter. C'est pourqouy les Stoiciés estoient les plus côtraires de tous les Philosophes aus Epicuriens, Cyrenaiques, & autres qui mettoient le souuerain bien dans la volupté. Pour eus ils le constituoient en ce seul point de viure conformément à la Nature, c'est à dire vertueusement & selon l'vsage de la droicte raison, parce que suiuant leur doctrine, nous sommes tous naturellement portez à cela. Cleanthe, Chrysippe, auec le reste des successeurs de Zenon, se sont tellement atachez apres luy à ceste maxime fondamentale de toute leur Ethique, qu'ils ont soustenu qu'on pouuoit estre heureus au milieu des plus grands tourmens, & nonobstant toutes les disgraces de la fortune, poureu qu'on fust vertueus. Et c'est en cecy que la Secte Stoique a le plus de conuenance auec le Christianisme, où tant de glorieus Martyrs ont souuent témoigné que la ioye & le contentement n'estoient pas incompatibles auec les flammes, les rouës, & les taureaus d'airain. Il est certain que beaucoup de Chrestiens, comme Arnobe, & Tertullien entr'autres, ont eu l'humeur merueilleusement portée à la seuerité Stoique. Pantænus qui fut

S

138 DE LA VERTV DES PAYENS,

Euseb.hist. Eccl.l.5.c. 10.
enuoyé aux Indes Orientales pour y annoncer l'Euangile, auoit esté Stoicien; & on l'élut pour cela dans Alexandrie, comme le plus propre en cest qualité, à conuertir les Brachmanes, qui sont les Philosophes du Leuant, qu'on nomme Bramins auiourd'huy. Sainct Herosme dit expressément

in Isa.c.10.
qu'en beaucoup de choses la doctrine du Portique s'accorde fort bien auec celle de l'Eglise. Et nous sçauons que sainct Charles Borromée asseuroit, il y a peu, qu'il ne trouuoit point de plus belle lecture que celle des propos d'Epictete, pour le salut de qui sainct Augustin n'a pas fait conscience d'employer ses souhaits. De verité on ne sçauroit prononcer rien de plus Orthodoxe, ny de plus Chrestien, que ce qu'ont dit souuent ceus de ceste Secte sur toutes les parties de la Philosophie. Ils ont parlé de Dieu comme n'en reconnoissant qu'vn, à qui Zenon soustenoit que les noms quasi de tous les autres Dieus appartenoient, parce qu'à les bien examiner, ce n'estoient que des titres dont les hommes, & particulierement les Grecs, auoient voulu specifier les effets differens de la bonté & de la puissance Diuine. De-là vient que ce Philosophe condamnoit tous les sermens qui se faisoient en inuoquant les Dieus d'alors; & qu'il ne iuroit que par le caprier en riant, comme Socrate par le chien, ou par la platane. C'est encore pourquoy les Stoiciens

Sen. ep. 9. Cic. 4. Acad. qu.
n'accordoient l'immortalité qu'à vn Dieu souuerain seulement, tous les autres deuoient finir dans

SECONDE PARTIE. 139

e general embrasement de l'Vniuers, où le feu ne *Sen. Tr. in*
respecteroit que le grand Iupiter. Et ils ont fait des *Herc. Oet.*
leçons de sa perfection, & de tous les attributs *tr. des Stoï.*
qu'on luy donne si conformes à ce que la Religion
nous enseigne, que nos plus Saincts Docteurs les
ont par fois admirées. Qui est-ce qui a mieus sçeu
traitter qu'eus les difficultez épineuses de la Prouidence qu'ils estendoient sur tout, & de la Destinée,
lors qu'il a esté question de les accorder auec nostre
libre arbitre, & de sauuer la contingence des choses fortuites? Ils ont creu comme nous la creation
du monde, si contraire à la doctrine des Peripateticiens. Et non seulement ils ont preueu sa fin, parce qu'elle est naturelle à ce qui a eu commencement, & dautant que la corruption des parties est
vn argument de celle du tout : Mais ils ont mesme
asseuré, comme nous venons de voir, que ceste fin
arriueroit par l'action du feu, qui conuertiroit toute la Nature en la sienne, de la mesme façon à peu
pres que nous sommes obligez de le croire comme
vne verité reuelée. Sur tout on ne sçauroit assez
estimer l'amour extreme dont ils estoient trans-
portez pour la Vertu. Elle n'a iamais paru auec plus
d'éclat parmy les Grecs, que quand elle s'est reue-
stuë d'vne resolutió Stoique. Les plus grands hommes de la Republique Romaine ont esté Stoiciens,
les Catons, les Tacites, les Thrasées, les Varrons.
Chacun sçait quel rang merite entre les Empereurs
Marc-Antonin, surnommé le Philosophe pour

S ij

auoir suiui les principes de Zenon, qu'il apprit de Iunius Rusticus, & d'Appollonius de Nicomedi‑ ses maistres. Et Iosephe nous asseure que la Secte des Pharisiens dont il faisoit profession, la plus au‑ thorisée de toutes parmy les Iuifs, & qui auoit sans doute, apres Dieu, inspiré le courage dans ces bel‑ les ames des Machabées, n'estoit presque en rien differente de celle des Stoiciens.

Xiphil. ex Dione l. 61.

in vita sua.

Il faut qu'ils souffrent neantmoins que nous prattiquions chez eus la mesme circoncision, auec laquelle nous auons retranché iusques icy les def‑ fauts qui se sont trouuez parmy les autres familles philosophiques. La leur apres auoir eu de si belles pensées de la Diuinité, n'a pas laissé d'errer lourde‑ ment, enseignant que Dieu n'estoit rien autre chose que l'ame du Monde, lequel ils consideroiét comme son corps, & tous les deus ensemble com‑ me vn animal parfait. C'est ce qui faisoit dire Stoi‑ quement à Seneque dans son liure contre les super‑ stitions, qu'il ne pouuoit souffrir ny Platon qui se figuroit vn Dieu sans corps, ny le Peripateticien Straton qui le representoit comme vn corps sans ame. Ceus du Portique auoient de la peine à con‑ ceuoir que l'esprit de Dieu peust estre diffus par toute la Nature sans s'y incorporer, qu'il la peust informer sans estre sa forme, & qu'il peust animer le Monde sans estre son Ame. Plutarque reproche aussi à Zenon d'auoir soustenu qu'on ne deuoit ia‑ mais bastir de Temple à la Diuinité, opinió qu'He‑

apud D. Aug. l. 6. de ciu. Dei c. 10.

contrad. des Stoiq.

rodote dit auoir esté commune en Perse. Et Chrysippe est accusé d'auoir fait Dieu aussi cruel que le Roy Deiotarus qui tua tous ses enfans à la reserue d'vn seul, afin de luy laisser son Royaume plus entier; sur ce que ce Philosophe disoit que Dieu suscitoit exprez les grandes guerres comme celle de Troye, pour descharger la terre d'vne par trop grande multitude d'hommes.

Les Stoiciens n'ont pas moins failly en ce qui concerne nostre humanité, & notamment à l'égard de la principale partie qui nous compose. Car comme ils vouloient que tous les Dieus horsmis le premier, les Demons, les Genies, & les Intelligences que nous nommons des Anges, finissent auec le monde dans ces embrasemens periodiques qu'ils s'imaginoient. Leur doctrine portoit aussi qu'encore que nos Ames subsistassent quelque téps apres leur separation du corps, si est-ce qu'elles ne pouuoient éuiter l'action du feu, lors de ces incendies & de ces consomptions generales, où elles estoient conuerties, comme toutes les autres choses de la Nature, en leurs premiers principes, se reunissant à ceste grande Ame de l'Vniuers qui est Dieu. C'est à cause d'vne telle reunion qu'on croit qu'ils ont quelques-fois si magnifiquement parlé de nostre immortalité, n'y ayant nul moyen d'accorder leurs passages differens là-dessus, si l'on ne se sert de ceste interpretation. Ciceron, qui traitte souuent assez mal les Stoiciens comme Academi-

cien qu'il estoit, se moque d'eus sur cela, disant qu'ils rendoient nostre condition à peu prez aussi considerable que celle des Corneilles, puis que nostre Ame n'estoit pas de moindre durée, bien qu'elle fust enfin suiette à la commune destinée des choses mortelles. Il est vray que Chrysippe contredisoit icy son Precepteur Cleanthe, n'accordant pas vn si long aage à toute sorte d'Ames, mais seulement à celles des Sages. Et comment ces Philosophes eussent-ils peu en auoir d'autre opinion, puis qu'ils les croyoient si corporelles, que celle des hommes écrasez par quelque ruïne inopinée, perissoit dés l'heure mesme à leur dire, pource qu'elle estoit brisée & dispersée auec le corps, qui ne luy laissoit aucun passage assez libre pour sortir toute entiere? Ie sçay bien que Seneque n'est pas de cét auis dans l'vne de ses Epistres, mais en le contredisant, comme il a fait souuent ce que les Stoiciens auoient de contraire à ses sentimens particuliers, il dit expressément que c'estoit là vn des poincts de leur doctrine.

Elle n'a esté nulle part si reprehensible que dans la Morale, où non contente de mespriser les biens du corps, & de la Fortune, comme choses indifferentes, auec des termes moins receuables à cause de leur nouueauté, elle se fait remarquer par vne infinité de paradoxes, qu'on peut dire autant d'extrauagances qui luy sont propres. Ciceron les nomme les merueilles des Stoiciens, & Seneque les propos

l 1. Tusc. qu.

Ep. 57.

4. Acad. quæst. Mirabilia Stoicorum.

SECONDE PARTIE. 143

inouïs ou inopinés du Portique, parce qu'ils sur- *Inopinata.*
prennent d'estonnement ceus qui les entendent.
Selon ceste hardie façon de proposer tout ce qu'on
se peut imaginer, ils maintenoient que toutes les
vertus estoient tellement semblables entr'elles, que
l'vne n'auoit pas plus de perfection que l'autre, ny
celle de Iupiter mesme que celle de Dion ; comme
en ce qui est vray vne chose ne peut pas estre nommée plus vraye qu'vne autre. Ainsi Chrysippe osoit *Plut. des*
dire qu'il n'y auoit pas plus de vertu à mourir pour *comm. cons.*
son pays, qu'à s'abstenir de baiser vne vieille fem- *contre les*
me qui seroit desia sur le bord de sa fosse, ou à *Stoïq.*
souffrir constamment la morsure d'vne pulce. Ces
mesmes vertus ne sont pas dans leur doctrine des
habitudes qui nous fassent agir selon la raison ; elles sont aussi bien que les vices des animaus qui ha-
bitent chez nous sans que nous nous en apperce-
uions. Et si quiconque en possede vne seule, il les
a toutes par necessité, parce que ce sont bestes de
compagnie qui ne se separét point, & qui ne vont
iamais l'vne sans l'autre. Vray est que Chrysippe
soustenoit qu'on les pouuoit perdre apres les auoir
possedées ; au lieu que Cleanthe les faisoit inseparables de celuy qui les auoit euës en sa possession.

La doctrine des contraires les obligeoit à dire le
mesme de ce qui est opposé à la vertu, toute sorte
de fautes estoient semblables, & il n'y auoit point
de crimes qui ne fussent égaux ; comme en matiere de fausseté ce qui est faus l'est tellement, qu'on

ne peut pas dire qu'il y ait rien qui le soit dauantage. Celuy qui vit à cent lieuës de Rome, n'en est pas plus absent, qu'vn autre qui se promene aus enuirons. Le Pilote qui brise son vaisseau chargé de paille, n'est pas moins à reprendre, que s'il l'estoit d'or ou de pierreries. Et la raison est vne ligne qu'il n'importe pas de combien vous passiez, depuis que vous l'auez vne fois franchie. Auec ces belles comparaisons on ne commettoit pas plus de mal en tuant son pere, qu'en couppant la gorge à vn poulet; & l'on armoit la main de tous les scelerats à faire les plus grandes meschancetez, comme si ce n'eussent esté que des bagatelles. Si ce n'est qu'on vueille dire qu'ils destournoient aussi grandement du vice, dautant que les moindres fautes deuenoient irremissibles par leurs principes. Il n'y auoit point de petits coupables, ny de vicieus à demy; quiconque auoit la moindre tache en sa conscience estoit vn fou parfait, & vn insensé. Si Aristide pechoit tant soit peu, il se rendoit aussi-tost égal à Phalaris. Et n'y ayant point de degré de malice, qu'ils nommoient autrement folie, tous les meschans, & tous les fous se ressembloient, aussi bien que les Sages & les vertueus, qui n'auoient pas plus de sagesse ny de vertu les vns que les autres.

Mais les Stoïciens n'ont iamais auancé de si extraordinaires, ny de si surprenantes propositions, qu'à l'égard de ces derniers, lors qu'ils se sont pleus à
representer

représenter leur Sage si parfaittement accomply, que souuent ils ont esté contraints d'auouër eusnesmes, qu'encore que le modele en fust au Ciel, on ne voyoit rien de si exquis, ny de si acheué sur la terre. Ce Sage exempt de passions, & tousiours egal à soy-mesme, n'estoit iamais surpris de quoy qui luy arriuast, dautant qu'il auoit preueu tous ces euenemens de la Fortune qui ne trouuoit point de prise sur luy, & qui ne pouuoit empescher qu'il ne fust dans vne ioye continuelle, le reste des hommes n'éprouuant que des resiouïssances imparfaites. Il rencontroit en soy-mesme ce qui luy estoit necessaire pour viure tres-content ; & pource que d'ailleurs toutes les richesses du monde luy appartenoient, il viuoit seul dans l'opulence. Philon le Iuif s'est contenté de dire, que tout homme de bien & vertueus estoit libre ; les Stoiques asseurent qu'il n'y a que leur Sage qui le soit, & que le reste des hommes doiuent estre reputez des Esclaues. C'est bien plus, il n'y a que luy de Roy veritable, qui exerce son Empire iusques dans les liens, si le hazard veut qu'il y tombe ; comme vn Lyon, disoit Diogene, qu'on ne captiue iamais de telle sorte, qu'il ne se fasse craindre par ceus mesmes qui le tiennent. Oseray je adiouster ceste impieté en termes Payens, Iupiter n'a que son Immortalité dont il se puisse preualoir sur le Sage, qui possede de son costé cet auantage, qu'il est aussi heureus que luy dans ce peu de temps qu'il vit, puisque ce n'est

Sen. ep. 53. & passim.

T

pas vn petit artifice de r'enfermer beaucoup de choses dans vn fort petit espace, & de posseder autant de beatitude pendant vn siecle, que Iupiter durant toute l'Eternité. D'ailleurs tout grand Dieu qu'il est, il ne iouït de sa felicité que par le priuilege d'vne nature diuine; là où le Sage n'est redeuable de la sienne qu'à luy-mesme, & à la force de son Esprit. I'auois bien leu dans Philostrate que les Brachmanes s'estimoient des Dieus, à cause, dit Iarchas leur Prince au grand Apollonius, qu'ils estoient hommes de bien & vertueus. Mais de se mettre au dessus du thrône du Tout-puissant, il n'y a eu depuis Lucifer, comme ie croy, que les Stoiciens qui l'ayent osé entreprendre, en le renuiant de beaucoup par dessus cet outrecuidé, dont l'attentat n'alloit qu'à s'égaler aucunement à Dieu. Certes apres cela nous pouuons bien rapporter le reste des attributs que ces Philosophes ont donnés à leur Sage. Il est le seul des hommes qui sçait aimer, & qui merite qu'on l'aime. Aussi n'y a-t'il que luy qui possede la beauté, la noblesse, l'éloquence, & les sciences en perfection. Car comme il n'ignore rien, il ne hesite iamais en pas vne de ses opinions, & il se prend si bien à tout ce qu'il fait, que iusques à cuire des lentilles quelqu'vn dit dans Athenée qu'on y remarque aussi-tost son addresse. Mais elle n'est pas restrainte comme celle des autres à quelque profession particuliere, la sienne s'estend par tout, & comme l'on dit qu'Isme-

l. 3. c. 6.

*& ero simi-
lis Altissi-
mo.*

*l. 4. dip-
nos.*

SECONDE PARTIE.

nias ioüoit excellemment de toutes les flutes qu'on luy presentoit, il n'y a rien où ce Sage ne reüssisse iusques à donner de l'admiration. On peut voir encore vne chose merueilleuse dans Plutarque, c'est que s'il estend seulement son doigt sagement, tous les Sages qui sont sur la terre le ressentent. Au surplus il ne se trouue de vray Magistrat, de Prophete, ny de Sacrificateur que luy, qui ne profere iamais le moindre mensonge, & qui a le don d'impeccabilité. Les Bramins du Royaume de Narsingue ont, à ce qu'ils pretendent, le mesme priuilege encore auiourd'huy. Car apres s'estre abstenus pour vn temps de la plus-part des plaisirs de la vie, ils croyent deuenir Abduts, c'est à dire impeccables, quelque licence qu'ils se donnent. Strabon dit quelque chose de semblable au quinziesme liure de sa Geographie des Brachmanes leurs predecesseurs, qui ne gardoient la discipline dont ils faisoient vne exacte profession, que iusques à trente-sept ans. Et Iean Leon nous fait voir dans son Affrique vne espece de Religieus, qui croyent paruenir par cinquante degrez d'austerité à vne nature si Angelique selon la loy trompeuse de Mahomet, qu'ils ne sçauroient plus pecher, s'ils en sont creus, encore qu'ils se missent en deuoir de le faire. Que si le Sage des Stoiques est incapable de pecher, & de faire iniure à qui que ce soit, il ne l'est pas moins de la receuoir. Son ame ne peut estre penetrée, quelque dessein qu'on ait de l'of-

des comm. concept.

l. 3.

l. des propos estr. des Stoiq.

T ij

fencer, non plus, dit Plutarque, que le corps du Cenée de Pindare. Et il est inuulnerable aus in-iures, parce qu'il faudroit auoir son consentement pour le blesser, ou mesme qu'il se donnast le coup de sa propre main. Ie m'estonne, cela présupposé, qu'on luy donne encore cette autre qualité de ne pardonner iamais; si l'on ne l'entend à l'égard des fautes où il n'interuenoit que comme Iuge, & hors de son propre interest. Sa dureté se fondoit sur vne fausse creance qu'on ne pechoit iamais par ignorance, mais tousiours par quelque malice qui deuoit estre punie. Aussi que tous pechez luy paroissans égaus, les moindres estoient des crimes irremissibles. Il n'auoit non plus iamais pitié de personne, dautant qu'il prenoit la misericorde pour vn desplaisir des miseres d'autruy. C'est pourquoy ne pouuant estre touché d'aucune passion ny par consequent d'aucun desplaisir, il n'auoit garde d'estre misericordieus. Au contraire il faisoit vn vice de ceste vertu; bien que Seneque veuille qu'il executast auec gayeté d'esprit, les mesmes choses où les autres se portoient par compassion.

in nolentem non cadit iniuria.
Nemo laditur nisi à seipso.

Nous acheuerons la peinture de ce Sage Stoique, & de ses paradoxes, par l'vn des plus contraires à la lumiere naturelle, & à nostre Religion. La premiere abhorre ces morts violétes qu'on se donne à soy-mesme par desespoir, ou par quelqu'autre passion aussi déreiglée; ce que les Grecs ont exprimé auec le seul mot ἀβουλία, dans vne liberté de

SECONDE PARTIE. 149

composition qu'ils prenoient, qui n'a pas succedé aus Latins, & qui nous est beaucoup moins permise. La seconde, qui est la Religion, les deffend expressément, sans que l'exemple de Samson, ny celuy de quelques Vierges semblables à ceste Sophronie sous Maxence, puisse estre allegué, parce que, dit sainct Augustin, ce sont des actions où l'Esprit de Dieu agissoit d'vn instinct particulier, & qui n'en peuuent pas iustifier d'autres par leur authorité. Les Stoiciens soustenoient au contraire, que comme l'on quitte le ieu quand on veut, & qu'on sort de table de mesme, le Sage pouuoit aussi abandonner la vie quand bon luy sembloit, & que de-là dependoit le principal poinct de sa liberté. Ie sçay bien qu'ils n'ont pas esté seuls qui ont enseigné ceste doctrine, & que ceus mesmes qui mettoient le souuerain bien dans la volupté, ont esté de mesme auis. L'vn des Ptolomées fut contraint de deffendre la chaire au Philosophe Hegele de Secte Cyrenaique, pource que la pluspart de ceus qui l'entendoient discourir des miseres de la vie, & de la resolution qu'on doit prendre de s'en deliurer par la mort, se la donnoient au sortir de son auditoire. Celle de Calanus deuant Alexandre, & cette autre de Zarmarus en presence d'Auguste, nous asseurent que de temps immemorial les Indiens se sont iettez gayement dans des buchers ardens, comme ils font encore tous les iours. Et le poison qu'on donnoit à Marseille, par vne cou-

l. 1. de ciuit. Dei c. 21. & 26.

Cic. 1. Tusc. qu. Val. Max. l. 8. c. 9.

Strabol. 15. Dio Cassius l. 54.

stume venuë de l'Isle de Ceo, à ceus qu'vn excez de bonne ou de mauuaise fortune portoit au desir de mourir, est vne preuue de l'approbation que beaucoup de peuples ont donnée à ces morts volontaires. Cela me fait souuenir d'vne pensée de Pline l'aisné, qui a creu que la Nature n'auoit produit les poisons, qu'afin de nous preparer vn remede asseuré contre toute sorte de miseres. Tant y a que plusieurs ont tenu pour vn si grand bien de mourir quand on le veut, que ce bon vieillard Seuerianus n'vsa point d'autre imprecation contre l'Empereur Hadrien qui opprimoit son innocence, que de luy souhaitter qu'il ne peût pas mourir lors qu'il en auroit le plus d'enuie, en quoy il sembla depuis que Dieu auoit exaucé sa priere. Mais entre tous les anciens, il n'y en a point eu qui se soient si fort opiniâtrez à se maintenir dans ceste liberté de mourir, que les Stoïciens; de façon que pour vn des autres familles philosophiques qui auançoit ses iours violamment & auant le temps, il y en auoit cent de celle de Zenon qui les finissoient de leur propre main. Aussi leur en donnat'il l'exemple en s'estranglant apres vne cheute, dont il prit l'accident pour vne denonciation des Parques qui l'appelloient en l'autre monde. Sans mentir c'est ce qu'on ne sçauroit trop condamner, comme contraire à la Nature, & à la raison. Car il ne se trouue que l'homme entre tous les animaus qui se tuë luy-mesme, selon la remarque de Io-

l. 2. c. 63.

Dio Cassius l. 69. & Spartianus.

l. 3. de bello Ind. c. 14.

sephe. Si ce n'est que nous le combattions de l'authorité du plus grand Historiographe qu'ait eu la Nature, qui asseure qu'entre les Oyes quelques-vnes se font mourir en retenant par opiniastreté leur respiration. Mais quand cela seroit veritable, que gagnerions-nous de plus auantageus pour le Sage Stoique, sinon qu'il seroit capable de se donner vne mort d'Oyson? La raison nous apprend d'ailleurs qu'on ne se peut deffaire soy-mesme, sans exercer l'infame mestier de Bourreau; & sans commettre vn crime pire que le parricide, puis qu'il n'y a ny pere ny frere qui nous soit si proche que nous mesmes. Ioignez à cela l'outrage qu'on fait à Dieu, sans le congé de qui nous chassons en ce faisant vne ame du lieu où il nous l'auoit donnée en depost seulement. N'est-ce pas estre deserteur de milice, de quitter son poste, & de s'enfuir honteusement sans le congé de son General ? Et n'offençons-nous pas la Republique, quand nous luy ostons vn homme, de qui peut-estre elle se pourroit preualoir en beaucoup de rencontres ? En tout cas c'est estre ridicule de priser tant vne action commune à beaucoup d'Epicuriens, & mesmes à vn débauché d'Apicius, lequel apres auoir depensé auec infamie la meilleure partie de son bien, se tua desesperé de ne trouuer plus qu'enuiron deus cent cinquante mille escus dans ses coffres, dont il peust entretenir son luxe & sa gourmandise.

Pline l. 10. c. 22. cōtumacia spiritu reuocato.

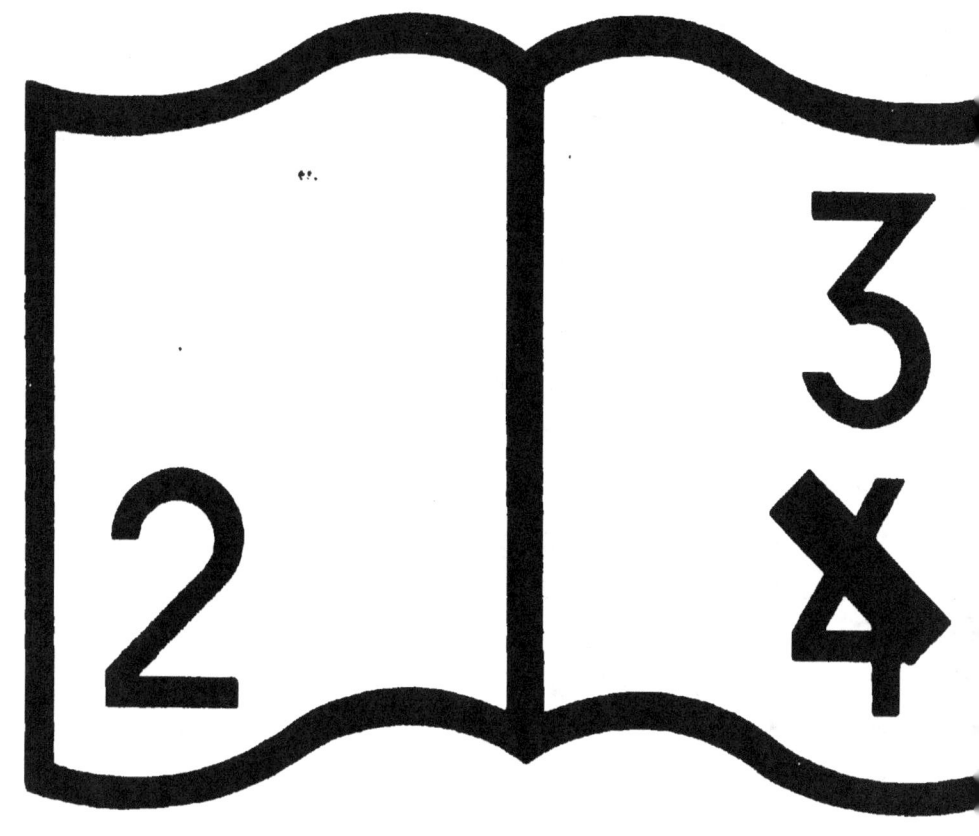

Pagination incorrecte — date incorrecte

NF Z 43-120-12

Or quoy qu'vne bonne partie de tous ces paradoxes puissent estre adoucis par vne fauorable interpretation, si est-ce qu'il est difficile de les considerer tous sans tomber dans les sentimens de ce grand Pontife Cotta, qui disoit autresfois qu'il ne sçauoit pas bien si l'on deuoit accuser les Poëtes d'auoir deprané le iugement aus Stoiciens, ou si ce n'estoient point ceus-cy qui auoient donné la hardiesse aus premiers de prendre toutes les licences dont ils ont abusé; mais qu'il demeuroit pour constant que les vns ne proferoient pas moins de folies, de blasphemes, ny de prodiges, que les autres. Et si la deffense que faisoit Pythagore à ses disciples de manger des febues, a peu faire prononcer à l'Orateur Romain qu'vne fievre chaude ne causoit point de réveries si extrauagantes, qu'il ne se trouuast tousiours quelque Philosophe de leur party & prest à les soustenir ; certes il y a bien plus de raison de le dire au suiet de tant de paradoxes, & de tant de pensées exorbitantes des Stoiciens, que nous venons de rapporter. C'est ce qui nous doit porter à la reconnoissance de nostre foiblesse, & nous faire auoüer que sans l'assistance d'vne lumiere surnaturelle, les plus grands esprits courent fortune de se perdre dans les tenebres d'vne ignorance, qu'ils ne peuuent pas d'eus-mesmes surmonter.

Les Anciens ont encores reproché beaucoup de choses, tant à Zenon en particulier, qu'en general

SECONDE PARTIE.

neral à ceus de sa secte. On s'est plaint de luy de ce qu'il auoit escrit que la connoissance des arts liberaus estoit fort inutile, comme on peut voir dans Diogene; & de ce qu'il establissoit la communauté des femmes dans sa Republique, auec quelques autres telles maximes qui ne peuuent pas estre bien deffenduës. Ceus de sa secte estoient aussi repris de ce qu'ils auoient plus d'égard à la subtilité des paroles, qu'à la solidité des choses. C'est ce qui fait remarquer à Ciceron que souuent les Stoiciens, à l'imitation de leur chef, en voulant corriger les Peripateticiens ne disent que la mesme chose qu'eus, tout leur different ne consistant à le bien prendre qu'en la varieté des termes nouueaus dont les premiers s'expliquent. Ils ont esté si grossiers dans la Physique, qu'ils pensoient que le Soleil se nourrissoit des vapeurs de l'Ocean, & la Lune de celle des Eaus-douces. Et quoy que leur Morale fust pleine de seuerité en apparence, si est-ce qu'on leur fait voir qu'ils n'estoient pas si austeres que nous auons dit dés le commencement de cette section. Car ce qu'on rapporte de Chrysippe en est vne grande preuue, puis qu'on a dit de luy qu'il estoit vn pilier si necessaire à soustenir le Portique, que sans luy il ne pouuoit subsister. Or l'histoire de sa fin conte qu'ayant veu manger des figues à vn Asne, il commanda qu'on luy presentast en suitte du vin à boire, & se mit à rire si desordonnément là-dessus, qu'il en mourut. Plu-

l. 3. de fin. & l. 4. Tusc. qu.

Diog. Laert. in Chrys.

tarque asseure aussi que ce Philosophe auoit escrit vn liure des Offices ou deuoirs de la vie, dans lequel il soustenoit qu'vn homme sage deuoit estre toûjours prest à faire trois fois la culebutte, pourueu qu'il y eust vn talent à gagner. C'est au mesme lieu où il enseignoit encore, que ce Sage n'estoit pas reprehensible de faire la Cour aux Rois, & de les aller visiter iusques dans la ville de Panticapée de la Chersonese Taurique, ou mesme iusques dans les deserts de Scythie, au cas qu'il y deust faire son profit. Cela est bien élongné, dit Plutarque, de la rigueur de ceus qui blasment Callisthene d'estre allé trouuer Alexandre, sur l'esperance de luy faire rebastir Olynthe, comme il auoit desia fait Stagire par la consideration d'Aristote. Et les Philosophes qui ont loüé Xenocrate, Ephore, & Menedeme, d'auoir refusé ce grand Prince lors qu'il les inuitoit à le venir voir, ont esté sans doute bien plus seueres que les Stoiciens, qui permettent à leur Sage d'aller ainsi chercher le gain par tout où il le pense trouuer.

Que s'il faut maintenant que nous parlions équitablement de Zenon, & de ceux qui l'ont reconnu pour leur chef, nous serons contraints d'auoüer, nonobstant toutes ces inuectiues, que ç'a esté vn tres-grand personnage, & qui a eu l'honneur de fonder l'vne des plus celebres compagnies de toutes celles dont nous auons entrepris de parler. Le seul catalogue de ses œuures monstre bien qu'il ne

SECONDE PARTIE.

mesprisoit pas les sciences ainsi qu'on a voulu le luy imputer; outre que Chrysippe son disciple l'a suffisamment purgé de cela, lors qu'il les a reconnuës pour le principal ornement de son Sage, comme on peut voir dans le mesme Diogene, qui semble auoir dit en cecy deus choses assez contraires. On y lit aussi la lettre qu'escriuit le Roy Antigone à Zenon, pour l'attirer en Macedoine. Et certes le refus qu'il fit d'y aller, auec neantmoins beaucoup de ciuilité, est vne preuue valable que luy ny ceux de sa Secte n'estoient pas si fort dans la recherche des Princes, ny dans la poursuitte du bien, que nous disions tout à ceste heure. Sur quoy ie pense qu'on doit soigneusement prendre garde à ce que i'ay desia touché, & que Lipse a tres-iudicieusement obserué, qu'il ne faut faire nul estat de tout ce que Ciceron & Plutarque ont escrit contre les Stoiciens, parce que l'vn & l'autre estant Academique, ils ont beaucoup donné à leurs passions, & se sont souuent declarez par trop ennemis du Portique. Si est-ce que le premier n'a pas craint en parlant du souuerain bien, de faire dire à Caton comme Stoicien, que c'estoit vne question qui n'auoit esté traittée que fort foiblement par les Peripateticiens, à cause que l'ignorance de la Dialectique ne leur permettoit pas de presser dauantage les matieres. Et dans vn autre endroit il reconnoist que les Stoiciens ont mieus sçeu definir que personne, vsant de ces propres termes traduits en nostre lan-

l. 3. de fin

V ij

gue. Encore que nous persecutions sans cesse ceus du Portique, comme faisoit Carneades, i'ay peur qu'il ne faille confesser icy que ce sont les seuls Philosophes que nous ayons. Il est aisé de iuger par là combien ils ont esté excellens en ceste partie du raisonnement, puisque les plus habiles hommes d'auiourd'huy, & qui ont esté depuis fort long-temps, ne se sont serui que de la seule Logique d'Aristote, dont Ciceron témoigne qu'on faisoit vn si grand mespris de son viuant, que les Stoiciens se moquoient du Peripatetisme pour ce regard. Les anciens ont particulierement fait tant d'estat de la Dialectique de Chrysippe, que c'estoit vne façon de parler ordinaire parmy eus, que si les Dieus prattiquoient cet art là haut dans le Ciel, ce deuoit estre indubitablement auec les reigles de ce Philosophe, veu qu'ils n'en pouuoient pas auoir de meilleures. Mais nous pouuons dire generalement parlant, que la Philosophie de Zenon a esté autrefois la plus suiuie de toutes. Sextus l'Empirique témoigne qu'en son siecle qui estoit celuy des Antonins, elle auoit plus de Sectateurs qu'aucune autre. Et c'est pourquoy vray-semblablement nos premiers Chrestiens ont si souuent, & si fortement declamé contre les Stoiciens, qu'ils consideroient comme la plus puissante compagnie dont ils eussent à combattre la doctrine en beaucoup de poincts tres-importans. Cela n'empesche pas pourtant que hors les maximes repugnantes à la

Foy, fes profeffeurs ne fuffent extremément recommandables en beaucoup de vertus; & que les bonnes mœurs d'Epictete, ou de quelques autres Stoiciens de vie parfaittement exemplaire, ne meritent bien que nous faffions des fouhaits pour leur falut femblables à ceus de fainct Auguftin, ne les appuyants que fur la bôté extraordinaire de Dieu. Quant à Zenon, encore qu'on ne puiffe pas nier qu'il n'ait efté vn tres-grand perfonnage, puifque tous les fiecles depuis luy iufques à nous en ont conuenu ; fa fin neantmoins telle que nous l'auons reprefentée, fans aucune marque de repentance, ny d'inuocation Diuine, nous empefche de pouuoir rien penfer que de tres-miferable touchant l'eftat de fon Ame.

DE PYTHAGORE, ET DE LA SECTE PYTHAGORIQVE.

LA Philofophie Payenne a eu deus branches premieres & principales, l'vne qu'on nomme Ionienne à caufe de Thales fon Autheur, de qui toutes les fectes dont nous auons traitté iufques icy ont tiré leur origine; l'autre Italienne, qui reconnoift Pythagore pour fon Fondateur, foit qu'il ait efté Italien, ou que venu de Samos il ait paffé la meilleure partie de fon aage dans vn bout de l'Italie, qu'on nommoit alors la Gráde-Grece. De cefte

derniere branche sont sorties plusieurs autres familles philosophiques, comme l'Epicurienne, & la Phyrrhonienne, que nous considererons tantost apres auoir donné tout ce chapitre à Pythagore, & à la secte Pythagorique, puis qu'elle est la plus ancienne, & que son seul nom demande ceste preference.

Il n'y a gueres d'Autheurs anciens qui n'ayent fait mention de Pythagore, & quatre d'entr'eus nous ont particulierement donné sa vie par escrit, Diogenes Laërtius, Malchus autrement dit Porphyre, Iamblichus, & vn anonyme dont Photius produit l'extraict dans sa Bibliotheque. Or quoy que ceste sorte de composition ne s'entreprenne gueres qu'en faueur de ceus de qui l'on veut parler, si est-ce qu'on remarque dans la vie de ce Philosophe, parmy vne infinité de choses qui vont à sa gloire, assez de particularitez qui luy peuuent estre reprochées, & qui en effet ont donné lieu à de tres-grandes calomnies. Ie ne m'amuseray pas à les refuter par le menu, tant pource qu'il y a des Apologies qui ont desia esté faites exprez sur cela, qu'à cause que les plus considerables crimes qu'on luy impute, comme celuy de la Magie, se trouueront ridicules pour peu que nous examinions le merite de ce grand homme. Mais dautant qu'il est l'vn des Payens, des vertus de qui plusieurs Peres de l'Eglise ont fait le plus d'estime, nous nous efforcerons de tirer de ses principales actions, & de

SECONDE PARTIE.

ses plus notables sentimens, vne connoissance de sa personne la plus exacte que nous pourrons; ce qui seruira tant à reprimer la mesdisance de ses ennemis, qu'à monstrer qu'il n'est pas indigne de l'approbation de nos Docteurs, & de celle qu'il a receuë presque de tout le monde. Ie n'en veus point d'autre preuue parmy les Gentils, que ce qu'a observé Ciceron au suiet de Numa, qu'vne erreur populaire faisoit passer pour Pythagoricien. Car il dit qu'elle n'auoit point d'autre fondement, que la grande reputation des disciples de Pythagore, qui fut cause qu'on nommoit communement en Italie Pythagoriciens tous ceus que la science & la sagesse auoient rendus recommendables. Selon ceste façon de parler les Romains, comme fort mauuais chronologues, donnerent le surnom de Pythagoricien à leur Roy Numa, nonobstant qu'il fust plus ancien que Pythagore, qui ne parut dans le monde que du temps de Tullus Hostilius selon Tite-Liue, ou de Tarquin le Superbe, si nous en croyons le mesme Ciceron & Aulu-Gelle. Sa reputation n'a gueres esté moindre parmy les Iuifs, ainsi qu'on peut voir dans Iosephe, qui luy donne le premier rang entre tous les Philosophes, pretendant neantmoins qu'il deuoit à la Synagogue des Hebreus les plus beaus traits de sa Philosophie. Il le nomme dans vn autre endroit deuant Anaxagore, Platon, & les Stoiciens, parlant de ceus qui ont le mieus pensé de la nature diuine. Et il com-

l. 4 Tusc. qu.

l. 1. hist.
l. 1. Tusc. qu.
l. 17. c. 21.
l. 1. & 2. contra Apionem. & l. 15. antiqu. Iud. c. 15.

par ailleurs les Esseniens aus Pythagoriciens, comme ils ont eu veritablement beaucoup de conformité ensemble, selon qu'il descrit ceus-là au septiesme chapitre du second liure de la guerre Iudaïque. Clement Alexandrin & sainct Ambroise appuyent le iugement de Iosephe, le dernier supposant que Pythagore estoit Iuif d'extraction; & l'autre qu'il s'estoit laissé circoncire par les Prestres d'Egypte, pour estre instruit en leur philosophie qu'ils tenoient des Iuifs, rapportant l'opinion de ceus qui l'ont mesme pris pour le Prophete Ezechiel. Ce qui est tres-constant sur cela dans Diogene, & tous les autres Escriuains de sa vie, c'est qu'il voyagea non seulement en Egypte, mais encore en Phœnicie, & en Chaldée, où il eut la conuersation des Mages qui estoient les Philosophes du pays, & où il apprit vray-semblablement beaucoup de choses de la Religion des Hebreus. Quoy qu'il en soit, S. Ambroise a mis dans vn autre lieu de ses Epistres la probité de Pythagore & sa Sagesse à vn si haut prix, qu'il ne croit pas qu'on luy doiue comparer aucun des Philosophes anciens. Et quand le grand Maistre de l'Eschole declare qu'il le tient, auec Socrate, pour les deus plus vertueus qu'ait eu le Paganisme, il luy donne ce me semble, le premier rang entre ceus qui possedoient la Foy implicite dont nous nous sommes expliquez dans la premiere partie de ce liure. Essayons donc selon nostre projet de monstrer par les plus essentielles parties de sa vie, que

que ce n'est pas à tort qu'on a si bonne opinion de luy.

 La premiere chose que ie remarque en ce grand personnage, c'est la rare modestie dont il accompagnoit toutes ses actions. Ce fut elle qui luy fit refuser dés le commencement le titre de Sage, que prenoient de son temps tous ceus de sa profession. il protesta qu'il n'appartenoit qu'à Dieu seul, & se contentant de celuy de Philosophe, ou d'amy de la sagesse, il fut comme le Parain de la philosophie, & baptisa du beau nom de Philosophe tous ceus qui l'ont porté depuis luy. Ce fut encore la mesme modestie qui luy fit donner cet important conseil à son grand amy l'athlete Eurymene, de ne combattre iamais pour obtenir la victoire, s'abstenant d'en venir iusques-là, parce que l'enuie qui la suit ne sçauroit estre trop éuitée. Et nous *c.17.de vita Pyth.* voyons dans Iamblique qu'auant que de receuoir ceus qui se presentoient pour estre ses disciples, il les esprouuoit trois ans durant par diuerses sortes de mespris, afin d'estre asseuré de leur humilité, dont il faisoit la base de toutes les autres vertus. N'est-ce pas ce qui se prattique tous les iours dans nos maisons Religieuses? Et Pythagore n'auoit-il pas la mesme pensée sur cela que Salomon, qui *vbi est hu* conioint dans ses Prouerbes l'humilité, & la sa- *militas,* gesse, comme deus compagnes inseparables? Les *ibi & sapientia* superbes ressemblent aux Cyprez éleuez, qui ne *prou.c.11* portent que des fruicts inutiles; ce Philosophe

estoit comme vne vigne rampante, qui a produit les siens si excellens, & en si grande abondance, qu'ils sont encore à present vne des plus douces pastures de nos ames.

Ce qui releue extrememēt sa modestie, & qui luy donne vn merueilleus éclat, c'est l'extraordinaire capacité de son esprit, qu'on nous asseure auoir reüny toutes les sciences en vn, & formé ceste parfaitte encyclopedie où tant de personnes ont aspiré depuis luy. Ses liures nous le feroient voir plus particulierement, s'il nous en restoit quelque chose dauantage que les titres. Car encore que Plutarque & assez d'autres nient qu'il ait iamais rien escrit, non plus que Socrate, Arcesilaus, & Carneades, si est-ce que Diogenes Laërtius fait voir clairement, & par de bonnes authoritez, qu'ils se sont grandement mescontez en cela. Il auoit traitté la Morale, la Politique, & la Physique, n'ayant pas mesme, dit Diogene, negligé la Medecine. Mais ce fut dans les Mathematiques principalement où il se rendit admirable. Il inuenta de nouuelles reigles d'Arithmetique, & mit la Geometrie à sa perfection, qui n'auoit auparauant que les premiers Elemens qu'vn certain Mœris auoit trouuez. Bref, il se pleut si fort dans ces parties de la Mathematique qu'on nomme pures, qu'ayant trouué le theoreme qui se voit dans la quarante-septiesme proposition du premier liure d'Euclide, il en sacrifia d'aise aux Muses vne

Alex.

SECONDE PARTIE.

hecatombe de cent bœufs. Proclus dit neantmoins qu'il se contenta d'en immoler vn. Et Porphyre souſtient que ceus qui ont le mieus ſceu ceſte hiſtoire, ne parlent que d'vn bœuf fait de farine, qu'il mit ſur l'Autel pour remercier Dieu d'vne ſi belle inuention. On peut iuger s'il mépriſoit les Mechaniques par ce qu'Ariſtoxenus auoit eſcrit, que les Grecs tenoient de luy leurs poids, & leurs meſures. Pour ce qui eſt de l'Aſtrologie, nous liſons dans Pline que ce fut ce Philoſophe qui découurit le premier la nature de la Planete de Venus; c'eſt à dire comme Pline l'explique, & Parmenide dans Diogenes Laërtius, qu'il s'apperçeut le premier que Veſper, & Phoſphore ou Lucifer, n'eſtoient qu'vne meſme eſtoille. On remarque de meſme que le Ciel n'auoit iamais eſté nommé κόσμος auant luy. C'eſt vne choſe certaine que ſes diſciples, & Philolaus entr'autres, eurent vn Syſteme Aſtronomique qui leur eſtoit particulier, & dans lequel ils ſuppoſoient la mobilité de la terre; de ſorte que tout ce qu'on en dit auiourd'huy de ſi vray-ſemblable, n'eſt rien qu'vne illuſtration de l'opinion que les Pythagoriciens ont autrefois ſouſtenuë. Certes il faut que Pythagore euſt vne connoiſſance bien parfaite du Ciel & de la Terre, puis qu'il aſſeuroit dés ſon temps par raiſon, ce que l'experience a monſtré depuis eſtre veritable, qu'il y auoit des Antipodes. Et ſans doute que la pluſpart de ſes predictions n'auoient

l. 2. hiſt. nat. c. 8.

point d'autre fondement, lors qu'il donnoit auis des tremblemens de terre futurs, des pestilences à venir, & des tempestes que les vents deuoient exciter sur la mer; ce qui a peut-estre donné lieu à mille contes fabuleus dont on se sert pour le conuaincre de Magie. Car nous lisons dans la vie de son maistre Pherecydes, qu'il a souuent preueu les mesmes choses par de mesmes moyens, comme en beuuant de l'eau d'vn puits, qui fit coniecturer à l'vn & à l'autre des tremblemens de terre qui arriuerent selon qu'ils l'auoient dit. Ie ne veus pas oublier iusques à quel poinct Pythagore porta la Musique, qui semble n'estre d'vsage que pour le plaisir. Il s'en seruit si vtilement dans la Morale, qu'il addoucissoit les plus violentes passions de l'ame par la melodie; témoin ce ieune homme desesperé d'amour, qu'il remit en son bon sens auec vn air Spondaïque ou Sacrifical. Toutes les autres agitations d'esprit estoient appaisées de mesme par des sons qu'il auoit appropriez à chacune en particulier; comme les Medecins ont des remedes singuliers aus diuerses maladies du corps. Iambliche qui vse de ceste comparaison, adiouste qu'auec de certaines chansons, il concilioit à ses disciples vn tres-doux sommeil, & qui produisoit des songes le plus souuent veritables. Si ie voulois expliquer icy ce qu'il enseignoit de la Musique des Cieus, & s'il la croyoit sensible selon que le dit Porphyre, ou bien seulement par analo-

SECONDE PARTIE. 165

gie, de façon qu'elle ne fuſt comprehenſible que par l'entendement, il faudroit s'y arreſter plus que le lieu ne le permet ; & puis ce que i'en ay dit dans vn diſcours Sceptique de la Muſique, qui a precedé celuy-cy, me peut bien exempter de la peine d'vne reditte.

Mais Pythagore n'a rien eu de conſiderable comme la pieté, dont on nous fait voir qu'il eſtoit touché dans la reconnoiſſance d'vn Sonuerain Eſtre. Il admiroit ſa Prouidence eternelle, & deffendoit pour cela de demander rien à Dieu en particulier, parce qu'il ne croyoit pas que perſonne ſçeut aſſez ce qui luy eſtoit propre. Car d'interpreter autrement ce precepte, & au ſens que luy donnent ceus qui le veulent faire paſſer pour vne deffenſe abſoluë de prier Dieu, c'eſt prendre plaiſir à ſe tromper d'autant plus lourdement, qu'ils imputent ailleurs à Pythagore d'auoir fait ſouuent des Sacrifices, qui eſtoient touſiours accompagnez de prieres. Et de verité ie ne doute point qu'il n'ait commis la faute de tous les autres Philoſophes, que la crainte faiſoit s'accommoder au culte Diuin eſtabli de leur temps. Mais ie ſouſtiens que le precepte de ne demander rien de precis à Dieu, parce que nous ſommes tous dans l'ignorance de ce qui nous eſt le plus expedient, ne peut eſtre iuſtement blaſmé par vn Chreſtien, qui dit tous les iours à Dieu que ſa volonté ſoit faite, ſe ſoûmettant par là à ſa Prouidence ſelon le ſen-

Collins c. 24.

X iij

timent de ce Philosophe. Peut-on dire qu'autre chose que le respect qu'il portoit à la Diuinité luy fist condamner ceus qui iuroient par elle, & qu'il disoit se deuoir efforcer d'estre assez croyables d'eus mesmes, sans la mesler dans leurs sermens? Chacun sçait que ses disciples n'asseuroient rien que par le nombre quaternaire, sinon qu'ils prenoient quelquefois leur maistre à témoin de la verité de ce qu'ils soustenoient. Pour moy ie suis persuadé que ce grand homme ne reconnoissoit qu'vne cause premiere, & qu'vn seul Dieu Autheur de toutes choses, quoy qu'il n'osast pas se declarer là-dessus ouuertement. On rapporte vn conte de luy qui monstre bien ce qu'il pensoit de la pluralité des Dieus de son siecle, & de toute la Theologie du Gentilisme. Il feignit d'estre descendu aus Enfers, où il auoit veu les ames d'Hesiode & d'Homere, la premiere attachée à vne colomne d'airain, la seconde pendante à vn arbre, & enuironnée de serpens, à cause des mauuais discours de l'vn & de l'autre de ces Poëtes touchant les choses du Ciel, où ils auoient introduit presque tous les Dieus des Payens. Mais il ne iugeoit pas qu'on peust desabuser le peuple là-dessus: C'est pourquoy il se contentoit d'vser de quelques propos enigmatiques, par l'vn desquels il deffendoit à ses disciples de cheminer dans les grands chemins, c'est à dire de suiure les sottes opinions du vulgaire. Et par vn autre il leur enioignoit de ne porter iamais la

SECONDE PARTIE.

figure des Dieus grauée fur des anneaus, ce qu'on a toufiours pris pour vne prohibition de reueler ce qu'il leur auoit enfeigné de la nature Diuine. Ie mettrois entre les marques de fa pieté la ferme creance qu'il auoit de l'immortalité de nos ames, n'eftoit qu'il s'eft fi fort mefpris en cefte ridicule metempfycofe dont on le fait Autheur, que c'eft vn des poincts de fa doctrine qui a le plus de befoin d'vne bonne Circoncifion.

Or il ne pouuoit auoir cefte connoiffance de Dieu fans l'aymer, ny eftre touché de cet amour fans en auoir pour la verité; veu mefmement qu'il auoit appris des Mages au dire de Porphyre, qu'à confiderer Dieu humainement, on ne luy pouuoit donner de plus beau corps que la lumiere, ny d'autre ame que la verité. Pythagore adiouftoit à cela que rien par confequent ne nous pouuoit rendre fi femblables à Dieu, que d'eftre veritables. Et il fe rendit fi exact dans la recherche de cefte reffemblance, qu'on veut qu'il n'ait reçeu le nom de Pythagore, qu'à caufe que fes paroles n'eftoient pas trouuées moins veritables que celles d'Apollon furnommé Pythius. C'eft d'où eft venu ce mot fi ordinaire parmy les Grecs, αὐτὸς ἔφα, il l'a dit, parce que fes difciples n'auoient rien de plus fort que fon authorité, pour affeurer ce qu'ils vouloient qu'on tinft pour certain. Le menfonge eft honteus en la bouche de toutes perfonnes, mais il le tenoit infame dans celle d'vn Philofophe,

qui fait profession particuliere de rechercher la verité, comme la plus agreable nourriture de son esprit.

Que s'il aimoit ce qui est vray, il n'affectionnoit pas moins ce qui est iuste. Aussi sont-ce deus choses si coniointes, qu'elles ne sont prises souuent que pour vne mesme. Sainct Thomas interpretant dans la premiere partie de sa Somme vn endroit du Psalme quatre-vingt quatriesme, où la verité est mise pour la Iustice, monstre fort bien que ceste Iustice en Dieu est tres-proprement nómée vne verité ; & qu'en nous-mesmes ces deus vertus passent quelquefois par vne seule appellation. Pythagore témoigna l'estime qu'il faisoit de la Iustice, par le precepte mysterieus qu'il donna, de ne s'assoir iamais à table que le sel n'y eust esté mis auparauant ; ce que tous les interpretes ont expliqué de la Iustice, qu'il vouloit qui interuinst en chacune de nos actions. Et certes comme le sel conserue tous les corps qui le reçoiuent, la Iustice seule maintient la societé des hommes, qui peuuent si peu subsister sans elle, que les Pirates mesmes sont contrains de luy donner lieu parmy eus, & de la mesler dans le partage de leurs brigandages. Ie sçay bien que Carneades harangua contre elle dans Rome publiquement ; qu'à son imitation Ciceron faisoit tenir le party de l'iniustice à L. Furius Pilus dans ses liures de la Republique ; & qu'on veut que le Philosophe Phauorinus se soit encores exercé

SECONDE PARTIE.

exercé sur le mesme sujet. Mais toutes ces galanteries Academiques ne sont que des ieus innocens, semblables aus loüanges de la fiévre, ou de la folie, & qui ne font rien contre ce qu'a dit Pythagore si à propos & si serieusement à l'honneur de la Iustice, & des Loix, qu'il nommoit, selon ses façons de parler ordinaires, les couronnes des villes, parce qu'on ne les pouuoit toucher sans crime, & sans violer le respect qui leur estoit deub.

Il ne faut pas que nous oublions à remarquer auec combien de soin il cultiuoit l'amitié. C'est κοινὰ τὰ φίλων. luy qui a dit le premier que toutes choses deuoient estre communes entre les amis; & qu'vn amy estoit vn autre soy-mesme. Et nous sçauons en effet que ses disciples ont vescu dans vne communauté de biens, peu differente de celle qui s'est pratiquée depuis entre les premiers Chrestiens. C'est pourquoy Aulu-Gelle a obserué que les Romains vsoient du mot Grec κοινόβια, pour exprimer *l. 1. noct. Att. c. 9* les lieus où plusieurs personnes viuoient en commun, retenant le nom, & la chose, de l'institution de Pythagore. On peut considerer trois temps differens dans l'amitié, le commencement, le milieu, & la fin; il a donné des regles fort precises de chacun. Pour le premier il deffendoit de frapper dans la main de toutes personnes indifferemment, voulant dire qu'on deuoit bien prendre garde de ne se pas lier d'amitié, qu'on n'eust soi-

Y

gneusement reconnu auparauant l'humeur de celuy qui se presentoit pour la contracter. Pendant le cours de l'amitié il vouloit qu'elle fust conseruée auec vne fidelité si exemplaire, qu'il n'y a rien eu parmy les anciens de semblable pour ce regard, à ce qu'on rapporte de quelques Pythagoriciens. Denys le Tyran contoit luy-mesme regentant à Corinthe, comme il auoit esté refusé par Pithias & Damon, de faire le tiers dans vne amitié où il leur auoit veu exposer la vie l'vn pour l'autre, auec vne franchise que toute sa Cour admira. On peut bien lire encore dans Iambliche l'histoire de Clinias & Prorus, auec quelques autres, qui font voir que iamais personne n'a estendu les deuoirs d'amitié, iusques où Pythagore les faisoit aller. Quant au dernier temps qui est celuy de la rupture, il ne croyoit pas que ceus de sa Secte, apres auoir si bien commencé, le deussent iamais éprouuer. Et il condamnoit si fort les amis douteus, ou inconstans, qu'à mon auis c'estoit contre-eus qu'il auoit donné le precepte, de ne souffrir point d'arondelle sur le toict de la maison. Ie sçay bien que Porphyre & Iambliche l'ont autrement interpreté. Mais i'ay pour moy tous ceus qui ont pris cet animal pour le symbole des amis interessez, qui nous visitent pendant le beau temps de la prosperité, & nous quittent aussi-tost que l'hyuer paroist, ou que le moindre vent d'vne mauuaise fortune commence à tirer contre nous. Certes l'ami-

tié des hommes vertueus doit estre immortelle, ou si elle reçoit par fois quelque diminution, à cause que l'imbecillité de nostre nature se mesle par tout, il faut qu'ils imitent ceste mesme nature, qui procede bien plus lentement en ce qu'elle corrompt, qu'en ce qu'elle engendre. Et comme la mer qui monte en cinq heures, en employe ordinairement sept à descendre; on ne sçauroit moins faire que d'vser de quelques periodes semblables en l'amitié, lors qu'elle éprouue de l'agitation ; & la raison requiert que nous soyons beaucoup plus tardifs à l'éloignement, s'il est necessaire, qu'aus approches.

Plusieurs ont attribué à Pythagore vne abstinence plus grande que ne dit Diogenes Laërtius sous l'authorité d'Aristoxene. Car Iambliche ne veut pas qu'il se dispensast seulement de manger des febues, & de ce qui peut estre de mauuaise nourriture ; il luy oste toute celle des viandes, dont Aristoxene asseuroit qu'il auoit librement vsé, à la reserue du bœuf, & du mouton. Et l'extraict de Photius, dont nous auons parlé, porte que les Pythagoriciens estoient si fort dans la creance de la Metempsycose, qu'ils se fussent plustost passez d'alimens, que de tuer les animaus pour en vser comme nous faisons. Ie laisse à examiner à d'autres la façon de viure particuliere de ce Philosophe, pour dire en general qu'il estoit si sobre, que S. Hierosme le propose à Iouinien deuant Socrate,

& Antisthene, comme celuy de qui la retenuë au boire & au manger, pouuoit donner de la confusion aus Chrestiens de son temps. Cela me fait souuenir de ce qu'on lit dans les recueils de Constantin, comme ayant esté escrit par Diodore, que les disciples de Pythagore se faisoient de temps en temps dresser de tres-beaus festins, & que s'estans mis à table, aprez auoir bien excité leur appetit en regardant tout ce qui leur auoit esté serui, ils se leuoient sans y toucher, auec vne temperance qui n'est pas hors d'vsage, à ce qu'on dit, parmy quelques-vns de nos Religieus.

Or Pythagore n'auoit pas moins d'abstinence en beaucoup d'autres choses, & principalement en ce qui luy pouuoit donner de la ioye, ou de la tristesse. Car Porphyre dit expressement que personne ne le vit iamais rire ny pleurer, bien qu'il reconnoisse qu'outre le plaisir de la Musique, il prenoit par fois celuy de la danse. Ce qui monstre assez que le reglement de ses mœurs pour ce regard, procedoit d'vne excellente moderation d'esprit, plustost que d'vne influence de Saturne.

Mais entre toutes ses abstinences ie n'en crois point de plus considerable que celle du parler, qui a rendu si memorable le silence Pythagorique. Plutarque dit dans ses propos de table qu'vne des raisons qu'eut Pythagore de deffendre qu'on mangeast des poissons, fut de voir qu'ils estoient muets, ce qui les luy fit mettre presque au rang

de ſes diſciples. Et il reçeut du Bœuf les premieres leçons qu'il fit à ſa langue pour luy apprendre à ſe taire, ſi nous en croyons Apollonius dans Philoſtrate. Quoy qu'il en ſoit, outre le ſilence de cinq ans dont on a tant eſcrit, il vouloit qu'on le prattiquaſt tellement pendant tout le cours de la vie, que ceus de ſa ſecte eſtoient pluſtoſt reconnus par luy, que par la parole. Ce fut ce qui rendit Epaminondas ſi taciturne, ayant eſté inſtruit, auec Philippe de Macedoine, que les Thebains auoient en oſtage, par Lyſis Pythagoricien ; & ce qui fit dire qu'il n'y auoit homme de ce temps-là qui ſçeuſt dauantage, & qui parlaſt moins qu'Epaminondas. Les Arabes ont là-deſſus vne façon de s'expliquer fort Pythagorique, quand ils diſent qu'vn fou a touſiours le cœur ſur la langue, mais qu'vn homme ſage retire la ſienne aupres du cœur. Il y en a qui ont creu que ceſte inhoſpitalité, dont nous auons dit que Pythagore vouloit qu'on vſaſt enuers les Arondelles, regardoit ces grands diſcoureurs auec qui l'on ne doit iamais contracter de ſocieté. Et l'vne de ſes plus belles ſentences porte, que nous ne deuons pas eſtre moins fideles à garder le depoſt d'vn ſecret, que celuy d'vn threſor. Pour moy i'eſtime d'autant plus le ſilence Pythagorique, qu'il s'accommode merueilleuſement bien auec noſtre Religion. Salomon le recommande dans toutes ſes œuures, & il dit particulierement dans ſes Prouerbes, *c. 14. & 25*

que les levres tiennent lieu de forteresse aus hommes sages, comparant ceus qui ne se peuuent taire à vne ville toute ouuerte & sans murailles. Le chastiment de ceus qui trauaillerent à cette éleuation insensée de la Tour de Babel, fut de parler beaucoup & ne rien faire de bien. Nous tenons le silence des Cloistres pour l'vne des plus grandes austeritez qui s'y exercent. Et la ceremonie dont on vse dans le sacré College de fermer & ouurir la bouche aus Cardinaus, n'a pas peu de rapport à ce que Pythagore pratiquoit parmy ses disciples.

Faisons icy vne petite reflexion sur leur conduite politique, qui nous peut beaucoup seruir à les mieus reconnoistre. Car nous voyons par vne lettre que Pythagore escrit à Anaximene, qu'il ne croyoit pas que la Philosophie deust empescher les hommes de se mesler du gouuernement public, luy declarant qu'il interuenoit souuent dans les differens qui portoient de son temps les Italiens à se faire la guerre les vns aus autres. A la verité quelques-vns de ses Sectateurs furent nommez Sebastiques, ou Religieus, parce qu'ils ne vacquoient qu'à la contemplation. Il y en eut d'autres qu'on appelloit Mathematiciens, à cause de l'Astrologie, Geometrie, ou telle autre partie des Mathematiques qui les occupoit. Mais il s'en trouuoit aussi qui portoient le surnom de Politiques, dautant qu'ils s'addonnoient principalement à iuger

in vertus auth. apud Phot.

SECONDE PARTIE. 177

des interests de l'Estat. Photius, de qui nous apprenons cela fait vne autre distinction, entre ceus qui estoient les plus familiers auec Pythagore, qu'on nommoit Pythagoriciens, les disciples de ceux-là qui furent nommez Pythagoriens, & les plus éloignez de sa personne, qui suiuoiét sa doctrine en diuers lieus, & se contentoient d'estre dits Pythagoristes. Or ie ne doute point que ses amis intimes ne fussent dressez de sa main au maniement des affaires publiques, comme le témoignent bien ces renommez Legislateurs, Charondas, & Zaleucus, qui estoient du nombre, & qui formerent le Droict Ciuil de beaucoup de villes d'Italie, & de Sicile, telles que Crotone, Sybaris, Catane, Agrigentum, Locres, Rhegio, Himere, Tauromenium, & quelques autres. Ie tiens encore qu'il n'y auoit qu'eus à qui il confiast les plus hauts mysteres de sa Philosophie, & sur tout l'importante connoissance d'vn seul Dieu tout-Bon, & tout-Puissant, auec le mespris des autres qu'on adoroit alors, comme chose qui suit necessairement ceste premiere lumiere. Car parce que le peril estoit grand d'entreprendre ouuertement la ruïne de tant d'Autels, il pensa que c'estoit assez fait à luy, de communiquer sa science à ceus qu'il iugeoit dignes de l'entendre, & à qui il recommandoit sur tout le secret, ne croyant peut-estre pas que le peuple fust capable d'en faire son profit. Ce que nous auons desia remarqué en parlant de la pieté

Pythagorici, Pythagorai, Pythagoristæ.

de ce Philosophe, m'oblige à faire vn tel iugement, & le grand auantage que ses disciples pretendoient sur le reste des hommes, m'y confirme. En effet on peut voir dans Iambliche qu'on leur reprochoit qu'ils s'estimoient de petits-Dieus terrestres, & les autres hommes des bestes qu'il faloit subiuguer. C'est pourquoy ils soustenoient qu'Homere n'auoit nommé les Roys Pasteurs des peuples, que pour nous faire comprendre qu'on deuoit traitter les personnes vulgaires de mesme que le reste des animaus. Or ils mettoient en ce rang tous ceus qui n'estoient pas de leur societé, dautant qu'ils les voyoient encore dans les erreurs grossieres des fausses Religions, comme gens qui n'auoient pas appris ces hautes connoissances de la Diuinité, dont Pythagore auoit fait leçon seulement à ceus qu'il affectionnoit le plus. Ainsi le mesme Iambliche obserue ailleurs qu'ils croyoient estre entierement au dessus des loix, ne voulants pas seulement voir les lieus où la iustice s'exerçoit, qui n'auoit à leur dire nulle Iurisdiction sur eus. Et l'on sçait que leur coustume estoit de dresser des sepulchres vuides, selon l'vsage de ce temps-là, à ceus de leur secte qui en estoient sortis, comme si c'eust esté quitter la vie que d'abandonner leur famille. Auec ce grand courage l'histoire nous apprend qu'ils affectoient par tout l'absoluë puissance, & qu'ils en ont souuent abusé iusques à se rendre intolerables en beaucoup de lieus, ce qui

qui a mesmes esté cause de leur totale ruïne. Voicy comme elle arriua. Vn des premiers hommes de la ville de Crotone nommé Cylon, desira d'estre admis au nombre de ceus auec qui Pythagore traittoit le plus priuément. Le refus que l'humeur altiere de ce pretendant luy fit receuoir, le porta iusques à vn tel ressentiment, qu'il conspira auec ses amis contre Pythagore & ses disciples; & les faisant passer pour des Athées, & des factieus qui ne visoient qu'à la tyrannie, il excita vne sedition dans laquelle ils perirent presque tous par le feu qui fut mis au logis où ils s'estoient retirez. Quelques-vns disent que Pythagore estoit alors absent, les autres veulent qu'il ait esté l'vn des deus ou trois qui se sauuerent, mais qu'il perit dans vne autre coniuration qui se fit à Metapont, semblable à celle de Crotone. C'est vne chose constante que ce premier incendie en excita de pareils presque dans toutes les villes d'Italie & de Sicile, où il y auoit des Colleges de Pythagoriciens. Or quoy que le principe de leur calamité soit plein d'iniustice, il est certain pourtant que le desir qu'ils auoient de dominer, fut ce qui donna le plus de prise sur eus à la calomnie, & ce qui excita l'enuie & la haine de la multitude contre toute leur Secte. Ie pense en effet que c'est la principale cause de sa perte, qui fut si voisine de son origine, que peu s'en faut qu'on ne puisse dire que Pythagore en vit le commencement & la fin. Car depuis sa

mort & ceste grande persecution de tous les siens qui arriua au mesme temps, il n'y a eu que fort peu de Pythagoriciens espars çà & là par le monde, & qui n'osoient mesme, à ce que dit Porphyre, reueler le plus secret de leur philosophie, si tant est qu'ils en eussent connoissance, leur maistre, comme nous auons remarqué, ne le communiquant qu'à ceus d'entr'eus qui estoient le plus dans sa confiance, & qui perirent presque tous dans ceste coniuration Cylonienne. Ce n'est pas que ie ne me souuiéne bien que Diogenes Laërtius luy donne des successeurs en sa doctrine iusques à la dix-neufuiesme generation, ou pour mieus dire, iusques à la neuf ou dixiesme, selon la correction de Lipse. Mais par le texte mesme de Diogene cela ne s'estend que iusques aus disciples d'Eurytus & de Philolaüs, vers le siecle d'Alexandre le Grand, ce qui n'est pas comparable à la suitte qu'ont euë la pluspart des autres familles philosophiques. Quoy qu'il en soit, Ciceron semble témoigner en plus d'vn endroit, qu'il n'y auoit quasi plus de ces Philosophes de son viuant. Et Seneque dit que du sien leur Eschole estoit deserte & sans Precepteur. Il faut obseruer qu'outre ceste premiere & principale cause de leur peu de durée, Porphyre en donne trois autres qui meritent d'estre considerées. La premiere, qu'ils ne s'expliquoient gueres que par les nombres, faisans de l'Arithmetique la principale partie de leur philo-

sophie, ce qui la rendoit par trop enigmatique & obscure. La seconde, qu'ils s'estoient tous serius du dialecte Dorique dans leurs compositions, ce qui causoit vne seconde obscurité, & faisoit que leurs liures n'estoient presque pas intelligibles. La derniere, que Platon, Aristote, & ces autres grands chefs d'ordres philosophiques, ayant pris ce que la Secte Pythagorique auoit de meilleur, qu'ils transporterent chacun dans la leur en déguisant leur larcin, ils la rendirent moins considerable, ne luy laissant rien de propre que ce qu'ils estimoient le moins, & par où mesme ils taschoient de la rendre ridicule auec leurs interpretations calomnieuses. Ainsi se perdit ceste fameuse compagnie, & le plus essentiel de sa doctrine, bien-tost apres qu'elle eut paru dans le monde. Voyons à ceste heure quel iugement nous deuons faire de son Fondateur, & de ceus de ses disciples qui ont approché le plus prez de son merite.

L'insolence de quelques Payens qui ont osé comparer la creature au Createur, comme nous auons desia remarqué en parlant de Socrate, s'est fait notablement paroistre au suiet de Pythagore. Ils ont feint qu'il fut nommé & salüé par le Genie d'vn fleuue lors qu'il le trauersoit, afin de rendre moins considerable la voix du Sainct Esprit qui fut ouye sur le Iourdain au Baptesme de Iesus-Christ. C'est à mesme dessein qu'ils ont debité pour des veritez vne infinité de fables qui se

disoient de ce Philosophe, asseurans qu'il faisoit lire dans le rond de la Lune ce qu'il escriuoit sur vn miroir conuexe ; qu'il arrestoit les Aigles volans ; qu'il auoit vne cuisse d'or, ou d'yuoire selon Origene ; qu'il entendoit le chant des oyseaux, & commandoit à tous les animaus les plus feroces, comme les Ours ; bref qu'il se faisoit voir au mesme instant en des lieus tres-éloignez l'vn de l'autre, tels que sont Tauromenium de Sicile & Metapont d'Italie. Or quoy que la fausseté de tous ces contes soit assez euidente, & particulierement celle du premier par la diuersité dont il est rapporté, Malchus nommant ce fleuue que Pythagore passoit auec ses amis, Caucasus ; Iamblique Nessus, ou Nestus ; & Apollonius d'Alexandrie, surnommé le Dyscole, se contentant de dire que s'en estoit vn qui coule au dessous de Samos. Si est-ce que le zele de plusieurs Chrestiens ne fut pas satisfait en reiettant toutes ces impostures, à cause de l'opiniastreté de leurs aduersaires, qui ne se pouuoient payer d'vne simple negatiue. Mais en s'accommodant à leur infirmité, on receut pour autant de veritez historiques les merueilles qu'ils racontoient de Pythagore, sous ceste protestation, qu'il n'auoit rien operé en cela que par art magique, & auec l'aide des mauuais Demons. C'est ce qui luy a donné vne si grande reputation d'auoir esté Negromancien, & ce qui fait que nous voyons tant d'inuectiues contre luy dans

SECONDE PARTIE.

quelques Peres, qui ont creu faire beaucoup pour la pieté d'en vser de la sorte. Que s'il faut en vn temps bien different du leur, & où nous n'auons plus rien à demesler auec les Payens, iuger de ce grand personnage sur les apparences, ie pense qu'on y peut proceder de la sorte.

Premierement l'impieté de ceus qui ont voulu tirer des parallelles de luy au Fils de Dieu, toute abominable qu'elle est, ne doit pas faire de preiudice à celuy, qui n'estoit plus au monde il y auoit long-temps lors qu'il se sont auisez de cela. Car le blaspheme de Celsus qui preferoit la patience d'Epictete à celle du mesme Redempteur, ne peut pas estre imputée non plus à ce pauure Stoicien, pour le rendre criminel des fautes d'autruy. Et si le Philosophe Apollonius auoit esté aussi vertueus que quelques-vns l'ont creu, il ne seroit pas raisonnable que la mauuaise intention qu'auoit Philostrate d'opposer tant de faus miracles qu'il luy faisoit faire, à ceus de Iesus-Christ, dans vn liure composé pour complaire à l'Imperatrice Iulie, nous fit condamner absolument Apollonius. Les crimes sont personnels, & il y auroit de l'iniustice à le rendre responsable de la malice de Philostrate, aussi bien que Pythagore de celle des Payens qui se sont seruis de son nom, pour rendre moins adorable, s'ils eussent peu, celuy du Fils de Dieu.

Origen. 7. contra Cels.

En second lieu toute sorte de Magie n'est pas

deffenduë, & l'on peut voir dans tous les Escriuains de la vie de Pythagore, que celle qu'ils luy attribuent n'est pas des reprouuées. Ils disent qu'il fut iusques en Chaldée, où il apprit la science des Mages qui n'a iamais esté prise que pour l'Astrologie, dont il n'y a que les abus qui soient condamnez. Et de fait la meilleure partie des Peres honore aprez sainct Hierosme la memoire des Mages que l'Estoile miraculeuse amena iusques dans Bethleem, parce que c'est le nom qu'on donne aus Sages ou aus Philosophes dans tout l'Orient. Or outre ceste connoissance des Cieus fort propre à se faire admirer, Pythagore fut disciple de Pherecydes, le plus grand Physicien de ce siecle là, & qui predisoit aussi bien qu'Anaximandre beaucoup de choses futures, comme entr'autres les tremblemens de terre, par des raisons purement naturelles. Il ne faut pas douter que Pythagore n'eust appris sous vn si grand maistre les plus rares secrets de la Nature, & que par le moyen des vertus occultes, ou des sympathies & antipathies des corps physiques, il ne peust faire mille belles choses qui sont prises pour autant d'actions Magiques par le commun des hommes. L'art des nombres qu'il auoit estudié en Egypte auec tant de perfection, le pouuoit encore rendre suspect de Magie auprez des ignorans, parce qu'on y prattique mille gentillesses qu'ils prennent pour autant de diuinations. Ie me veus taire de la Geo-

metrie, & des Mechaniques, qui ont aussi leurs merueilles, & dont Pythagore faisoit tellement son ieu, qu'il ne nommoit point autrement la Geometrie que son histoire, à cause peut-estre du diuertissement facile qu'il y prenoit, ou pource que ses propositions se suiuent, & sont entenduës l'vne par l'autre, comme les parties d'vne narration historique. *Iambl.c.18*

Mais iugeons vn peu de cela sur le vray-semblable, puis que c'est tout ce qu'on peut faire aus choses douteuses, & qui sont de la nature de celles-cy. Y a-t'il apparence qu'vn homme profondement sçauant, & si peu ambitieus tout ensemble que nous l'auons fait voir, cherchast à se faire estimer par des tours de magie tels qu'on les luy attribuë? Sa pieté, & la connoissance qu'il auoit d'vn seul Dieu tout-Bon & tout-Puissant, pouuoient-elles souffrir qu'il eust recours aus mauuais Demons? L'amour de la verité qui luy donna le nom de Pythagore, & qui le rendit le plus creu sur sa parole de tous les Payens, a t'il quelque rapport auec les impostures des Sorciers, & les illusions trompeuses dont on veut qu'il ait vsé? Certes si nous considerons toutes ses autres vertus en suite, qui le firent adorer apes sa mort, & conuertir en vn temple, à ce que dit Iustin, le lieu de sa demeure ordinaire; auec ce que les plus sçauans siecles du Monde ont pensé de luy; il sera presque impossible que nous iugions si mal de sa person- *l. 20. hist.*

ne, que de la mettre au rang des plus infames Negromanciens, comme il le faudroit par necessité, si la moindre de toutes ces fables magiques que nous auons rapportées auoit quelque fondement.

Or encore que nous ayons dit iusques icy beaucoup de choses, tant à la recommandation qu'à la décharge de ce Philosophe, ce n'est pas à dire pourtant que ie pretende qu'il fust sans deffauts, & que ie ne deteste l'impieté des Gnostiques, & de ceste Marcelline, qui adoroiét son image, selon que i'ay desia remarqué dans la premiere partie de ce liure, sous l'authorité de S. Irenée, & de sainct Augustin. Quand Pythagore n'auroit point erré, comme il a fait en beaucoup d'autres poincts, son Idolatrie seule, pour le moins à l'égard du culte exterieur, le rend coupable d'vn tres-grand crime. Mais parce que d'ailleurs par vne grace speciale du Ciel, ses vertus Morales estoient accompagnées de la connoissance d'vn seul Estre Souuerain, qu'il a peu inuoquer à l'article de la mort, & luy demander pardon de toutes ses fautes; ie ne voudrois pas asseurer sa damnation, comme d'autres ont fait, & ie croy qu'il est plus seur de suspendre nostre iugement là-dessus, puisque celuy de Dieu nous est inconnu. Quelques-vns veulent qu'vn si grand personnage ait esté assassiné sur le bord d'vn champ semé de feues, parce qu'il n'osoit y mettre le pied, ce qui est tout à fait ridicule. D'autres le font perir

SECONDE PARTIE.

rir de faim & de misere, apres quarante iours de prison. Et il y en a qui asseurent que la melancholie seule le tua, apres la perte de tant de ses amis. En quelque façon que ç'ait esté, n'estant pas mort subitement, il a peu supplier ceste bonté infinie dont il estoit venu vn rayon iusques à luy, de luy faire misericorde; & nous ne sçaurions sans temerité, ny peut-estre sans crime, comme nous l'auons tant de fois repeté, prescrire des bornes aus graces extraordinaires du Tout-puissant. Si l'on considere la grande doctrine de ce Payen, ses preceptes touchant l'adoration Diuine, sa Morale qui luy faisoit examiner tous les soirs & tous les matins tres-soigneusement sa conscience, auec le reste des qualitez qui l'ont rendu si admirable, il est impossible qu'on ne dise que c'est grand dommage que tant de belles vertus n'ayent esté Chrestiennes. Il ne faut pas pourtant conclure determinément qu'elles soient mal-heureuses pour toûjours. Et ie pense qu'on doit plustost souhaitter auec quelques-vns des Peres de l'Eglise, que par des voyes qui nous sont inconnuës le Ciel les ait couronnées de gloire. Cela peut-estre presupposé d'autant plus librement, que Salomon ne veut pas qu'vne meschante ame reçoiue iamais le don de la Sagesse. Ie sçay bien que plusieurs ont interpreté cela de la Sagesse Diuine seulement. Mais il est vray aussi que d'autres l'estendent iusques à celle dont la seule Philosophie Morale nous rend

In ma-
là ani-
nō int-
sapien-
sap. c.

186 DE LA VERTV DES PAYENS,

pulueda capables, & qui ne comprend pas les vertus Theo-
91. logales comme fait la premiere. C'est chose certaine qu'entre tous ces anciens Philosophes Pythagore a tousiours esté reconnu pour l'vn des
plus vertueus; & par consequent s'il y a lieu d'esperer quelque chose de leur salut, on peut bien, ce me
semble, ne pas desesperer du sien. La mesme chose
doit estre dite de ceus de sa secte qui l'ont imité, &
qui estoient sans doute les plus grands ennemis du
vice de tous les Gentils, si nos coniectures ne nous
trompent.

D'EPICVRE, ET DE LA SECTE EPICVRIENNE.

CE que les sainctes lettres ont dit d'Ismaël, se
peut fort bien appliquer dans les prophanes
à ce Philosophe voluptueux. Il a eu la main leuée
contre tous les autres; & celle de tout ce qu'ils
estoient n'a iamais cessé de trauailler à sa ruïne.
En effet on peut voir dans Diogenes Laërtius &
dans Hesychius, qu'Epicure prenoit plaisir à mes-
dire de tous ceus qui auoient acquis le plus de reputation dans la Philosophie. Il n'épargna pas
mesmes Democrite, l'appellant ordinairement
Lerocrite, ou Censeur de bagatelles, encore qu'il
tint de luy & de Leucippus ses Atomes impercep-
tibles, & que ses Iardins ne fussent arrousez que

des fontaines du premier, pour parler auec Cice- *l.1. de nat.*
ron, pluſtoſt qu'auec Lactance, qui dit qu'Epi- *Deor.*
cure auoit herité de la folie de tous les deus. Mais *ſap. c. 17.*
ſi ſon humeur ſatyrique ne ſouffroit pas qu'il épar-
gnaſt perſonne, auſſi n'a-t'il eſté exempt des atteintes d'aucun de ceus de ſa profeſſion, & on le
peut bien nommer le hibou des Philoſophes, que
tous les autres ont pourſuiuy d'vne conſpiration
commune. Ce n'eſt pas choſe difficile que d'en
deuiner la cauſe. Nous auons deſia remarqué comme le plus important article de toute la Philoſophie eſtoit celuy du ſouuerain bien. Or parce
qu'Epicure le mit dans la volupté, il n'eut pas ſeulement pour contraires ceus qui ſe diſoient heureus au milieu des tourmens, comme les Stoiciens,
mais encore tous ceus qui croyoient que l'honneſteté de leur condition eſtoit bleſſée par vn terme ſi odieus que celuy de la volupté. Et veritablement puiſque la Morale de preſque tous les
autres n'auoit rien de plus exprez que les preceptes
de reſiſter aus voluptez, & puiſque l'auſterité de
leur vie qui les rendoit principalement conſiderables, alloit apparemment contre ceſte fin vo-
luptueuſe que ſe propoſoit Epicure, ce n'eſt pas
de merueille que ſa ſecte fuſt en ſi mauuaiſe intelligence auec les autres. Elles ne laiſſoient pas de
ſe faire aſſez ſouuent la guerre entr'elles, mais elles
conuenoient neantmoins toutes en ce poinct de
s'oppoſer aux Epicuriens, & de s'vnir autant de

Aa ij

fois qu'il estoit question de combattre leur doctrine touchant le souuerain bien.

Ie me suis souuent estonné là-dessus pourquoy nous ne lisions point de si grandes inuectiues contre Aristippe & les Cyrenaiques ses disciples, qu'on en voit contre Epicure & ceus de sa famille dans tous les liures des Anciens. Car c'est vne chose constante que les premiers recherchoient vne volupté beaucoup plus infame que n'estoit celle des derniers. Les Cyrenaiques ne consideroient que les mouuemens voluptueus du corps ; & comme ils preferoient ses plaisirs à ceus de l'ame, ils tenoient aussi que les douleurs corporelles estoient beaucoup pires que celles de l'esprit, ne faisant estat de la vertu qu'autant qu'elle pouuoit seruir à la volupté, comme on n'estime vne medecine qu'à cause qu'elle est vtile à la santé, selon leur comparaison ordinaire. Epicure au contraire ne parloit ouuertement que d'vne volupté tranquille & reposée ; protestoit qu'il la tenoit inseparable de la vertu ; & prouuoit l'auantage de celle de l'ame entr'autres raisons par vne fort expresse, que le corps ne ressentoit ny le plaisir, ny la douleur que dans le seul interualle de leur presence, là où les contentemens aussi bien que les fascheries de l'esprit estoient sensibles dans toutes les trois parties du temps, le passé, le present, & le futur. Voire mesmes à son dire les plus solides plaisirs consistoient en la memoire du bien passé, parce que tout ce

Diog. Laert. in Aristip. & Epic. Lact. l. 3 de falsa sap. c.

SECONDE PARTIE.   189

qu'on se promet de l'auenir est incertain, & ce qui est present ne se possede iamais sans crainte, pouuant estre à tous momens alteré. De sorte qu'il n'y a, selon cette doctrine, que la seule souuenance, qui nous donne de pures & veritables satisfactions. Or peut-estre qu'vne philosophie si scandaleuse qu'estoit celle des Cyrenaiques, les fit iuger plus dignes de mespris que de refutation ; & qu'on se contenta de voir vne Secte sans suitte & abandonnée, qui enseignoit, outre ce que nous venons de rapporter, qu'il n'y auoit rien qui fust naturellement iuste ou iniuste, honneste ou deshonneste, les loix & les coustumes seules en ayans fait la distinction. Mais il n'en fut pas de mesme à l'égard des Epicuriens, dont le nombre & la doctrine attirerent les contradictions de toutes les autres compagnies philosophiques.

Ie sçay bien qu'on peut trouuer estrange que ie parle de la doctrine d'Epicure, comme de quelque chose considerable, veu le reproche que luy ont fait presque tous les hommes de lettres de les auoir mesprisées. Ciceron le taxe de cela en plus d'vn endroit, & particulierement du peu d'estime qu'il faisoit de la Dialectique. Quintilien le confirme auec vne façon de parler merueilleusement hardie, quand il dit qu'Epicure commandoit à ses Escholiers de s'éloigner à toutes voiles du pays des disciplines. Athenée non content de l'auoir mal mené dans le troisiesme & septiesme liure de ses

l. 1. & 2 d fin. & l. 1. & 2. Tusc. qu. fugere om-nem disci-plinam na-uigatione quamuelo-cissima in-bet. l. 12. instit. c. 2

Deipnosophistes, l'appelle ignorant de tout le cercle des sciences dans le treiziesme liure du mesme ouurage. Et le Philosophe Sextus commence son entreprise contre les Mathematiciens, c'est à dire en ce lieu-là contre ceus qui font profession d'estre sçauans, par vne supposition qu'Epicure l'estoit si peu, qu'il ne sçauoit pas mesme parler purement sa langue naturelle. Mais comme ie ne voudrois pas nier qu'il n'y ait eu beaucoup d'Epicuriens tres-ignorans, notamment ceus qui ne songeoient qu'à se veautrer dans toute sorte de voluptez, & qui ont esté communement nommez pour ce sujet les pourceaus d'Epicure. Ie croy aussi qu'il faut tomber d'accord que plusieurs de ceste Secte n'ont pas vescu de la façon, ny dans ceste profonde & honteuse ignorance qu'on leur a voulu imputer. Sur tout c'est vne moquerie de vouloir faire passer Epicure pour vn homme sans lettres. Le nombre & la qualité de ses œuures sur les plus belles matieres des sciences monstrent assez le contraire. Il a plus escrit au rapport de Diogenes Laërtius que pas vn autre Philosophe, & que Chrysippus mesme qui fut nommé son Parasite, parce qu'il taschoit de l'égaler dans ses compositions, ne disant bien souuent que les mesmes choses qu'Epicure auoit desia traitées. A la verité ils estoient en cela differens, que Chrysippe remplissoit ses liures d'vne infinité d'authoritez, & de passages entiers qu'il prenoit des autres; là où Epi-

SECONDE PARTIE.

cure affectoit de ne citer iamais perſonne, de ſorte qu'en trois cens volumes, ou Cylindres, comme les nomme Diogene, il n'y auoit pas vn ſeul Autheur allegué, & l'on n'y voyoit que la ſeule & nuë expoſition de ſes ſentimens. C'eſt en partie ce qui luy acquit la reputation de n'eſtre pas ſçauant, qu'il augmentoit autant qu'il pouuoit, parce que, comme dit Sextus au lieu que nous venons d'alleguer, il eſtoit bien-aiſe qu'on le prit pour vn Philoſophe naturel, qui n'auoit point eu de Precepteur, & qui ne deuoit toutes ſes lumieres qu'à la bonté de ſon eſprit. Cela n'a pas empeſché pourtant qu'on ne l'ait accuſé d'auoir debité pour ſiens les liures des Atomes de Democrice, & ceus d'Ariſtippe de la volupté. Sextus dône encore vne autre raiſon de ce mauuais bruit, fondée ſur ce qu'il parloit tres-mal de Platon, d'Ariſtote, & generalement, ſelon que nous l'auons deſia remarqué, de tous ceus qu'on eſtimoit le plus à cauſe de leur doctrine, ce qui le mit dans la mal-veillance d'vne infinité de perſonnes. Son plus grand ennemy fut vn Nauſiphanes, dont il auoit eſté auditeur, & qu'il ne laiſſoit pas de ſurnommer le Poulmon, pour le noter de peu d'eſprit, proteſtant qu'il n'auoit iamais rien remarqué dans tout ſon ſçauoir qui peût ſeruir à deuenir ſage, ny qui fuſt capable d'auancer vn homme dans la vraye philoſophie. Mais le meſpris qu'il fit de la Logique excita plus que toute autre choſe l'auer-

sion des autres Philosophes contre luy. En effet il se plaignoit que la Physique & la Morale estoient presque toutes corrompuës par cet art de discourir auec trop de subtilité. Et il soustient dans le cinquiesme des Tusculanes de Ciceron, que ceste grande attention qu'on apportoit aus chois des paroles & aus finesses du raisonnement, auoit reduit les hommes à ne faire quasi plus de cas des bonnes pensées, & qu'au lieu d'vne philosophie simple & naïfue, ils l'auoient renduë toute capticuse & Sophistique. Si est-ce qu'on ne peut pas dire qu'il mesprisast absolument la methode de bien argumenter, & de former de bonnes consequences. On sçait que sa Philosophie auoit trois parties aussi bien que celles des autres; & qu'il substitua la Canonique en la place de la Dialectique, c'est à dire qu'il retinst ceste science apres en auoir retranché les excez, & corrigé les abus. Aussi voit-on bien par ce peu de lumiere qui nous reste de ceus de sa Secte, qu'ils n'ignoroient pas les sciences dont ils condamnoient la vanité. Et quoy que Ciceron les traitte souuent fort-mal comme Academicien, faisant prendre à Cotta l'auantage sur Velleius autant qu'il luy est possible; si est-ce que le dernier monstre assez que les Epicuriens n'auoient pas moins d'estude que les autres, ny mesmes d'addresse à se deffendre, lors qu'ils estoient attaquez.

 Ce que i'ay dit iusques icy en faueur d'Epicure,
&de

SECONDE PARTIE.

& de quelques-vns de ses Disciples, n'est pas pour les iustifier de beaucoup de crimes dont ie les tiens coupables, ny pour les égaler à ces autres Philosophes de qui nous auons parlé en si bonne part. Les Epicuriens ont eu des opinions si impies de la Diuinité : Leur doctrine touchant la nature de nos ames qu'ils faisoient corporelles, & perissables, a esté si detestable : Et quelque interpretation qu'ils ayent donné à leur fin voluptueuse ; elle a causé tant de scandales, & produit tant de maus dans le monde, que ie tiens pour desesperé le salut d'Epicure, & de tous ceus qui ont suiuy la pernicieuse doctrine qu'il enseignoit. Mais ce n'est pas à dire pourtant s'ils sont mal-heureus en l'autre monde, que nous leur deuions imputer en celuy-cy des fautes qu'ils n'ont pas commises. Ils en ont assez fait de veritables, sans que nous leur en donnions de supposées. Et quand il n'y auroit que le témoignage de sainct Hierosme, & de Seneque, deus Autheurs que le Christianisme & le Paganisme reuerent extrémement, ie m'empescheray bien de croire que si Epicure a lourdement erré en de certaines choses, il n'ait iamais rien dit de raisonnable ailleurs ; & que s'il est damné pour quelques vices tres énormes, il ne puisse pas auoir eu l'vsage des vertus qu'vne infinité d'Escriuains sans reproche luy attribuent. Pour le regard de Seneque, encore qu'il le rende ridicule dans son quatriesme liure des bien-faits, sur le suiet de la Di-

Bb

uinité, à qui il n'auoit laissé que le soin d'éuiter les ruïnes d'vne quantité innombrable de mondes qui tomboient autour d'elle ; si est-ce qu'i la parlé tres-honorablement de luy en beaucoup d'autres lieus, & en effet les plus belles lettres qu'il addresse à son amy Lucilius sont fondées sur des preceptes d'Epicure, dont il ne se peut lasser de loüer les sentimens. Quant à sainct Hierosme il dit des choses merueilleuses à la recommandation de ce Philosophe dans son second liure contre Iouinien, il le propose aus Chrestiens pour leur faire honte de leurs débauches, & il obserue que toutes ses œuures n'estoient remplies que d'herbes, de fruicts, & d'abstinences. Considerons maintenant ce qui a peu obliger l'vn & l'autre de ces deus grands personnages à faire des iugemens si auantageus pour luy.

c. 8.

    C'est vne chose si constante que la volupté d'Epicure estoit accompagnée de toute sorte de temperance, qu'on voit par ce qu'il escriuoit à ses plus intimes amis, qu'ordinairement ses meilleurs repas se faisoient auec vn peu de fromage, qu'il ioignoit au pain & à l'eau. Le mesme se peut dire de ses veritables disciples, qui ne beuuoient que fort peu de vin, & n'vsoient que de viures tres-simples & tres-communs, comme le témoigne Diocles dans Diogene, & comme les plus grands ennemis mesmes de leur secte l'ont confessé, quand ils ont voulu mettre la main à la conscience. Que si

SECONDE PARTIE.

les dernieres paroles des hommes sont les plus considerables de toutes selon les termes de la Iurisprudence, il ne faut que lire celles d'Epicure à Idomeneus pour vne preuue entiere de ce que nous soustenons. Il luy proteste qu'il tient pour bien-heureus le dernier iour de sa vie; & qu'encore que les douleurs qu'ils ressentoit dans la vessie & dans les entrailles fussent extremes, y ayant quatorze iours qu'vne pierre bouchoit le conduit de son vrine, il receuoit neantmoins vn tel contentement d'esprit, dans le souuenir des raisons philosophiques dont il se pouuoit attribuer l'inuention, qu'il en retiroit vne agreable compensation à son mal. D'vn autre costé la Morale porte que les tourmens n'empeschent pas la felicité du Sage, encore que la douleur puisse tirer de luy quelques souspirs. Que ce Sage ne recherchera iaiamais d'amour vne femme dont les loix luy deffendent la iouïssance. Qu'il exposera sa vie d'autant plus librement, qu'il sçait que la mort ne doit pas estre mise au rang des choses mauuaises. Qu'encore que la santé soit vn bien fort desirable à beaucoup de personnes, il s'en trouue pourtant plusieurs qui la doiuent tenir pour indifferente, d'où vient peut-estre le souhait de bien-faire, εὖ πράττειν, qu'il mettoit au commencement de toutes ses lettres, au lieu de celuy de se bien porter dont vsoient les autres. Qu'il y a des douleurs preferables à la volupté, laquelle ne doit pas tousiours estre em-

braſſée. Que celle où il mettoit le ſouuerain-bien n'eſtoit pas vne volupté de gourmand ny de débauché, comme quelques-vns par ignorance, ou par méchanceté l'en auoient voulu accuſer. Qu'il vaut bien mieus eſtre infortuné & raiſonnable tout enſemble, que de iouïr d'vne fortune fauorable, & n'eſtre pas dans le bon vſage de la raiſon ; ce qu'il exprimoit mille fois mieus en ces termes, δι'λογίϛως ἀτυχεῖν, ἤ ἀλογίϛως εὐτυχεῖν; adiouſtant pour l'vne des plus certaines maximes de la vie, que ceſte bonne fortune ne ſe trouuoit que bien rarement coniointe auec la Sageſſe. En fin il poſe pour fondement de toute la ſcience des mœurs, qu'on ne ſçauroit viure heureus ny auec plaiſir, ſinon autant que noſtre felicité eſt accompagnée de prudence, d'honneſteté, & de iuſtice, qui ſont des qualitez qu'il eſtimoit inſeparables de la vraye & ſolide volupté. Certes voila bien des axiomes, dont le moindre eſt capable de deſabuſer ceus, qui ont fait de ſi mauuais iugemens de la Philoſophie d'Epicure, pour ce qui regarde le ſouuerain-bien.

A la verité l'on a voulu dire que toutes ces belles ſentences n'eſtoient pas conſiderables, parce qu'elles ne s'accordoient nullement auec d'autres où Epicure ſe contrediſoit manifeſtement. Il y a eu meſmes des perſonnes qui ſe ſont perſuadées qu'il n'auoit autre deſſein que de pipper le monde auec ſes propos ſi honneſtes & ſi vertueus, s'en ſeruant comme de douceurs agreables pour faire aualer le

SECONDE PARTIE.

poison de sa volupté. Ciceron le compare selon ce sentiment à Caius Gracchus, qui parloit comme vn Aduocat fiscal du bon mesnagement des finances, au mesme temps qu'il les dissipoit toutes par ses profusions. C'est par là, adiouste Ciceron, que les plus simples sont trompez, & ce sont de semblables discours qui ont rendu si grand le nombre des Sectateurs d'Epicure. Mais qui eut iamais bon droict dans le plaidoyer de son aduersaire? Et qui pourroit éuiter de perdre sa cause si l'on s'arreste à ce que dit vne partie contraire? D'ailleurs, comme a fort bien respondu Seneque à ceste sorte d'instance, on ne reproche pas moins à Platon & à Zenon qu'à Epicure, qu'il y auoit trop de difference entre leurs vies & leurs liures. N'est-ce pas, dit ce Philosophe Espagnol, ce qu'on impute presque tousiours aus plus honnestes gens, lors qu'on n'a rien de plus pressant à leur dire? Il faut l'entendre iustifiât dans vn autre endroit Epicure de la mauuaise reputation qu'il auoit acquise à cause de la vie infame de quelques-vns des siens. C'estoient des personnes, comme il remarque, qui apportoient leurs vices & leurs débauches dans l'Eschole de celuy qui parloit auantageusement de la volupté. Ils estoient bien-aises de couurir d'vn manteau de Philosophes leur luxe aussi bien que leur luxure; & quoy que la volupté d'Epicure fust pleine de sobrieté, & pluftost seche & aride, que molle & effeminée, ils ne laissoient

l. 3. & 5. Tusc qu & l. 2. de fin.

l. de vita beata c. 18.

c. 12. & 13.

Bb iij

pas de commettre mille dissolutions dans sa famille, qu'ils y auoient apportées & non pas aprises. Car si la volupté dont il faisoit profession, a quelque chose de mauuais, c'est en ce que son seul nom scandalise au dehors, bien qu'elle n'ait rien au dedans que d'honneste. Ie veus dire franchement mon opinion, adiouste Seneque, encore que ie sçache assez qu'elle offensera tous nos Stoiciens, les preceptes d'Epicure sont accompagnez non seulement de rectitude, & de saincteté, mais encore d'austerité, s'ils sont considerez de prés. Sa volupté consiste en fort peu de chose, & il la reigle par les mesmes loix que nous auons accoustumé de donner à la vertu. Il luy commande d'obeyr & de s'accommoder à la Nature, qui trouue sa satisfaction dans de certaines bornes, au lieu que la luxure & la débauche ne sont iamais contentes. Ie m'empescheray donc bien de dire auec la pluspart des nostres, que la secte d'Epicure enseigne à mal-faire. I'auouë neantmoins qu'elle a fort mauuais bruit, & qu'elle est mesme infame, quoy qu'à grand tort, & sans l'auoir merité, ce qui n'est si bien connu de personne, que de ceus qui l'ont penetrée iusques au dedans, & qui sçauent le plus secret de sa doctrine.

Si quelque zelé Partisan d'Epicure auoit escrit de la sorte, sa deposition pourroit estre suspecte, & il y auroit lieu de douter que celuy qu'il deffend auec tant d'ardeur, meritast toutes les loüanges

qu'il luy donne. Mais qu'vn capital ennemy du vice tel que Seneque, engagé dans vne compagnie formellement contraire à celle des Epicuriés, parle si honorablement de leur fondateur, dans vn temps où l'animosité des sectes estoit en pleine vigueur, parce qu'elles subsistoient encore, c'est ce qui le iustifie si plainement ce me semble, auec les textes de ses propres œuures, & l'authorité de sainct Hierosme, que ie ne voy nulle apparence d'estre d'vn sentiment contraire. En effet tout ce qui s'est dit contre la volupté d'Epicure, doit estre rapporté ou à la pure calomnie de quelques payens; ou au zele de beaucoup de bons Peres Chrestiens, qui ont creu qu'on ne pouuoit trop diffamer vn homme sans Religion, comme nous allons monstrer qu'il estoit ; ou à la vie scandaleuse & abominable de ses faus disciples, qui se firent detester par tout le monde, abusants tellement de la felicité voluptueuse qu'il proposoit, que ses peines eternelles en ont peut-estre augmenté, ce qu'il faut reseruer au iuste iugement de Dieu.

Il est bien plus aisé d'excuser Epicure sur ce poinct de la volupté, qu'en ce qui touche ses opinions touchant la Diuinité. Et neantmoins son impieté n'a pas esté de s'estre moqué, comme il a fait plus ouuertement qu'aucun autre, des Dieus & des Religions de son temps. Ce mespris semblable à celuy de Socrate, & de la pluspart des Philosophes dont nous auons examiné les senti-

mens, estoit plustost meritoire que condamnable. Et veritablement Lucrece a eu suiet de le loüer par dessus tous ceus de sa profession, qui n'oserent iamais s'expliquer nettement comme luy sur ce sujet. Il fut le premier qui prononça courageusement ce qu'il en pensoit, & qui osa publiquement ébranler, autant qu'il luy fut possible, les fondemens de tous les Temples de la Grece, en declamant contre la vanité du culte qui s'y exerçoit. Ce n'est pas estre impie, disoit-il, d'oster au peuple, & à la multitude, des Dieus tels qu'elle se les figure ; l'impieté consiste à penser d'eus les mesmes choses que fait le peuple, & à suiure pour ce regard les opinions de la multitude. Mais il faloit en suitte reconnoistre vn Souuerain Estre, & adorer vne supreme bonté comme ont fait les autres. Ce n'est pas qu'il n'ait souuent parlé de Dieu, en le nommant vn animal immortel & bien-heureus. Mais outre que Ciceron & Sextus Empiricus soustiennent qu'en son ame il n'en croyoit point du tout, n'est-ce pas presque la mesme chose de n'en point admettre, que de le representer, comme il fait, sourd & aueugle pour tout ce qui nous concerne. Les soins & les empeschemens, dit-il, ne s'accordent pas bien auec vn Estat parfaittement heureus, non plus que la cholere ou la misericorde, qui sont des passions d'vne nature infirme, & qu'on ne peut attribuer à Dieu sans luy faire tort. Car adiouste-t'il en vn autre endroit,

SECONDE PARTIE. 201

endroit, comme ce qui est heureus & immortel n'a iamais d'affaires qui l'occupent, ils n'en donne aussi iamais aux autres, il ne trouble le repos de personne, & c'est se tromper lourdement de croire qu'il puisse en quelque façon que ce soit estre émeu de pitié ou de haine. Auec ces belles maximes qui n'ont pas peu de rapport à ce que nous auons remarqué de l'opinion d'Ariſtote touchant les choses sublunaires, il se moquoit de toute sorte de Religion, comme de la chose du monde la plus vaine, & la plus ridicule, puisque Dieu ne pouuoit estre flechi par nos prieres, ny prendre le moindre interest dans aucune de nos adorations. C'est ce qui a fait vser de ces termes à Ciceron, au second liure de la Nature des Dieux, qu'Epicure les auoit rendus monogrammies, parce que tels qu'il les auoit figurez, iouyssans de leur beatitude en eus-mesmes, & sans soucy du genre humain, ils n'estoient presque pas reconnoissables. On ne sçauroit donc nier qu'Epicure n'ait esté l'vn des plus impies de tous les Philosophes de l'antiquité.

Ie ne iuge pas à propos pour nostre dessein d'examiner dauantage icy le surplus de sa doctrine. Il estoit persuadé que le Soleil ny le reste des Astres n'estoient pas plus grands que ce qu'ils nous paroissent à l'œil, ou que si nous y estions trompez par la veuë, c'estoit de fort peu, deferant ainsi au iugement de tous les sens plus qu'aucun autre

Cc

Philosophe n'a iamais fait. Il s'imaginoit vne infinité de mondes, non pas seulement par succession des vns aus autres comme les a creus Origene, mais qui subsistoient tout à la fois dans vn espace infiny, & auec de certains interualles appellez intermondes. Bref il a eu vn grand nombre d'opinions particulieres dans la Physique, dont Lucrece a composé son Poëme, & qui ont esté si bien receuës, que l'Eschole d'Epicure a duré plus que toutes les autres, sans intermission, & auec ceste prerogatiue, qu'aucun de ses disciples ne le quittoit pour prendre party ailleurs, au lieu qu'il en receuoit tous les iours vne grande quantité qui abandonnoient les autres Sectes pour s'enrooller dans la sienne. Ie n'ignore pas le mot ingenieus d'Arcesilaus là-dessus, qui dit qu'on ne s'en deuoit pas estonner, parce que c'estoit vne chose facile de conuertir des hommes en chastrez, mais qu'on ne pouuoit pas restablir ceus qui auoient vne fois perdu leur virilité; voulant dire que la volupté d'Epicure effeminoit tellement les hommes, qu'ils deuenoient incapables de se remettre dans vn genre de vie moins dissolu. Cependant la galanterie de cet Academicien n'a aucun fondement veritable. Nous auons monstré que la volupté dont il parle estoit toute autre qu'il ne la presuppose. Et ie suis certain que si le trauail d'vn des plus sçauans hommes de ce siecle voit le iour, où tout le systeme de la philosophie Epicurienne est expli-

qué, auec la circoncifion neceffaire des parties qui offenfent la pieté & les bonnes mœurs, on reconnoiftra qu'il fe fouftenoit fort bié en tous fes membres, & que les raifons qui l'appuyoient n'ont pas eu moins de probabilité, que celles de tant d'autres fyftemes differens, qui auoient leurs deffauts auffi bien que celuy-cy les fiens. Car par exemple l'infinité des Mondes dont Democrite auoit defia fait leçon, ne feroit-elle pas difputable encore auiourd'huy par raifons phyfiques, fi l'authorité de l'Eglife ne luy eftoit contraire ? Anaximene, Archelaus, Ariftarque, Xenophane, Zenon Eleate, Anaximandre, Diogene Apolloniate, Leucippe, & affez d'autres qui l'ont deffenduë, ne font pas de moindre authorité que Thales, Pythagore, Anaxagore, Heraclite, Zenon de Citie, Platon, & Ariftote, qui ont efté de l'aduis contraire. Metrodore fe perfuadoit tellement la pluralité des mondes, qu'il ne trouuoit pas moins d'abfurdité à vouloir que toute vne campagne ne fuft faite que pour produire vn feul efpy de bled, qu'à fouftenir l'vnité de ce monde dans l'eftenduë infinie d'vn fi grand Vniuers. Et il faut croire que les preuues d'Anaxarche en faueur de cefte opinió eftoient bien puiffantes, puis qu'elles firent pleurer Alexandre, qui ne s'eftoit pas encore rendu maiftre abfolu des trois parties du monde qu'il connoiffoit. En effet les deus raifons de Platon, l'vne, que noftre monde ne feroit pas parfait s'il compre-

D. Thom. 1. p. qu. 47. art. 3.

noit tout en foy; l'autre, qu'il pecheroit en fa forme s'il ne reſſembloit à ſon Archetype qui eſt vnique, ne concluent pas ſi neceſſairement que pluſieurs ne les ayent combattuës. Et tout ce qu'a dit
Ariſtote dans ſon premier liure du Ciel, & dans le *c. 8.*
dernier de ſa Metaphyſique, où il prouue auſſi l'v- *c. 8.*
nité du monde par celle du premier Moteur, n'eſt
pas demeuré ſans repartir. C'eſt pourquoy ſainct
Athanaſe ayant eſcrit que Dieu n'auoit expreſſé- *t. con-*
ment creé qu'vn ſeul monde, afin qu'on ne peuſt *Idola.*
pas former vn argument de la pluralité des Dieux
ſur celle de diuers Mondes, adiouſte fort bien
que cela ne ſe doit pas prendre pour vne demon-
ſtration euidente, parce qu'il eſt certain que Dieu
pouuoit creer des Mondes innombrables s'il euſt
voulu, ſans qu'il euſt eſté loiſible de blaſphemer
contre ſon Eſſence. Ce peu que nous diſons, n'e-
ſtant pas le lieu de nous eſtendre dauantage ſur
le reſte de la doctrine d'Epicure, peut faire voir
comme à ne ſuiure que la lumiere naturelle il ne
philoſophoit pas ſi groſſierement que beaucoup
de perſonnes ſe le ſont imaginé. Et nous pouuons
conclure ceſte ſection en maintenant qu'encore
qu'il fuſt tres-impie, que ſon ſalut par conſequent
ſoit deſeſperé, & que ſa Philoſophie continſt,
comme nous auons remarqué, pluſieurs maximes qui ſont à reietter, on ne doit pas laiſſer de
le mettre au rang des plus ſignalez Philoſophes
qu'ait eu le Paganiſme. Sa volupté n'eſtoit point

SECONDE PARTIE. 205

sordide ; il a vescu si sobrement, que les Peres en font par fois honte aux Chrestiens ; & toutes ses mœurs ont esté telles, qu'apres auoir atteint l'aage de soixante & douze ans auec honneur, il mourut regretté d'vn nombre infiny de ses amis, sa patrie luy faisant éleuer des statuës de cuiure, dont elle voulut honorer sa memoire. Il ne faut pas oublier ce que Numenius Pythagoricien a obserué, que iamais la Secte d'Epicure n'a esté diuisée, ny remplie de factions differentes comme les autres. C'est pourquoy le mesme Numenius la compare dans Eusebe au corps d'vne Republique bien composée, & dont le bon gouuernement ne souffre aucune sorte de sedition. De verité Epicure a eu vn grand nombre de disciples qui l'ont fort deshonoré, par vne vie la plus infame & la plus detestable qui se peut dire. Mais aussi s'en est-il trouué d'autres qui ont maintenu sa Secte en reputation, & qui ne doiuent pas estre mis au rang de ceus-là. Ciceron mesme est contraint d'auoüer qu'encore qu'il n'approuuast pas la doctrine des derniers, il estoit obligé neantmoins d'estimer leur façon de viure. Et il reconnoist qu'au lieu qu'on accusoit les autres Philosophes de parler beaucoup mieus qu'ils ne viuoient, les Epicuriens tout au rebours auoient les actions beaucoup meilleures que le discours, parce que leurs propos pouuoient estre mal interpretez, & il estoit impossible de trouuer à redire en ce qu'ils faisoient.

Prep. Eu l. 14. c 5.

l. 2. de fin.

Il est besoin de faire ces distinctions, si l'on ne veut confondre toutes choses au preiudice de la verité.

DE PYRRHON, ET DE LA SECTE SCEPTIQVE.

SI Pyrrhon auoit esté tel que plusieurs l'ont representé, ie ne pense pas que personne eust voulu suiure ses sentimens, & nous serions mesmes ridicules de nous amuser à les examiner. Rien ne m'oblige à le faire que l'opinion où ie suis qu'il peut estre de ce Philosophe comme de la pluspart de ceus dont nous auons desia parlé, à qui mille choses ont esté faussement attribuées ; outre ce qu'ils ont fait comme Diogene le Cynique d'extraordinaire & de discordant, exprez pour ramener les autres dans vne iuste consonance morale. Ie sçay bien qu'Antigonus Carystius disoit que Pyrrhon ne se fust pas voulu destourner ny pour vn chariot, ny pour vn precipice, ny pour la rencontre d'vn chien enragé, & que ses amis seuls le preseruoient de tous ces inconueniens. Mais pourquoy croirons-nous plustost cet Antigonus, qu'Ænesidemus qui a escrit huict liures de la Secte des Pyrrhoniens, & qui asseure que leur Chef ne commit iamais aucune de ces extrauagances. Certes elles ont si peu d'apparence, & il est si difficile de

Diog. Laert. Photius in bibl.

SECONDE PARTIE.

s'imaginer comment vn si grand nombre de Philosophes les auroient approuuées, que ie ferois conscience d'y deferer, quand elles ne seroient contredittes par personne, & que le reste de la vie de Pyrrhon ne les conuaincroit point de fausseté. En effet on tombe d'accord qu'il vescut prez de quatre-vingt dix ans, & qu'il passa la meilleure partie de ce temps-là dans les voyages, ayant esté trouuer les Mages de Perse, & s'estant abouché dans l'Inde auec les Gymnosophistes. Est-il vray-semblable qu'vn homme qui se precipitoit dans toute sorte de dangers, fust arriué iusques à vn si grand aage? Et qu'il eust peu auoir par tout assez d'amis pour le deliurer de tant de perils, qui sont presque ineuitables à ceus qui vont par le monde auec le plus d'addresse & de preuoyance? Quoy qu'il en soit on le doit considerer comme Fondateur d'vne grande compagnie, & par consequent qui estoit sans doute recommendable en beaucoup de façons. Voire mesme quand il n'y auroit que ce que nous lisons dans sa vie, qu'il fut creé Souuerain Pontife par ceus de son pays, cela seroit suffisant pour monstrer la calomnie de ses ennemis, n'y ayant nulle apparence qu'on eust donné vne si importante charge à vn homme qui eust esté suiet à de si grands caprices. Ses Sectateurs n'ont pas esté seulement appellez Pyrrhoniens de son nom, ils en ont eu trois ou quatre autres, qui se rapportent tous selon leur etymologie aus dou-

208 DE LA VERTV DES PAYENS,
tes dont ces Philosophes faisoient profession, dans
vne recherche continuelle de la verité. C'est ce
qui les a fait nommer Ephectiques, Zetetiques,
Aporetiques, & plus communément encore Sceptiques, qui sont des appellations synonimes
qu'on leur a données presque indifferemment,
pour marque d'vne irresolution qui leur estoit
particuliere.

Sextus emp. l. 1. dit. Mat.

Or quoy qu'ils reconnussent tous Pyrrhon pour
leur maistre, auec tant d'estime que leur coustume estoit de le comparer au Soleil, si est-ce qu'à
leur dire les plus grands hommes qu'eust eu la
Grece deuant luy auoient desia ietté les premieres
semences de leur doctrine douteuse. Ainsi l'on
peut voir dans Diogenes Laërtius qu'ils nommoient Homere leur Prince, & qu'ils citoient
non seulement Archiloque, Euripide, Xenophane, Empedocle, & Democrite, pour auoir esté de
leur sentiment ; mais qu'ils vouloient mesme faire
passer les sept Sages de Grece pour autant de Philosophes Sceptiques, interpretant toutes leurs
sentences selon les principes du Pyrrhonisme. Et
cetes ces principes ont esté fort peu differens de
ceus de la seconde Academie que fonda Arcesilaus : D'où vient le mot que dit de luy dans Eusebe, ce Numenius pythagoricien dont nous auons

Præp. Eu. l. 14. c. 6.

parlé dans la section precedente, *Qui Pyrrhonicus totus erat excepto nomine, idem Academici præter nomen habebat nihil.* Car encore que ce genre de
philosophie

SECONDE PARTIE.

philosophie renonçast à toute sorte d'axiomes, *idem.* ne prononçant rien à la mode des Dogmatiques, *l.1.Pyrrh* il auoit neantmoins ses principes, & notamment *hyp.c.6.* celuy-cy, qu'on ne sçauroit former aucune proposition, qui n'en ait vne opposée d'égale probabilité. Ce n'est pas mon dessein de faire icy vne description exacte de toute la Philosophie Sceptique. Ie iuge pourtant à propos d'expliquer sommairement quelle estoit sa fin, & de quels moyens elle se seruoit pour y arriuer, afin que nous puissions mieus considerer en suite de quel vsage elle peut estre auiourd'huy, & ce que nous deuons penser de ceus qui l'ont autrefois cultiuée pendant le Paganisme.

Le but où vise le Sceptique, & où il constituë son souuerain-bien, c'est de posseder vne assiette d'esprit exempte de toute agitation, par le moyen de *l'ataraxie* qui regle les opinions, & de la *metriopathie* qui modere les passions, de telle sorte qu'il iouysse d'vn parfait repos tant à l'égard de l'entendement, que de la volonté. Or il n'y a, selon qu'il le conçoit, que la seule Epoche ou suspension d'esprit qui puisse mettre le sien dans vn si heureus Estat. Et cette Epoche, dont on a tant parlé, ne s'aquiert que par vn examen tres-curieus *σκέψις, ἀντί-* & tres-exact des apparences du vray & du faux, *θεσις φαινο-* qui se trouuent en toutes choses tant sensibles, *Sextus* qu'intelligibles, opposant ordinairement les vnes *Emp.l.1.c.* aus autres en toutes les façons possibles. Pour y *4.& 13.*

Dd

bien proceder les Sceptiques ont inuenté vne Topique particuliere, & se sont seruis de dix moyens auec lesquels ils examinent tout ce qu'on leur propose. Phauorinus les auoit expliquez fort au long en dix liures faits exprez à ce que dit Aulu-Gelle, car il ne nous en reste rien que le tiltre. Diogenes Laërtius nous les donne, & nous les interprete mesmes aucunement dans la vie de Pyrrhon. Mais il n'en dit rien de comparable à ce qu'on peut voir dans Sextus Empiricus au quatorziesme chapitre de son premier liure des Hypotheses Pyrrhoniennes, qui est vn chapitre veritablement doré, & le plus considerable de tout son ouurage. Ie ne veus point parler des cinq autres moyens que Diogene dit estre de l'inuention d'Agrippa, & dont Sextus traitte au chapitre suiuant. I'adiousteray seulement qu'on les peut reduire à trois; & que ces trois-là mesmes se rapportent à vn seul, qui est le plus general de tous, puis qu'il les comprend aucunement en soy. C'est celuy de la relation, le huictiesme dans l'ordre des dix, & par lequel ceus de ceste Secte font voir que nous ne iugeons des choses que par comparaison, ce qu'ils enoncent en ces termes, πάντα πρός τι, *omnia sunt ad aliquid*. Il faut aussi remarquer qu'outre ces moyens, ou lieus Topiques dont les Sceptiques ont vsé, ils se sont encore voulu ayder de certaines façons de parler qui leur estoient particulieres. Ce sont celles qu'on a nommées les voix de la Sceptique,

11. noct.
Att. c. 5.

SECONDE PARTIE. 211

comme, *ie ne sçay, cela peut-estre, ie ne le comprens pas, il se peut faire*, & autres semblables, qui sont deduites fort au long dans le mesme Sextus. Voilà quel estoit en gros le procedé des Sceptiques, pour paruenir à la beatitude qu'ils se proposoient. Afin de donner quelque lumiere à tout cela, ie me seruiray de l'opinion qu'auoit Anaximandre touchant le lieu que la terre occupe, qu'il croyoit estre le centre de l'vniuers contre le sentiment de quelques Pythagoriciens. Aristote dit que ce Philosophe ne rendoit point d'autre raison de l'immobilité de la terre dans le milieu du monde, sinon qu'estant également distante des extremitez, elle ne sçauoit de quel costé pancher, & par ce moyen demeuroit ferme & arrestée dans son assiette. Il vsoit pour se faire mieus comprendre de deus comparaisons. La premiere est prise d'vn cheueu, qui ne se pourroit rompre s'il estoit également tiré & de mesme force par les deus bouts, parce qu'il se feroit vn pareil effort en toutes ses parties, & que n'y ayant pas plus de raison de rupture en l'vne qu'en l'autre, elle ne deuroit par consequent iamais arriuer. Sa seconde comparaison se tire de l'estat d'vn homme fort affamé, qu'il pose au milieu de toute sorte de viures, & qu'il souftient qui periroit necessairement de faim dans vne si grande abondance, au cas qu'il eust vne pareille enuie de chacun de ces viures, dautant que ceste égale inclination l'obligeroit à demeurer

l. 1. c. 18 & seqq.

l. 2. de cœ c. 13.

cùm æquè se habere ad extrema.

Dd ij

eternellement sans action, & sans mouuement, n'en pouuant trouuer le principe. La mesme chose qu'Anaximandre presupposoit de l'immobilité de la terre, & les mesmes exemples dont il se seruoit, peuuent estre rapportez pour faire plus facilement entendre ce que nous auons dit du Philosophe Sceptique. Son esprit demeure tellement suspendu entre les vray-semblances qui se trouuent par tout, que ne sçachant quel party prendre, ny de quel costé pancher, il se trouue comme immobile dans ceste belle indifference de l'Epoche, où est le centre du Souuerain-bien. En effet toute la philosophie Sceptique peut estre considerée cóme vn milieu entre celle des Dogmatiques & celle des Academiques. Car puisque ce qu'on nomme philosophie, n'est rien autre chose qu'vne recherche de la verité, il ne peut y auoir que trois façons de philosopher. Les Dogmatiques, comme Aristote, Zenon de Citie, Epicure, & les autres que nous auons veus iusques icy, se vantent qu'ils ont trouué la verité. Carneades, Clitomachus, & le reste de ceus de la nouuelle Academie nient que cette verité soit comprehensible. Il reste les Sceptiques qui tiennent le milieu entre ces deus partis contraires, & qui apres auoir examiné les raisons des vns & des autres, cherchent encore la verité, n'estans pas bien certains si elle se peut trouuer ou non. On peut voir par là que leur Secte n'est pas absolument contraire à pas vne des

Sextus, l.1. Pyrrh. yp. c.1. & A Gell. l. 1. 6. 5.

SECONDE PARTIE. 213

autres, encore qu'il arriue que pour tenir le milieu que nous difons, ils reçoiuent des atteintes de tous coftez, où on les traitte toufiours comme ennemis, parce qu'ils ne prononcent en faueur de perfonne, *inter alios contendentes medij eliduntur*. Tant y a qu'ils fe vantent d'auoir trouué fans y penfer le poinct de la beatitude, que tous les autres n'ont peu rencontrer dans toutes leurs recherches. C'eft pourquoy Sextus veut qu'ils ayent efté auffi fortunez en cela que ce Peintre qu'il nommoit Apelle, & que Pline affeure auoir efté Nealce, ou Protogene. Voyant qu'il luy reüffiffoit tres-mal en la reprefentation de l'efcume d'vn chien, ou d'vn cheual, il fe fafcha contre fon ouurage, & ietta deffus auec defpit l'efponge dont il effuyoit fes pinceaus. Ce fut auec vn fuccez fi heureus, & vn hazard fi remarquable, que la Fortune executa ce que l'Art n'auoit peu faire, imprimant fur le tableau commencé vne efcume tellement naturelle, qu'elle fut admirée de tout le monde. Sextus faifant la reduction de ce conte dit qu'il en eft arriué tout de mefme aus Sceptiques. Apres auoir efté long-temps en quefte de la Verité, croyants que le Souuerain-bien dependoit de fçauoir difcerner le vray du faux, defefperés de pouuoir iamais paruenir à cefte connoiffance, ils furent contrains d'vfer d'Epoche ou de fufpenfion d'efprit, pour ne fe pouuoir determiner à rien de certain. Cependant lors qu'ils ne penfoient à rien moins, ils fe

l. 1. c. 12.

l. 35. hift nat. c. 10.

trouuerent en possession de ce qu'ils auoient tant cherché, s'apperceuans bien-tost que c'estoit en ceste belle suspension d'esprit que consistoit toute nostre felicité; parce que l'heureuse tranquillité que donnent *l'ataraxie*, & la *metriopathie*, ne suit pas moins naturellement ny moins inseparablement l'Epoche, que l'ombre fait le corps. Cecy suffira pour faire comprendre ce que la philosophie Sceptique se proposoit pour sa fin. C'est tousiours la plus importante piece d'vn Tout, la premiere en nostre intention, & celle dont la connoissance sert dauantage à faire entendre le reste.

Entre beaucoup d'obiections que ceus des autres familles philosophiques faisoient aus Sceptiques, & dont on peut voir le sommaire dans l'inuectiue d'Aristocles, rapportée par Eusebe contre Pyrrhon & son disciple Timon le Phliasien, i'en remarqueray deus principales, & que ie croy le plus attachées au suiet que nous traittons.

<small>Præp. Eu. .14. c. 18.</small>

Par la premiere on leur reprochoit qu'vne de leurs voix fondamentales, puis qu'ils ne souffrent pas qu'on leur attribuë des maximes, ny des axiomes, contenoit en soy vne contradiction fort honteuse. Car quand ils disent qu'il n'y a rien de certain, leur proposition ne peut estre vraye, qu'elle ne soit certaine; & en ce cas là elle monstre par elle-mesme qu'il y a quelque chose de certain. Que si la mesme proposition est fausse, outre qu'ils ne l'ont pas deub faire, il s'ensuit que celle

SECONDE PARTIE.

qui luy est opposée, se trouuera veritable, c'est à sçauoir qu'il y a quelque chose de certain. Auec ce dilemme les ennemis de la Sceptique pretendoient qu'ils la pouuoient rendre ridicule. Voicy ce que ses Sectateurs leur respondoient. Premierement que ceste voix, ou ceste proposition, qu'il n'y a rien de certain, n'est pas si absolument affirmatiue, qu'elle ne contienne en soy vne tacite exception d'elle-mesme. Ainsi dit Sextus sur la fin de son septiesme liure contre les sçauans, quand Homere a nommé Iupiter le pere des hommes & des Dieus, cela doit necessairement estre entendu luy excepté, puisque ce Poëte le reconnoissoit pour le premier & le plus grand d'eus tous, & que d'ailleurs il ne croyoit pas que Iupiter peust estre pere & fils tout ensemble. En second lieu, adioustent-ils, bien que ceste mesme proposition ne receust aucune exception, on peut dire neantmoins qu'elle se comprend & s'enueloppe auec toutes les autres qu'elle condamne d'incertitude, ne prononçant rien contre le general, qui n'ait encore son effet particulier contre elle-mesme. Car il y a beaucoup de choses qui agissent de la façon, & qui ne font rien souffrir aus autres sans s'en ressentir. Le feu qui deuore tout, se consomme luy-mesme auec la matiere qui luy donnoit nourriture. Herophile comparoit l'Ellebore à vn braue Capitaine, qui excite les autres à sortir pour combattre en y allant des premiers : & presque

inerti[us] sup[er] *[...]* *seipsa circumscribit* *Sextus l. 1 c. 7.*
Plin. l. 25 c. 5.

tous les purgatifs dont on se sert contre les mauuaises humeurs, se vuident auec elles, la faculté qu'ils ont les portant, auec ce qu'ils poussent, au dehors. La lumiere s'éclaire elle-mesme, & faisant paroistre toute sorte d'obiects, se fait aussi connoistre par sa propre splendeur. Enfin les Sceptiques ont encore vsé icy de la comparaison de ceus, qui iettent l'eschele du mesme pied dont ils sont montez où ils desiroient paruenir, parce qu'elle ne leur est plus d'vsage. Voulant dire qu'ils se seruoient aussi de quelques voix, ou de quelques propositions affirmatiues, pour monstrer qu'il n'y a rien de certain, sans auoir intention de les laisser subsister plus long-temps, que ce qu'il leur en faut pour establir l'incertitude par tout, les tenant puis apres aussi douteuses que les autres. Que si le langage ordinaire les obligeoit par fois à parler plus dogmatiquement qu'ils n'eussent souhaitté, ils soustenoient qu'on ne deuoit pas prendre cela si fort à la rigueur, dautant que parmy eus quand ils prononcent que quelque chose est, ou n'est pas, ils n'entendent pas l'asseurer dauantage, sinon que pour lors, & selon leurs termes χτ' ὃ νῦν φαινόμενον, *Secundum id quod tunc apparet*, elle leur semble comme ils le disent.

La deuxiesme obiection importante qu'on a faite aus Sceptiques, alloit à les rendre odieus à tout le monde. Car parce qu'ils n'admettoient rien de certain, & qu'ils faisoient profession de douter de

toutes choses, on leur imputoit qu'ils ruïnoient par là toute sorte de police, qui ne peut subsister sans la Morale, ny celle-là si on ne tombe d'accord de ce qu'elle enseigne du vice & de la vertu. Qui est celuy qui voudra plus obeïr aus loix, s'il doute qu'elles soient iustes? Et qui fera difficulté de commettre les plus grands crimes, s'il se flatte dans ceste opinion qu'il n'y a peut-estre point de mal à les faire? En effet on peut voir qu'en ostant la certitude establie parmy les hommes des choses honnestes & des-honnestes, licites & illicites, on les iette dans vne confusion beaucoup plus grande qu'elle ne se peut exprimer, & que la vie que nous nommons à present ciuile, deuiendroit la plus inciuile & la plus déraisonnable qu'on se puisse imaginer. D'ailleurs, y a-t'il vne constitution d'esprit miserable, à l'égal de celle d'vn homme qui doute de tout ce que les sens ou le discours luy peuuent faire comprendre, & qui ne sçait pas mesme s'il doit se dire creature raisonnable, ou s'il n'est point quelque animal aussi estrange qu'vn Typhon, puis qu'on fait tenir ce propre langage à Socrate. Encore les Cimmeriens, dit Lucullus dans Ciceron, allumoient des feus dont ils éclairoient leurs tenebres. Et la nouuelle Zemle a permis depuis peu aus Hollandois de soulager auec des lampes & des brasiers ardens la longue nuict qu'ils y trouuerent. Mais l'obscurité que les Sceptiques veulent establir en toutes choses par le

Plato in Phædro.

l. 4. Acaque.

moyen de leur incertitude, est si espaisse, & si invincible, qu'elle estoufferoit toutes les lumieres de l'entendement, & nous rendroit tels que des aueugles-nais, si on les laissoit faire. Ils respondent à cela, qu'on a grand tort de les décrier de la sorte, veu qu'ils sont les hommes du monde qui se soufmettent le plus librement aus loix & aus coustumes establies, bien qu'ils les suiuent ἀδοξάστως, sans opiniastreté, & sás se departir de l'indifference Sceptique. Qu'ils sont par ce moyen plus vtiles à la vie ciuile, où ils n'ont iamais causé de troubles, que les Dogmatiques, dont on n'a peu iusques à present appaiser les contestations. Et qu'à l'égard du particulier de chacun d'eus, il n'y en a pas vn qui ne permette autant à ses affections naturelles que personne, & qui ne defere à ses sens comme le reste des hommes, quoy que ce soit tousiours auec suspension d'esprit, & sans se fier trop en eus, à cause de leurs manquemens si ordinaires. Comment les Sceptiques pourroient-ils subsister, & maintenir leur Estre, s'ils estoient en si mauuaise correspondance auec leurs sens? Et ne sçauent-ils pas bien que Pyrrhon mesme prononça qu'il estoit impossible de renoncer à l'humanité, ou, selon ses propres termes, de despoüiller l'homme tout à fait? Pour ce qui est de la partie superieure, ils ne pensent pas estre non plus si fort à plaindre qu'on a voulu les representer, puis qu'au lieu de luy donner pour obiect le vray & le

Sextus Emp. l. 1 c. 3. & passim.

SECONDE PARTIE. 219

certain, qui ne sont pas de sa portée, ils luy substituent l'apparent & le vray-semblable ; aymans mieus faire à la mode des premiers Grecs, qui se contentoient de contempler l'Ourse Maieure, que de s'égarer en visant droit au Pole comme les Pheniciens, dans des nauigations spirituelles, où le vray & le certain ne sçauroient seruir que d'vne trompeuse Cynosure.

Voyons maintenant ce que nous pouuons penser comme Chrestiens, d'vne Secte dont beaucoup de personnes parlent auec mespris, & fort peu auec connoissance.

Desia ie tiens pour desesperé le salut de Pyrrhon, & de tous ses disciples qui ont eu les mesmes sentimens que luy touchant la Diuinité. Ce n'est pas qu'ils fissent profession d'atheisme, comme quelques-vns ont creu. On peut voir dans Sextus Empiricus qu'ils admettoient l'existence des Dieus comme les autres Philosophes, qu'ils leur rendoient le culte ordinaire, & qu'ils ne nioient pas leur prouidence. Mais outre qu'ils ne se sont iamais determinez à reconnoistre vne cause premiere, qui leur fist mespriser l'idolatrie de leur temps ; il est certain qu'ils n'ont rien creu de la Nature Diuine qu'auec suspension d'esprit, ny rien confessé de tout ce que nous venons de dire qu'en doutant, & pour s'accommoder seulement aus loix & aus coustumes de leur siecle, & du pays où ils viuoient. Par consequent puis qu'ils n'ont

l. 3. Pyrrh. hyp. c. 1.

pas eu la moindre lumiere de ceste Foy implicite sur laquelle nous auons fondé l'esperance du salut de quelques Payens, qui l'ont possedée conioinctement auec vne grace extraordinaire du Ciel, ie ne voy nulle apparence de croire qu'aucun Sceptique ou Pyrrhonien de ceste trempe ait peu éuiter le chemin de l'Enfer.

Ce n'est pas à dire pourtant qu'ils eussent tous les deffauts qu'on leur a souuent attribuez, ny sur tout qu'ils fussent dans vne profonde & honteuse ignorance, comme plusieurs se le sont imaginé. Tant s'en faut, il n'y a peut-estre point eu de Secte qui ait penetré plus auant dans toutes les sciences que la Sceptique, comme celle qui estoit incessamment aus prises auec toutes les autres, & qui se fust renduë trop ridicule d'entrer en contestation auec elles touchant la vanité ou l'incertitude des disciplines, si elle les eust ignorées, voire mesme si elle n'eust sçeu iusques où s'estendoit la plus grande connoissance des Dogmatiques. Et certes il n'y a personne qui puisse lire ce peu d'escrits qui nous restent des Professeurs de l'Epoche, sans connoistre la verité de ce que nous disons. Quant à Pyrrhon il ne composa iamais rien, de sorte qu'on ne peut pas iuger de sa capacité par ses œuures. Mais outre ce que nous en pouuons presumer sur sa grande reputation, le seul priuilege d'immunité que la ville d'Elis sa patrie accorda en sa consideration à tous les Philosophes, & l'hon-

neur que luy firent les Atheniens de luy donner des lettres de Bourgeoisie, qu'ils n'accordoient qu'à peu de personnes, nous font assez comprendre ce qui estoit de son merite. C'est donc vne iniustice toute pure d'en parler auec tant de mespris que plusieurs font, & de vouloir traitter tous les Sceptiques comme gens qui n'auroient eu nulle connoissance des bonnes lettres. Leur ignorance n'estoit pas de ces grossieres ou stupides, que les Escholes nomment crasses & supines. Elle n'estoit ny de pure priuation, ny de mauuaise information. C'estoit vne ignorance raisonnable & discouruë, qui ne s'acquiert que par le moyen de la science, & qu'on peut nommer vne docte ignorance, aussi bien que celle dont le Cardinal de Cusa a fait trois liures & vne apologie. Car l'extreme science produit souuent le mesme effet que l'extreme ignorance, & rien ne nous fait si paisiblement ny si franchement auoüer la foible portée de nostre esprit, que quand nous l'auons éleué par l'estude iusques à la plus haute connoissance dont il est naturellement capable. C'est alors qu'informez par tous les tiltres possibles du peu que nous pouuons sçauoir de nous mesmes, & que destrompez des vaines opinions de suffisance, & de doctrine, nous reconnoissons qu'au lieu des certitudes, & des veritez dogmatiques, nous nous deuons contenter, humainement parlant, des appa-

Ee iij

rences, & du vray-semblable, que la Sceptique nous propose.

Mais comme on ne sçauroit nier que ceste philosophie n'ait besoin d'estre purgée comme les autres de beaucoup de deffauts, mesmement à l'égard de son impieté, qui demande vne bien rigoureuse circoncision ; ie pense qu'on peut dire aussi que ce retranchement fait, elle est possible l'vne des moins contraires au Christianisme, & celle qui peut receuoir le plus docilement les mysteres de nostre Religion. Ce qui m'oblige à parler de la sorte, c'est principalement la generale acclamation de tous les Peres contre les Philosophes Dogmatiques, qu'ils ont communement nommez les Patriarches des Heretiques, ainsi que ie me souuiens de l'auoir desia remarqué dans cét ouurage. C'est pourquoy sainct Gregoire, qui se distingue des autres par le surnom de Theologien, dit qu'ils ont esté à l'Eglise comme des playes Egyptiennes, dont elle a esté affligée de toutes les façons possibles. En effet les Decies, les Iuliens, ny ses autres fameus persecuteurs ne l'ont iamais tant fait souffrir par la force ouuerte, que beaucoup de sçauans & renommez Philosophes par leurs subtiles disputes, & par l'artifice de leurs escrits. Or l'on sçait que rien ne les a tant portez à cela que la presomption, & l'opiniastreté, dont la Sceptique s'est declarée si capitale ennemie, qu'ō

Nazian. orat. de modo in disp. seru.

SECONDE PARTIE.

la peut dire en ceste consideration vne Philosophie fauorable à la Foy, puis qu'elle destruit ce qui est le plus contraire à ceste mediatrice de nostre salut. Car il n'y a rien que sainct Paul ait plus souuent repeté dans toutes ses Epistres que de fuir la vanité des sciences, & des tromperies dont se seruent les Philosophes, lors qu'ils fondent leurs opinions sur des axiomes, & sur des Elemens du monde, qui n'ont rien de commun auec la doctrine de Iesus-Christ. C'est ce qu'il recommande aus Romains, aus Hebreus, aus Ephesiens, aus Galates, & generalement à tous ceus qu'il a honorez de ses lettres. Mais iamais les Sceptiques n'ont rien dit de plus pressant contre l'orgueil des Dogmatiques, que ce qu'il escrit aus Corinthiens, les aduertissant qu'il faut estre fou & ignorant selon le monde, pour estre sage & sçauant selon Dieu, deuant qui la plus grande science, & la plus fine sagesse, ne paroissent qu'vne pure folie. Que si quelqu'vn pense, adiouste ce sacré vase d'élection, sçauoir veritablement quelque chose, il ne connoist pas seulement encore de quelle façon il faut qu'il sçache ce qu'il doit sçauoir. Pour en parler sainement il est bien difficile de deferer autant qu'on doit à ces preceptes Apostoliques, sans estimer la modeste suspension d'esprit des Sceptiques, & sans haïr l'arrogance des autres Sectes à soustenir l'infaillible certitude de leurs maximes. Nostre Religion est toute fondée sur l'humilité, ou sur ceste

Ep. 1. c. & 8.

respectueuse abiection d'esprit que Dieu recompense de ses graces extraordinaires. Et l'on peut asseurer que la pauureté d'esprit bien expliquée, est vne richesse Chrestienne, puisque le Royaume des Cieus est si expressément promis aus pauures d'entendement. Ce n'est donc pas sans suiet que nous croyons le systeme Sceptique, fondé sur vne naïfue reconnoissance de l'ignorance humaine, le moins contraire de tous à nostre creance, & le plus approprié à receuoir les lumieres surnaturelles de la Foy. Nous ne disons en cela que ce qui est conforme à la meilleure Theologie, puisque celle de sainct Denys n'enseigne rien plus expressément que la foiblesse de nostre esprit, & son ignorance à l'égard sur tout des choses Diuines. C'est ainsi que ce grand Docteur explique ce que Dieu mesme a prononcé par la bouche de ses Prophetes, qu'il a establi sa retraitte dans les tenebres. Car cela estant nous ne sçaurions nous approcher de luy, que nous n'entrions dans ces mysterieuses tenebres, d'où nous tirons ceste importante leçon, qu'il ne se peut connoistre qu'obscurement, couuert d'enigmes ou de nuages, & selon que dit l'Eschole, en l'ignorant. Mais comme ceus qui ont fait de tout temps profession d'humilité & d'ignorance, s'accommodent bien mieus que les autres auec ces tenebres spirituelles. Les Dogmatiques au contraire, qui n'ont iamais eu de plus forte apprehension que celle de faire paroistre qu'ils ignorent

l.1. de myst. ch.c.1. & 2.

Posuit tenebras latibulum suum.

rent quelque chose, s'y perdent incontinent, & leur presomption d'auoir assez de lumiere d'entendement pour surmonter toute sorte d'obscurité, fait qu'ils s'aueuglent d'autant plus qu'ils croyent s'auancer dans des tenebres que nostre humanité ne sçauroit penetrer. Quoy qu'il en soit ie trouue que la Sceptique n'est pas d'vn petit vsage à vne ame Chrestienne, quand elle luy fait perdre toutes ces opinions magistrales que sainct Paul deteste si fort. Il est à peu prés de nostre esprit comme d'vn champ qui a besoin d'estre defriché, & qu'on en arrache les mauuaises plantes, auparauant que d'y ietter la graine dont on desire retirer du profit. L'Epoche trauaille sur nous de la mesme façon. Elle nous oste toutes ces vaines imaginations de connoistre auec certitude, & de sçauoir auec infallibilité, comme autant de ronces & d'espines. Et elle nous rend par ceste soigneuse culture, comme vne terre bien preparée, & digne de receuoir les semences du Ciel, ie veus dire ses graces infuses, & ses dons surnaturels, qui ne peuuent alors faillir d'y prendre heureusement racine, & d'y produire des fruicts dignes d'vne si noble agriculture. Ne voyons-nous pas tous les iours les vertus Chrestiennes & Theologales, qui reluisent auec beaucoup plus d'éclat en des ames simples & ignorantes, que dans celle des plus sçauans en toute sorte de disciplines? Et ne sçauons-nous pas qu'il n'y a point d'esprits qui reçoiuent

F f

les mystères de nostre Religion auec tant de resistance, que ceus qui pensent sçauoir demonstratiuement les causes, & les fins de toutes choses ? Vn Musicien Grec demandoit double salaire à ceus de ses Escholiers qui auoient eu par d'autres de mauuais commencemens en son art. Les principes des sciences, & les axiomes des disciplines, nuisent souvent plus qu'ils ne profitent aus Catechumenes. Tout ce qu'on pourroit craindre ce seroit qu'vne philosophie si accoustumée à douter de tout, & si peu asseurée que celle dont nous traittons, ne nous donnast de mauuaises habitudes, & ne nous fist auoir des irresolutions aus choses mesmes où il n'est pas permis de hesiter tant soit peu, ny d'auoir le moindre doute, comme en tout ce qui concerne la Foy & les bonnes mœurs. Mais on ne doit rien apprehender de tel d'vne Sceptique, qu'on a renduë Chrestienne par le moyen de la circoncision de sainct Gregoire. La Philosophie, generalement parlant, fut autresfois nommée par sainct Cyrille vn catechisme à la Foy. Cela se peut bien mieus dire de ceste Sceptique en particulier, qui deuient vne excellente introduction au Christianisme, & peut tenir lieu de preparation Euangelique. Elle n'a plus de doutes où il est question de la Religion. Toutes ses deffiances meurent au pied des Autels. Et les dons qu'elle reçoit du Ciel pour vne fin surnaturelle sont si efficaces, que sa Foy, son Esperance, & sa

1. contra nl.

Charité, reglent toutes ses connoissances, & donnent la loy à tous ses raisonnemens. Ie trouue aussi l'opinion de sainct Augustin fort considerable pour ce qui concerne la Morale en general. Il monstre au dix-huictiesme liure de sa Cité de Dieu, que nous deuons plustost tenir de l'authorité Diuine les preceptes qui determinent ce qui est vice, ou vertu; que de la raison humaine, qui n'est ny assez puissante, ny assez vniforme, pour se faire vniuersellement obeyr. Il n'y a point d'action si vicieuse, comme il remarque, qui n'ait esté approuuée par quelque Philosophe, ny si vertueuse que quelques-vns de ceste profession ne l'ayent condamnée. Les peuples mesmes, & les Nations entieres ont eu des sentimens du tout contraires pour ce regard. Nous serions donc dans vne perpetuelle incertitude des choses qui concernent l'Ethique, si nous n'auions recours à la loy Diuine, qui se fait entendre de tout le monde, & qui n'est contredite de personne. Et puisque la Sceptique Chrestienne ne luy est pas moins soufmise, que toutes les autres Sectes que nous auons desia catechisées, ses doutes seront d'autant moins à craindre, qu'estant encore Payenne, elle ne laissoit pas de deferer aus constitutions & aus coustumes de son siecle. Voila ce qui m'a donné des pensées si fauorables pour vne philosophie que ie ne croy pas plus criminelle que les autres, pourueu qu'on luy fasse rendre les respects qu'elles doiuent tou-

228 DE LA VERTV DES PAYENS,
tes à nostre saincte Theologie, & que comme vne suiuante seulement, elle soit appellée auec les autres au seruice de cette diuine maistresse. Si ie me suis trompé au iugement que ie viens de faire, ie suis prest de changer d'auis. L'incertitude Sceptique m'excusera si ie n'ay rien dit de certain sur ce sujet. Et en tout cas mon erreur ne croistra pas le nombre des heresies, puis qu'elle ne sera iamais conuaincuë d'opiniastreté. Mais ie ferois bien aise que les plus ennemis de l'Epoche considerassent auant que de me condamner, que la deffiance & la suspension ont esté nommées par les Dogmatiques mesmes, le nerf, & le membre principal de la prudence ; qu'ils ont cherché la verité dans le plus profond d'vn puits ; que Salomon reconnoist la Sagesse pour la plus muable, ou la plus changeante chose de toutes les mobiles ; & que S. Paul a confessé aus Corinthiens, qu'il ne sçauoit rien sinon Iesus-Christ crucifié. I'auouë que de si belles sentences m'ont fait affectionner les doutes, l'incertitude, & l'ignorance des Sceptiques.

vocauit ancillas ad arcem.

Sap. c. 7.

Ep. 1. c. 2.

DE CONFVTIVS, LE SOCRATE DE LA CHINE.

l. 8. c. 9.

SAINCT Augustin examinant dans sa Cité de Dieu les differentes Sectes des Philosophes pour reconnoistre celle qu'on peut dire auoir le

plus de conformité auec noſtre Religion, decide la queſtion par vn iugement general tres-digne de luy. Il ſouſtient que ſans donner la preference à la Grece, & ſans auoir égard aus pays où ces grands hommes ont fait admirer leur ſageſſe, tous ceus qui ont enſeigné la puiſſance & la bonté d'vn ſeul Dieu Createur de toutes choſes, ſoit qu'ils ayent eſté Scythes, Indiens, Perſes, Egyptiens, ou de quelque autre Nation, doiuent eſtre preferés aus autres, ayant approché le plus pres des lumieres de la Foy Chreſtienne. C'eſt ce qui m'oblige, apres auoir parlé de tant de Grecs, à produire vn Chinois en ſuitte, comme le plus éloigné que ie puiſſe choiſir, non ſeulement de noſtre demeure, mais encore de noſtre connoiſſance ordinaire, n'y ayant gueres plus d'vn ſiecle que l'Europe eſt rentrée en commerce auec ce grand Royaume; ſi tant eſt que les Chinois puiſſent paſſer pour les Sines des anciens, ſelon que les vns & les autres nous ſont repreſentez les plus Orientaus de toute l'Aſie. Le Pere Trigaut eſt ſans doute celuy qui nous a fourni la plus belle Relation que nous ayons de ce pays-là, s'eſtant ſerui des eſcrits du Pere Mathieu Ricius, dont le zele & le ſçauoir ne peuuent eſtre trop eſtimez. Et i'ay deſia remarqué dans la premiere partie de ce liure, comme ces Peres ont tenu pour aſſeuré, que pluſieurs Chinois ayants moralement bien veſcu dãs la ſimple obſeruation du droict de Nature, ont peu faire

F f iij

leur salut eternel, par vne bonté & vne assistance particuliere de leur Createur. La raison que rend le Pere Trigaut de son opinion est, qu'entre toutes les Nations la leur est apparamment celle qui s'est laissée le mieus conduire à la lumiere naturelle, & qui a le moins erré au fait de la Religion. Car chacun sçait de quels prodiges les Grecs, les Romains, & les Egyptiens remplirent autresfois leur culte diuin. Les Chinois au contraire n'ont reconnu de temps immemorial qu'vn seul Dieu, qu'ils nommoient le Roy du Ciel; & l'on peut voir par leurs annales de plus de quatre mille ans, qu'il n'y a point eu de Payens qui l'ayent moins offencé qu'eus de ce costé-là, & dont le reste des actions se soient plus conformées à ce que prescrit la droite raison.

Or toutes les histoires que nous auons d'eus conuiennent en ce poinct, que le plus homme de bien, & le plus grand Philosophe qu'ait veu l'Orient, a esté vn nommé Confutius Chinois, dont ils ont la memoire en telle veneration, qu'ils éleuent sa statuë dans des Temples, auec celles de quelques-vns de ses disciples. Ce n'est pas pourtant qu'ils le tiennent pour vn Dieu, ny qu'ils l'innoquent en leurs prieres; mais ils pensent qu'apres le Souuerain Estre, l'on peut ainsi reuerer les grands personnages qu'ils croyent Saincts, & dont ils font vne espece de demy-Dieus. Entre plusieurs circonstances de la vie de ce Philosophe, il y en a deus

SECONDE PARTIE.

ou trois qui me font dire, qu'on le peut fort bien nommer le Socrate de la Chine. La premiere regarde le temps auquel il a paru dans le monde, qui ne se trouuera gueres different de celuy du vray Socrate des Grecs. Car si la naissance de Confutius n'a precedé celle de nostre Seigneur que de cinq cens cinquante & vn an, selon la supputation du Pere Trigaut, Confutius ayant vescu comme il a fait plus de soixante & dix ans, il y aura peu à dire que le temps de sa mort n'arriue à celuy de la generation de Socrate. D'où il s'ensuit qu'vn mesme siecle fit voir à la Chine & à la Grece les deus plus vertueus hommes de toute la Gentilité. Ils ont encore cela de commun entr'eus, que l'vn & l'autre mespriserent les sciences moins vtiles, pour cultiuer tres-soigneusement celle des mœurs qui nous touche de plus pres. De sorte qu'on peut dire que Confutius fit descendre aussi bien que Socrate la philosophie du Ciel en terre, par l'authorité qu'ils donnerent tous deus à la Morale, que les curiositez de la Physique, de l'Astronomie, & de semblables speculations auoient presque fait mespriser auparauant.

En effet tous les Arts liberaus & toutes les sciences ont eu cours à la Chine aussi bien que parmy nous. La seule liste des liures qu'en apporta aus Philippines le Pere Herrade Augustin & ses compagnons le fait bien voir, n'y ayant presque science dont il ne se trouuast quelque traitté separé, *Gonz. de Mendoce 1. part. l. 3. c. 17.*

dans ce peu de volumes qu'ils auoient peu trouuer. Il se voit d'excellens Geometres, Arithmeticiens, & Astrologues Chinois. La medecine est exercée parmy eus auec grande methode & beaucoup d'experience. Et les opinions qu'ont quelques-vns dans la Physique, conformes à celles de Democrite & de Pythagore touchant la pluralité des Mondes, monstrent assez combien ceus de ceste Nation se plaisent à l'estude des choses naturelles. Mais depuis que Confutius leur eut fait voir l'importance de l'Ethique, & que reduisant en quatre volumes toutes les belles sentences des Philosophes qui l'auoient precedé, il en eut composé vn cinquiesme de ses propres pensées, il releua tellement la science des mœurs par dessus toutes les autres, qu'on escrit que depuis luy il ne s'est plus fait de Bacheliers ny de Docteurs à la Chine qu'en les examinant sur la Morale. C'est vne chose certaine que des trois Sectes de Philosophie qu'on y permet, celle de Confutius, qu'on nomme des Lettrés, a tellement l'auantage sur les deus autres, que tous les grands du Royaume en font profession. Ie trouue aussi fort remarquable, que ceste extraordinaire reputation de sçauoir, & de prudence, qu'ont acquise les disciples de ce Philosophe, ait eu le pouuoir de faire que par les loix de l'Estat eus seuls soient appellez à son gouuernement, & qu'il n'y ait que les Mandarins, Loytias, ou Lettrés formez dans son Eschole, qui

SECONDE PARTIE

qui cómandent abfolumét fous l'authorité Royale. Car toutes les autres profeſſions ſont tellement inferieures à celle-là, qu'en ce qui eſt meſmes de la conduitte des armées, il n'y a que les Philoſophes de ceſte Secte qui donnent les ordres, & toute la Milice tient à honneur d'executer leurs diſpoſitions. Certes ce n'eſt pas vne petite gloire à Confutius, d'auoir mis le Sceptre entre les mains de la philoſophie, & d'auoir fait que la force obeïſſe paiſiblement à la raiſon. Quel plus grand heur a-t'on iamais ſouhaitté, que de voir les Rois philoſopher, ou bien les Philoſophes regner? Ce rare eſprit a ſceu conioindre ces deus felicitez dans la Chine, où ſa vertu merite que le Souuerain meſme ne commande rien qui ne s'accorde auec ſes preceptes; & où tous les Magiſtrats auſſi bien que tous les Officiers de la Couronne eſtant neceſſairement du nombre de ſes diſciples, on peut dire qu'il n'y a que les Philoſophes qui gouuernent vn ſi grand Empire.

Il ne faut pas obmettre ce que leurs hiſtoires rapportent là-deſſus à l'honneur de la Philoſophie, car ie trouue qu'elles recommandent par là merueilleuſement la doctrine Morale de Confutius, qui reigloit les deuoirs politiques, de meſme que ceus des familles, & des particuliers. Les hiſtoires de la Chine portent donc, qu'autant de fois qu'il a eſté queſtion de témoigner dans toute ſorte de perils ſon affection pour la Patrie, & ſa fidelité

Trigalt. l. 1. c. 6.

enuers le Prince, les Philosophes, dont nous parlons, ont tousiours fait paroistre plus de generosité, en s'exposant franchement aus hazards & mesprisant la mort mesme, que ceus de la profession Militaire, à qui le maniement ordinaire des armes semble deuoir releuer de beaucoup le courage. Or on ne peut pas douter que de si nobles resolutions n'ayent pour fondement les maximes politiques & les belles moralitez de Confutius, qui leur enseignent à estre magnanimes, & à perdre librement la vie, lors que le seruice de leur Roy ou de leur pays le veut ainsi.

Quoy qu'il en soit, ce pouuoir si absolu que Confutius a donné aus hommes de lettres dans la Chine, semble d'autant plus admirable, que le Iapon, qui en est fort proche, se gouuerne tout autrement, les armes y tenants tellement le dessus, qu'on n'y fait presque nul estat des sciences. Ce n'est pas que la doctrine de ce grand personnage ne se soit espanduë en beaucoup d'autres lieus que la Chine, & notamment par tous les pays voisins. Mais comme la condition des choses de ce monde ne souffre pas qu'elles soient vniformes, l'humeur feroce & toute guerriere des Iaponois, leur a fait preferer les exercices militaires aus mestiers de la paix, vsant plus de la force dans toutes leurs affaires, que du discours ny de la raison. Le Pere Christophle Borry qui veut que l'Estat de la Cochinchine soit temperé de ces deus sortes de gou-

[marginal note:] estat de la Cochinchine, 1. part. 6.

uernement, & qu'il se serue d'vne voye moyenne entre ce qui se prattique au Iapon & à la Chine, asseure qu'Aristote n'a nulle authorité plus grande dans l'Europe, qu'est celle de Confutius parmy les Cochinchinois. Et il reconnoist que ses liures ne sont pas remplis de moindre erudition que ceus de nos meilleurs Autheurs, ny de moralitez qui doiuent ceder à celles de Seneque, de Caton & de Ciceron.

A la verité il nomme ailleurs vn certain Xaca, luy donnant la qualité de grand Philosophe, & de Metaphysicien si excellent, qu'à son dire il n'a point eu de superieur en ce qui touche la premiere & la plus haute philosophie. Son pays estoit le Royaume de Siam, mais sa doctrine fut telle, qu'elle s'espandit & fut admirée par tout l'Orient aussi-tost qu'il l'eut publiée, ce qui luy arriua comme à Confutius quelque temps deuant celuy d'Aristote. Cependant tout ce que le Pere Borry nous rapporte de ceste sublime philosophie de Xaca, c'est qu'il consideroit toutes les choses du monde comme venuës de rien, qui n'estoient rien en effet, & qui retournoient toutes à ce general principe de rien. Dans la Morale mesme il ne mettoit pas le Souuerain-bien de l'homme en quelque chose de positif, ny de reel, mais seulement dans vne nuë negation du mal, ou dans vne pure priuation de toute incommodité. Et ceste pensée le porta si loin, qu'il sembloit ne reconnoistre point de cau-

2.part.c.5

se premiere efficiente, parce qu'au lieu d'elle, il posoit seulement vn neant eternel, immense, immuable, & tout puissant, ce qui semble merueilleusement chimerique. Cela fut cause que plusieurs se scandaliserent de sa doctrine, & que les Chinois entr'autres l'eussent absolument deffenduë comme tres-pernicieuse, s'il n'eust declaré par vn liure fait exprez, qu'il croyoit vn principe reel de toutes choses, & vn Createur du Ciel & de la terre, qui recompensoit les bons de sa gloire, & punissoit les meschans des peines de l'Enfer. Auec cette espece de manifeste il mit sa science à couuert, & se déchargea de l'impieté dont on le vouloit accuser. Et certes la pluspart des Relations tant de la Cochinchine, d'où il enuoyoit ses compositions au dehors, que de la Chine, portent que ces peuples Orientaus reconnoissent tous vn Souuerain Estre, & qu'ils sont mesme fort exempts d'idolatrie. Car encore qu'ils ayent beaucoup de Pagodes, & qu'on pourroit prendre le respect dont ils vsent enuers vne infinité de statuës, pour vne maniere d'adoration: Si est-ce que personne d'entr'eus n'attribuë aucune Diuinité à ces Idoles, qui ne sont honorées qu'à cause qu'elles representent des hommes vertueus, & d'vn merite extraordinaire. C'est pourquoy le Pere Borry adiouste que ces pauures Payens luy dirent qu'ils ne faisoient en cela, que ce que nous prattiquons à l'égard de nos Saincts Apostres, Martyrs & Con-

fesseurs. Et il remarque qu'ils tiennent exprez vne niche profonde & obscure, mais toute vuide, sur le principal Autel de leurs Temples, pour témoigner que le seul Dieu du Ciel qu'ils y adorent est d'vne essence inuisible, & d'vne nature incomprehensible, ne pouuant estre representé par aucune image ny figure; ce qui semble monstrer que s'ils ont des Idoles, ils ne doiuent pas estre pourtant reputez idolatres. Les Lettrés de la Chine, ou ceus qui suiuent la Secte de Confutius, sont encore plus éloignez de ce crime. Car le Pere Trigault dit precisement qu'ils n'ont aucune Idole, & qu'ils ne deferent les honneurs Diuins qu'à vn seul Dieu, dont ils reuerent la Prouidence en tout ce qui se passe icy bas; bien qu'ils vsent de quelque sorte de culte enuers de certains Esprits inferieurs, que leur imagination leur represente tels que des Anges ou des Intelligences.

l. 1. c. 10

Nous pouuons remarquer par tout ce que ie viens de rapporter, qu'encore qu'il y ait asseurément beaucoup de choses à retrancher & à circoncire dans ces philosophies Orientales, soit de Xaca, de Confutius, ou de quelqu'autre aussi sçauant & aussi vertueux qu'on nous descrit ces deus-là; elles ont neantmoins de tres-bonnes maximes, & la pluspart de leurs preceptes, comme parle le mesme Pere, tres-conformes à la lumiere naturelle, & aus veritez du Christianisme. Il passe iusques à dire que tant s'en faut que l'Academie de

Confutius ait ses principes contraires à nostre Religion, qu'ils semblent n'estre faits que pour la fauoriser & luy donner de l'ayde. Condemnons donc ceste Indolence, ou ceste exemption de toute douleur, dont Xaca faisoit nostre parfaitte beatitude; & reconnoissons encore que ses termes touchant la Diuinité ne peuuent estre reçeus. Auoüons que les disciples de Confutius ont eu sans doute des opinions erronées sur beaucoup de suiets ; qu'ils ont enseigné aussi bien que Pythagore vne ridicule metempsycose ; & qu'ils se sont lourdement abusez auec les Stoiciens, quand ils ont creu qu'il n'y auoit que l'ame des hommes de vertu qui fust immortelle. Mais reconnoissons en suitte que les vns & les autres n'ont pas laissé d'auoir de fort bonnes pensées d'ailleurs ; qu'ils ont instruit & porté au bien de tres-grandes Prouinces qui leur en rendent des honneurs immortels ; & que leur doctrine aussi ennemie de l'Idolatrie, qu'elle est remplie de belles moralitez, ne merite peut-estre pas moins qu'on l'estime, que celle des Grecs & des Romains dont on a tant parlé, encore que la premiere nous soit beaucoup moins connuë, à cause de la grande distance qui nous separe des extremitez de l'Asie. Ie dis tout cecy à l'égard particulierement de Confutius, de qui la vie pleine de saincteté, pour vser des propres mots du Pere Trigaut, nous est si fort recommandée par tous ceus qui en ont escrit. Ils asseurent qu'elle a rendu son nom venerable aus

l. 1. c. 5.

SECONDE PARTIE. 239

Rois mefmes iufques à vn tel poinct, qu'ils feroient confcience de contredire la moindre de fes fentences; & que ceus qui portent encore auiourd'huy ce mefme nom de Confutius parce qu'ils font de fa race, iouïffent d'vne infinité de priuileges, & de refpects, que tout le monde leur defere. Nous ferions donc, à mon auis, bien iniuftes & bien temeraires tout enfemble, fi nous n'honorions pas fa memoire auec celle des plus grands Philofophes que nous auons defia nommez; & fi nous defefperions de fon falut, ne l'ayant pas fait de celuy de Socrate, ny de Pythagore, qui vray-femblablement n'eftoient pas plus vertueus que luy. Car puis qu'il n'a pas moins reconnu qu'eus l'vnité d'vne premiere caufe, toute puiffante, & toute-bonne, il ne fe peut faire qu'il ne luy ait auffi confacré toutes fes affections. Et pour ce qui touche la charité enuers le prochain, qui fait le fecond membre de la Loy, les memoires du P. Ricius nous affeurent qu'il n'y a rien de plus exprez dans toute la Morale Chinoife, qui vient de ce Philofophe, que le precepte de ne faire iamais à autruy ce que nous ne voudrions pas qui nous fuft fait. C'eft ce qui m'oblige à penfer, fans rien determiner pourtant, que Dieu peut auoir vfé de mifericorde en fon endroit, luy conferant cefte grace fpeciale, qu'il ne refufe iamais à ceus qui contribuent par fon moyen tout ce qui eft de leur poffible pour l'obtenir.

DE SENEQVE.

Nous n'auons parlé iusques icy d'aucun Philosophe qui ne soit plus ancien que le Christianisme. Et parce que i'ay fait voir dans la premiere partie de ce liure qu'on n'estoit pas obligé de suiure absolument l'opinion de sainct Thomas, en ce qu'il a creu que dans la Loy de Grace, & depuis la venuë du Messie, la Foy implicite ne pouuoit plus sauuer personne; ie iuge à propos de donner vne section particuliere à Seneque. Il ne cede peut-estre en merite à pas vn de ceus que nous venons de considerer, & on ne sçauroit nier qu'il n'ait peu prendre connoissance de l'Euangile, puis qu'ayant passé la plus grande partie de son aage dans Rome, sa mort sous Neron ne preceda le Martyre de sainct Pierre & de sainct Paul que de deus ans seulement. Voyons donc en quels termes nous pouuons parler d'vn homme de si grand nom, & ce que nous deuons croire d'vne vertu qui a paru auec tant d'éclat dans le monde.

Pour commencer par sa façon de philosopher, elle est d'autant plus considerable, que sans auoir esté fondateur d'aucune Secte nouuelle, il ne s'est attaché à pas vne des anciennes si precisément, qu'on puisse dire de laquelle il estoit. A la verité les Stoiciens se le sont voulu attribuer, & il parle
souuent

souuent comme s'il estoit de leur party. Mais il s'éloigne aussi par fois si fort des principes de Zenon, & il embrasse tantost les opinions d'Epicure, tantost celles de Diogene, ou de quelqu'autre, auec tant d'affection, qu'il semble auoir abandóné la doctrine du Portique. C'est si ie ne me trompe, ce qui a donné lieu aus inuectiues qu'on voit dans Aulu Gelle contre luy; & à ce que Quintilien mes- *l. 12. c. 2.* me ose dire qu'il auoit philosophé trop negligemm- *l. 10. c. 1.* ment, parce que ne suiuant pas tousiours vn mesme systeme, on a creu qu'il n'estoit pas assez exact en sa doctrine. Il y a neantmoins beaucoup d'iniustice en ce iugement ; & ie ne veus qu'vn seul passage de son liure de la vie heureuse, pour monstrer que ç'a plustost esté à dessein, & auec vne meure deliberation, que par mesgarde, qu'il a par fois quitté le sentiment des Stoiciens pour en prendre quelque autre qu'il trouuoit meilleur. En effet il proteste au trentiesme chapitre de ce liure, que s'il est pour lors de leur auis, ce n'est pas qu'il se soit imposé vne si rude loy, de n'auancer iamais rien qui fust contraire aus maximes de Zenon, ou de Chrysippe, mais seulement parce que la raison l'oblige au suiet qui se presentoit d'acquiescer à leur opinion. Et il adiouste au mesme lieu ceste belle sentence, que si quelqu'vn s'attache tellement aus sentimens d'vn autre, qu'il ne s'en departe iamais, il fait plus en cela l'action d'vn homme factieus, que d'vne personne raisonnable. Ie

me souuiens sur ce propos de ce que Diogenes Laërtius rapporte d'vne Secte, qu'il dit n'auoir commencé que fort peu de temps deuant le sien. Elle reconnoissoit pour son chef vn Patamon d'Alexandrie, de qui Suidas a fait aussi quelque mention. Et elle receut le nom d'Ecclectique, ou d'Electiue, parce qu'elle faisoit vn chois & vne election de ce qui luy plaisoit le plus dans toutes les autres Sectes, dont elle construisoit le corps de sa philosophie, comme les Abeilles composent leur miel de ce qu'elles prennent sur vne infinité de fleurs differentes. Il ne faut point douter que Seneque n'eust la mesme pensée que Patamon pour ce qui touche la liberté de philosopher. Et c'est sans doute qu'il croyoit qu'en ne disant rien d'incompatible, & dont chaque partie ne s'accordast par vn iuste rapport auec son tout, il ne pouuoit estre blasmé au chois ny au ramas qu'il faisoit des bonnes pensées de ceus qui auoient philosophé deuant luy, sans s'engager seruilement à toutes leurs fantaisies.

Considerons vn peu le reste de ce que les Payens mesmes ont imputé à cet illustre personnage, & puis nous en iugerons le plus equitablement & le plus Chrestiennement qu'il nous sera possible. L'Autheur des plus grandes calomnies dont on a voulu noircir sa memoire est sans difficulté Dion Cassius, ou pour mieus dire son abbreuiateur Xiphilin. Car plusieurs ne peuuent croire que Dion ayant si hautement loüé la sagesse de Seneque dans

son cinquante-neufiefme liure, il ait peu fe contredire ailleurs de telle forte, en le diffamant comme il fait felon le texte de Xiphilin. Lipfe ayme-mieux fe perfuader qu'vn tel Faifeur d'epitomes aura pris les accufations de Suillius, ou de quelqu'autre auffi mefchant que luy, pour les vrais fentimens de Dion. Quoy qu'il en foit, fi ce qu'on lit de Seneque dans leur hiftoire eftoit veritable, ie le tiendrois pour l'vn des plus abominables hommes de fon fiecle. Il eft accufé d'adultere auec Iulie fille de Germanicus, & d'auoir abufé de mefme d'Agrippine mere de Neron. De n'auoir pas laiffé pour cela de porter ce Prince à faire mourir celle de qui il tenoit la vie & l'Empire. D'auoir efté addonné à d'autres amours que la Nature condamne, & dont il fit de honteufes leçons à fon difciple. D'eftre monté auec Burrhus iufques fur le theatre, où ils luy applaudiffoient tous deus. D'auoir flatté Meffaline & les Libertins de Claudius fi lafchement, qu'il enuoya du lieu de fon exil à Rome vn liure rempli de leurs loüanges, dont il fut contraint depuis de fe retracter. D'auoir efté du nombre des coniurateurs contre Neron, qui fut obligé de le faire mourir comme conuaincu de s'eftre voulu emparer de l'Empire. D'auoir témoigné vne baffeffe d'efprit merueilleufe aus derniers momens de fa vie, par beaucoup de mauuais propos, & par le traittement qu'il fit à fa Pauline, luy couppant luy-mefme les veines, & la portant par ialou-

Xiphil. l. 60. & 62 Excerpta Conft. ex Dione.

sie, ou autrement, à se donner vne mort volontaire. D'auoir amassé de si prodigieuses richesses qu'elles montoient à sept millions & cinq cens mille escus. De s'estre si fort pleu au luxe, qu'il auoit cinq cens de ces tables faites d'vne espece de Citronnier Africain, enchassées sur de l'yuoire, & que la rareté iointe au prix excessif rendoit inestimables. En fin on le taxe d'auoir esté cause par son extreme auarice de ceste grande deffaite des Romains arriuée de son temps dans la grande Bretagne, sur ce qu'il voulut retirer tout à coup & auec violence vn million d'or qu'il y faisoit valoir à grosses vsures, ce qui mit au desespoir les peuples de ceste Isle, & les ietta dans la reuolte. Voila certes d'estranges reproches, & qui feroient detester, se trouuant veritables, ceus mesmes qui ne sont vicieus que par vn brutal aueuglement, à plus forte raison vn homme qui témoigne par ses escrits tant de zele pour la Vertu.

Ce n'est pas mon dessein de dresser icy vne entiere Apologie pour luy, ny de refuter les vns apres les autres tous les crimes que nous venons de rapporter, comme font ceus qui l'entreprennét expressément. Il me suffit de remarquer que Tacite, Suetone, & autant qu'il y a de bons Historiens, l'ont assez déchargé de ces calomnies, n'ayant iamais parlé de luy que très-honorablement. On peut dire d'ailleurs que l'infamie de Messaline rend le bannissement de Seneque glorieus pour luy; &

l'on sçait que la ialousie qu'elle portoit à Iulie à cause de sa beauté, fut le seul fondement de son pretendu adultere. Quant au reste de ce dont on charge sa reputation, tout y paroist encore plus ridicule, & iamais personne n'y a rien trouué de vray-semblable, si l'enuie ne luy a persuadé ce qu'elle fit autresfois inuenter aus ennemis de ce grand homme. En effet ie puis dire auec verité n'auoir iamais oüy mal-parler de luy, qu'à ceus qui estoient bien auant dans le vice; comme au contraire ie n'ay gueres veu d'hommes de vertu, qui n'aymassent Seneque tres-ardemment. Et comment se pourroit-il faire que celuy dont on ne sçauroit lire les escrits sans estre touché d'vne secrette passion pour ceste fille du ciel, eust esté quant à luy son plus capital aduersaire? Sans doute qu'il faut n'auoir aucune connoissance de ses œuures pour prendre vne telle opinion, & pour moy i'auoüe qu'on me feroit croire plustost toute autre chose que la mauuaise vie de Seneque. Mais dautant que la mesdisance l'attaque principalement du costé du luxe, & de ce desir immoderé qu'on veut qu'il ait eu de posseder d'extremes richesses, examinons vn peu plus particulierement ce poinct, qui seruira de iustification contre la plufpart des iniures faites à sa memoire.

On ne sçauroit nier que Seneque n'ait possedé de tres-grands biens, puisque luy-mesme en tombe d'accord dans la harangue que luy fait pronon-

cer Tacite, pour prendre congé de son Prince, & luy remettre entre les mains ce qu'il tenoit de sa liberalité. L'importance est de sçauoir s'il a offencé sa profession en les acceptant, s'il en a vsé contre les reigles qu'il prescriuoit aus autres, & s'il se peut dire que son esprit ait esté touché de ceste infame passion d'auarice, que Diogene nommoit la Metropolitaine de tous les vices. Pour ce qui est de l'acceptation & de la possession, il faut faire le procez à Platon, au Precepteur d'Alexandre, à Caton, & à vne infinité d'autres de semblable merite, si l'on pretend de la rendre criminelle en la personne de Seneque. Aussi ne peut-on pas soustenir qu'il ait iamais contreuenu aus preceptes qu'il a donnez pour ce regard. Qu'on examine toutes ses sentences sur ce qui touche la iouyssance & la dispensation des richesses, on n'y trouuera rien dont on se puisse seruir à son preiudice. Il proteste par tout qu'encore qu'il ne les mette pas au rang des choses absolument bonnes, parce que les meschans mesmes s'en preualent, il les tient neantmoins pour tres vtiles à la vie d'vn homme sage, comme celles dont il peut retirer de grandes commoditez. Car n'est-ce pas vn auantage considerable, d'auoir le moyen d'exercer des actions de liberalité, d'humanité, & de magnificence, dont il est presque impossible de venir à bout, sans l'entremise des richesses? Certes il y a de la foiblesse d'esprit à ne les pouuoir souffrir, *Infirmi animi est pati*

l. de vita beata passim.

Ep. 5.

SECONDE PARTIE.

non poſſe diuitias. Ce n'eſt pas à dire pourtant que ce meſme Sage s'eſtime mal-heureus s'il ne les poſſede pas. Mais comme il ayme mieus eſtre de belle taille, qu'autrement, iouyr de la ſanté, que de ſe voir valetudinaire, & faire voile par vn bon vent, que d'eſtre agité de la tempeſte; il ſouhaitte de meſme les richeſſes, encore qu'il ſouffre patiemment la pauureté lors qu'elle ſe preſente. Bref tant s'en faut que la philoſophie de Seneque ſoit contraire à leur poſſeſſion, qu'il ne croit pas que la Fortune peuſt iamais mieus placer ce qu'on nomme proprement ſes biens, que dans le ſein du Sage, quand elle ſeroit auſſi clair-voyante que nous l'eſtimons aueugle. La raiſon eſt qu'elle ſe peut aſſeurer de les retirer de là autant de fois que bon luy ſemblera, ſans eſtre importunée des plaintes que luy font les autres hommes. Et certes la difference eſt grande d'eus à luy. Ils ſont eſclaues des richeſſes, dont luy ſeul ſçait ſe rendre le maiſtre. Les fous ſont poſſedez par elles, pluſtoſt qu'ils ne les poſſedent; le Sage les enuiſage d'vn œil auſſi tranquille quand elles le quittent, que quand elles le ſont venuës trouuer. Si l'on pretend que Seneque n'ait pas mis en prattique tous ces beaus axiomes, & que comme homme il ſe ſoit laiſſé tranſporter aus opinions du vulgaire, c'eſt ce qu'il faut prouuer par de bonnes authoritez, & ne ſe pas contenter d'vne calomnie toute pure, & ſans aueu, comme eſt celle de Xiphilin. Quand ie lis dans toutes les

œuures de ce Philosophe tant de belles pésées en faueur de la pauureté, & que ie considere particulierement l'Epistre, où il recite vne partie de ce que son maistre Attalus luy auoit imprimé dans l'esprit sur ce suiet, ie ne sçaurois m'imaginer auec quel front le plus impudent des hommes auroit osé parler de la sorte, s'il auoit mené vne vie tellement repugnante à ses escrits qu'on veut estre celle de Seneque. Il auouë à son amy Lucilius qu'à la verité les mœurs de la ville de Rome luy ont fait perdre beaucoup de bonnes resolutions qu'il auoit prises sous vn si digne Precepteur. Et neantmoins, adiouste-t'il, ie me suis abstenu depuis le temps de son instruction d'assez de choses qui sont dans l'vsage ordinaire, parce qu'il m'en auoit fait comprendre l'abus. Ie renonçay deslors pour toute ma vie aus huistres, & aus champignons, comme à des viandes qu'on ne sert iamais pour la nourriture, mais seulement pour prouoquer l'appetit de ceus qui ont desia mangé suffisamment. Ie ne sçay plus que c'est de me frotter le corps d'vnguens parfumez, ne voulant pas faire ce tort à la Nature d'alterer l'odeur qu'elle m'a donnée par vne artificielle. Mon estomac ne s'est pas ressenti dépuis de la chaleur du vin, que ie tiens preiudiciable à la santé, outre qu'il a d'autres dangereuses consequences. Et pour ce qui est des estuues, ie les ay tout à fait abandonnées, à cause que sans ce qu'elles consomment le corps par des euacuations inutiles, ie

trouue

Ep. 108.

trouue encore qu'elles ont trop de delicatesse pour vn homme de ma sorte. Mais i'esprouue que la moderation dont i'vse en quantité d'autres choses me donne plus de peine que ne feroit vne abstinence entiere. Mon pere me contraignit de me remettre à manger de la chair, dont ie m'estois passé durant quelques années à la persuasion d'vn de mes Maistres nommé Socion, qui m'auoit rendu merueilleusement passionné pour la philosophie Pythagorique. Il arriua que sous Tibere l'on fit vne recherche si exacte de ceus qui seruoient Dieu autrement que le commun, qu'on prenoit pour vne superstition condemnable de s'abstenir de certaines viandes. Ce fut le pretexte qu'eut mon pere pour me reietter dans mon ancienne nourriture, quoy qu'en effet la seule haine qu'il portoit à ceste philosophie luy fit desirer cela. Ie ne vous feray plus qu'vne remarque touchant ce que i'ay retenu de ma premiere institution. Attalus prisoit souuent deuant nous le dormir qui se prenoit sur vn matelas dur, & où le corps trouuoit de la resistance. Tout vieil que ie suis ie ne me repose point autrement, de sorte que quand ie me leue le matin, la place de mon assiete n'est pas reconnoissable dans mon lit. Voila vn petit extrait de la lettre de Seneque, capable, si ie ne me trompe, de faire perdre les mauuaises impressions, qu'auroient peu prendre de luy les plus credules. Qu'ils en lisent vne autre si bon leur semble, où il parle encore *Ep. 87*

de ce matelas, & de deus manteaus, dont l'vn se mettoit dessous, & l'autre luy seruoit de couuerture quand il estoit à la campagne. Ils y verront descrit vn equipage des champs, qui ne s'accorde gueres bien auec le luxe dont on l'accuse. Et la frugalité de ses repas, qu'il represente là, & ailleurs, leur fera bien-tost passer pour ridicule le conte des cinq cens tables precieuses qu'on luy attribuë. Seroit-il bien possible qu'au mesme temps qu'il declamoit si fortement & en de si beaus termes dans le septiesme liure de ses Bien-faits contre le prix excessif & la vaine curiosité de ces tables, il en possedast luy-mesme vn si grand nombre ? Et semble-t'il croyable que Pline qui a fait la mesme inuectiue, qui a remarqué apres luy que les vices du bois, & la multitude des nœuds qu'on y voyoit, en augmentoit la valeur, & qui nomme outre la table de Ciceron, l'vne des plus anciennes de toutes, la pluspart des autres de ceste matiere qui estoient dans Rome, se fust teu des cinq cens de Seneque, & qu'il ne luy eust point reproché vn luxe dont on lisoit la condemnation dans ses propres escrits ? En verité ie ne voy rien de plus impertinent que ceste calomnie.

Il ne seroit pas plus difficile de refuter toutes les autres, si elles meritoient qu'on s'y arrestast. Mais n'est-ce pas vne vraye moquerie de l'accuser auec Burrhus d'auoir applaudi aus vices de Neron, qu'on sçait qu'ils reprimerent tres-vertueusement, au-

Ep. 84.

Cap. 9.

l. 13. c. 15. & 16.

SECONDE PARTIE

tant de temps que ce mal-heureus Tyran se laissa gouuerner par eus. Tacite le fait voir ainsi en plusieurs lieus, & fort expressément au treziesme liure de ses Annales, où il adiouste que la plus grande peine qu'eurent ces deus grands hommes, fut de resister aus violences & aus entreprises d'Agrippine ; ce qui iustifie assez Seneque des priuautez scandaleuses qu'on veut qu'il ait euës auec elle. Le dessein de ce Philosophe sur l'Empire est vne pure Chymere, fondée apparemment sur ce que dit Tacite dans vn autre endroit, qu'il courut vn *l. 15. annal* bruit incertain, apres que la coniuration Pisonienne fut découuerte, qu'vne partie des Coniurateurs auoient dessein de se defaire de Pison mesme, en suitte de Neron, & d'éleuer Seneque au Thrône Imperial, où son merite & l'éclat de ses vertus sembloient l'appeller. S'il est permis de prendre de la sorte tous les faux-bruits qui courent en de semblables rencontres pour autant de veritez, & notamment contre l'intention de l'historien qui les rapporte, il n'y a point d'innocence dans le monde qui se puisse garentir de pareilles atteintes.

Ce qui me fait parler si fort à la décharge de Seneque, & penser si auantageusement de luy, c'est qu'outre les preuues de sa vertu que nous tirons tant de ses œuures que de celles des premiers hommes du Paganisme, nous en auons des plus signalez en saincteté & en doctrine parmy nous, qui

ne font pas difficulté de le mettre au rang des Chrestiens. En effet sainct Ierosme le couche entre les Escriuains Ecclesiastiques ; & quand il a dit, aussi bien que Tertullien, *Nostre Seneque*, plusieurs ont creu que c'estoit l'associer au nombre des Fideles. Pour moy i'eusse pris cela simplement pour vn terme d'estime & d'affection, qui fait que nous appellons ordinairement nostre Autheur, celuy que nous prisons le plus. Ou bien ie dirois que ces Peres auroient voulu parler de Seneque au mesme sens, qui fait asseurer à Iustin le Martyr que Socrate & Heraclite ont esté Chrestiens. Mais deus choses m'empeschent de les interpreter de ceste derniere façon. La premiere, que Seneque est d'vn temps où l'on peut douter que la Foy implicite eust le mesme priuilege qu'elle auoit auparauant la venuë de nostre Seigneur. La seconde, que sainct Ierosme s'explique luy mesme autrement, quand il auouë qu'il n'enregistreroit pas ce Philosophe au catalogue des saincts, si les lettres qu'on voyoit de S. Paul à luy, auec leurs responses, ne l'obligeoient à le faire.

L'authorité du Pape Linus, de sainct Ierosme, & de sainct Augustin, suiuie par Sixtus Senensis, & assez d'autres qui ont creu ces lettres veritables, est sans doute de tres-grande consideration. Et neantmoins tous les hommes de sçauoir du dernier siecle les ont considerées comme apocryphes, ou supposées ; & le iugement de l'Eglise vniuerselle

SECONDE PARTIE. 253

semble auoir suffisamment reiglé & comme determiné ce que nous en deuons penser, quand elle a deffendu de mettre ces Epistres de sainct Paul dont nous parlons, au rang des autres qui sont canoniques. Pour le regard du témoignage de Linus, on le refute par ce qu'encore qu'il soit vray que ce Pape ait autresfois escrit le liure qu'on cite des Actes de sainct Pierre, si est-ce que celuy qu'on voit, & dont on se sert auiourd'huy, est apparemment faus au iugement de Bellarmin, & de Baronius, lequel y remarque mesme des taches de l'heresie des Manicheens. Quant à sainct Ierosme, qui a peu faire faillir sainct Augustin & les autres, ie n'oserois pas dire comme Erasme, que ce bon Pere n'ignorant pas la supposition des lettres de sainct Paul à Seneque, s'est voulu preualoir de la credulité des hommes simples, pour leur faire lire plus volontiers les œuures de Seneque, quand ils demeureroient persuadez qu'il estoit Chrestien. Ie ferois aussi quelque difficulté de le trancher aussi court que le Pere Posseuin a fait, quand il escrit que si sainct Ierosme, & sainct Augustin eussent eu le loisir de bien examiner ces lettres, ils eussent sans doute reconnu ce que la verité fille du temps a rendu si manifeste en nos iours. I'aimerois donc mieus en parler, s'il estoit possible, comme nous venons de faire du liure de Linus, & croire que bien qu'il y ait eu parauanture de veritables Epistres de sainct Paul à Seneque,

tom. 1. ad an. Ch 69 num. 6.

Ii iij

celles que nous auons ne laiſſent pas d'eſtre fauſſes, & pluſtoſt ridicules qu'autrement. Car il n'eſt pas poſſible de deffendre les fautes & les impertinences dont elles ſont conuaincuës par le Cardinal Baronius ; ny de reſpondre à tout ce que Louys Viues, Geſner, Bellarmin, Faber, Poſſeuin, Lipſe, Eraſme, & vne infinité d'autres ont eſcrit contre elles. Et certes quand ie lis dans Tacite les perſecutions qui ſe firent ſous Neron contre les Chreſtiens, i'ay bien de la peine à m'imaginer comment Seneque euſt peu eſtre dans vn commerce ſi familier de lettres auec ſainct Paul, ſans qu'il en fuſt venu quelque choſe à la connoiſſance de la Cour, & particulierement du Prince. Or chacun ſçait combien eſtoit grande la haine qu'il portoit à ſon Precepteur. Il l'attaqua par poiſon en corrompant la fidelité de Cleonicus l'vn de ſes Libertins. Et Tacite dit expreſſément qu'il n'y auoit ſorte d'inuentions dont il ne ſe ſeruiſt pour le perdre. Eſt-il vray-ſemblable, cela eſtant, qu'il n'euſt point employé le ſpecieus pretexte de la Religion, & du meſpris des Autels, à ſa ruïne ? Et que le pouuant faire perir par l'authorité du Senat, & iuſtement en apparence ſelon ſes loix, il euſt mieus aimé ſe charger de l'enuie de ſa mort, en l'accuſant fauſſement d'auoir eſte des complices de Piſon ? De verité cet argument me ſemble ſi fort, qu'il pourroit m'obliger luy ſeul à eſtre du dernier auis, & à ne croire pas qu'il y euſt vne ſi gran-

15 annal.

de habitude entre Seneque & sainct Paul. Ie ne sçay si ce n'est point d'ailleurs faire quelque tort à ce sacré Vase d'élection, de penser qu'il ait versé inutilement ses liqueurs celestes dans vne ame telle que celle de Seneque, qu'il l'ait entreprise sans la mieus persuader, & qu'il soit entré dans vne si estroitte conference auec elle, sans luy rien inspirer de ce zele qu'auoient les Neophytes de ce temps-là pour la Foy. Car c'est se plaire à se tromper soy-mesme, de croire que Seneque ait eu les moindres sentimens du Christianisme. Quiconque aura reconnu son Genie par ses escrits, sa liberté à parler des choses diuines, & sa franchise à raconter le plus particulier de ses mœurs, tiendra tousiours pour asseuré que n'ayant pas dit vn seul mot de nostre Seigneur, ne s'estant iamais estendu sur le plus petit poinct de nostre creance, & sa vie aussi bien que sa mort n'ayant rien eu que de Payen, il n'y a nulle apparence de le soupçonner d'auoir esté Chrestien. De quoy donc luy auront profité les lettres de l'Apostre, & ceste grande correspondance qui deuoit estre entr'eus si elles sont veritables ?

Mais quand nous arresterions cet article pour constant, que iamais Seneque n'a esté catechisé de si bonne main, comme toutes les apparences le persuadent, & qu'il n'a receu pas vne des graces surnaturelles que donne la Foy explicite, ce n'est pas à dire pourtant que sainct Ierosme & sainct

Augustin n'ayent eu raison de le loüer comme ils ont fait, & de dire qu'il a mené vne vie tres-exemplaire en continence, & en beaucoup d'autres vertus morales. De tous les Philosophes Latins c'est celuy sans difficulté qui a témoigné dans ses escrits le plus d'amour pour elles ; & il n'y en a point eu peut-estre entre les Grecs, qui les ayent enseignées si pathetiquement que luy. Il ne faut voir que la copie de ce bel examen de conscience, qu'il faisoit tous les soirs à l'imitation de Sextius, & qu'il represente dans son troisiesme liure de la Cholere, pour reconnoistre auec combien de soin il les prattiquoit. Aussi-tost, dit-il, qu'on a osté la lumiere de ma chambre, & que ma femme s'est teuë, comme celle qui est toute accoustumée à mes façons de viure, c'est alors que ie rentre en moy-mesme, & que faisant reflexion sur tout le cours de la iournée, i'examine par le menu ce que i'y ay peu dire ou faire de moins raisonnable. S'il m'est arriué de contester auec trop d'opiniastreté contre quelqu'vn ; si mes paroles excessiuement libres ont offencé celuy que ie deuois admonester plus doucement; ou si ma memoire me represente quelqu'autre faute, que mon infirmité m'a fait commettre ; ie m'en fais vne seuere reprimende, & mon erreur ne m'est remise par moy-mesme, qu'à la charge de n'y plus retourner. I'ay aussi accoustumé mon ame à s'interroger à peu pres en ces termes. Quelle bonne action as-tu faite auiourd'huy

c. 36.

SECONDE PARTIE.

d'huy? à quelle tentation as-tu resisté? de quel vice t'es-tu corrigée? en quoy t'es-tu renduë meilleure que tu n'estois? Bon Dieu que peut penser ny faire le meilleur Chrestien de plus agreable deuant vous! Et quel plus doux sommeil, plus libre, & plus tranquille, se peut-on imaginer, comme s'ecrie Seneque luy-mesme, que celuy qui se prend apres s'estre recueilly de la sorte, auoir rendu de tels comptes dans le tribunal interieur, & s'estre endormy sur de semblables meditations!

Outre l'vsage ordinaire de tant de vertus Morales, Seneque en a possedé d'intellectuelles, qui rendent les premieres beaucoup plus éclatantes. Iamais personne éclairée des seules lumieres de la Nature n'a parlé plus hautement, & i'ose dire plus orthodoxement que luy de la Diuinité, de l'immortalité de l'ame, & de beaucoup d'autres choses que considere la premiere philosophie. Si nous auions son liure de la Superstition, que l'iniure du temps nous a fait perdre, il est à croire par ce que nous en disent Lactance, & sainct Augustin, que nous y admirerions le courage d'vn Gentil à declamer contre l'idolatrie de son temps, & contre l'impieté qui tenoit lieu de deuotion. C'est ce qui oblige le dernier à faire vn chapitre expres dans sa Cité de Dieu, pour monstrer que Seneque a témoigné bien plus de hardiesse, & de grandeur d'esprit, en reprenant les erreurs de la Theologie nommée ciuile par ce sainct Pere, que Marc Varron n'auoit

l. 5. c. 10

fait en examinant celles de la Theologie fabuleuse. N'estoit ce pas estre courageux pour vn Payen, de prononcer aus hommes de son siecle qu'ils auoient vn culte insensé, & que la seule multitude des fous rendoit excusable ; voicy ses termes, *Vt nemo fuerit dubitaturus furere eos, si cum paucioribus furerent, nunc sanitatis patrocinium insanientium turba est.* A la verité il vouloit en suitte que son Sage ne laissast pas de faire comme les autres, plustost, disoit-il, pour témoigner l'obeïssance qu'il rendoit aus loix, que par esperance qu'il eust de plaire aus Dieus en imitant vn peuple ignorant, *quæ omnia sapiens seruabit tanquam legibus iussa, non tanquam Dijs grata*, ce qui est fort reprehensible dans la vraye Religion, & tel, que S. Augustin a eu raison de le condamner comme il a fait.

Certainement ce n'est pas le langage ny le procedé des Disciples de S. Paul, qui ne cherchoient que la gloire du Martyre en soustenant la verité de leur creance ; & qui eussent souffert toute sorte de supplices pour ne pas donner de l'encens à vne Idole. C'est pourquoy si l'on veut que Seneque ait eu la moindre connoissance de nos mysteres Euangeliques, comme ce n'est pas chose impossible ayāt esté reuelez de son temps à Rome, ie ne voy pas qu'il y ait lieu de rien esperer de son salut. Il y en a qui adioustent pour sa condemnation les circonstances de sa mort, tant parce qu'il s'ouurit huy-mesme les veines, qu'à cause qu'vn peu auant

SECONDE PARTIE.

que d'expirer il ietta de l'eau sur quelques-vns de ses seruiteurs, disant qu'il la versoit en forme de libation ou de sacrifice à Iupiter son Liberateur. Pour moy ie ne voudrois pas aggrauer ses fautes par aucune de ces deus considerations. Car ie ne voy pas qu'on luy puisse imputer le crime de s'estre deffait luy-mesme, puisque le commandement de l'Empereur, & la violence de ses satellites le contraignoient d'en vser de la sorte. Autrement il faudroit accuser Socrate, & tous ceus qui prenoient volontairement comme luy la couppe du poison qui leur estoit ordonné, de s'estre tuez eus-mesmes, ce qui n'a iamais esté dit. Et pour le regard de l'eau presentée à Iupiter le Liberateur, nous auons desia monstré que c'estoit plustost vn remerciement qu'il faisoit à Dieu d'estre deliuré des peines de ce monde, qu'vne espece d'idolatrie; comme quand le mesme Socrate dit qu'il se sentoit redeuable d'vn coq à Esculape, ce qu'ayant desia interpreté dans vne section precedente, ie n'en parleray pas icy dauantage. Il y auroit peut-estre plus à reprendre en la resolution que Seneque approuua de sa femme Pauline, qui voulut finir auec luy sans y estre contrainte par Neron. Mais puisque l'action n'eut pas son effet, & que ceste genereuse femme sur-vescut son mary de quelques années, il semble demeurer aucunement déchargé, & ie pense qu'il n'est pas besoin d'insister plus long-temps là-dessus. L'importance est

que Seneque ayant vescu depuis l'establissement de la Loy de Grace en lieu où il en pouuoit prendre connoissance, quand il auroit esté ennemy de toute Idolatrie, & que nous luy donnerions la Foy implicite qui pouuoit sauuer ces anciens Philosophes, nous sommes obligez de conclure sa damnation par les maximes que sainct Thomas a establies. Il est vray que puisque l'Eglise a souffert quelques exceptions sur cela, selon que les Histoires de Traian, & de Falconille, que nous auons desia recitées, nous le font voir. Et puisque sainct Augustin a bien osé souhaitter que Dieu eust vsé de misericorde enuers Epictete, qui estoit mort Payen dans vn siecle beaucoup plus Chrestien que celuy de Seneque. Nous pouuons aussi, ce me semble, faire vn mesme souhait en sa faueur, sans irriter le Ciel, ny offenser la conscience; & desirer que par des voyes qui nous sont inconnuës, la bonté Diuine luy ait conferé ses graces extraordinaires, encore que nous n'osions l'esperer. Car qui est-ce qui a iamais penetré iusques dans ces thresors profonds de la Sagesse Eternelle, comme s'écrie l'Apostre, & qui peut dire auoir participé aus conseils du Tout-puissant, qui tire le bien du mal, qui n'a point mis d'obstacles à sa clemence capables de l'arrester quand il luy plaist de l'estendre, & que nous auons desia reconnu pour le plus libre de tous les Agens. Or rien ne nous peut obliger à vser de ces vœus, que le rare sçauoir, &

En la sectiõ de Socrate.

altitudo iuitiarũ pietia & ientie Dei! &c. uis nouit ñsum Domini, aut is consi-

SECONDE PARTIE. 261

les vertus singulieres de Seneque, de qui ie con- *liarius*
tinuë à croire que nous deuons tousiours parler *eius?*
auec beaucoup d'estime & de respect, quelque *Ep. ad*
chose que la Prouidence ait ordonné du salut de *Rom. c. 11.*
son ame. Car ie me souuiens encore que Raphaël *Initio l.13.*
de Volterre n'a pas fait scrupule de le ranger auec *comm. vrb.*
Traian & Titus, au nombre des Payens Grecs &
Latins, dont il a creu que Dieu auoit eu plus de
soin que des autres pendant ceste vie, ne doutant
point qu'en l'autre il n'ait aussi vsé de misericorde en leur endroit. A la verité il est iuste de detester l'infidelité de Seneque & ses erreurs, par
tout où elles paroissent. Cela n'empesche pourtant que nous ne prisions tant de belles parties
qu'on remarque qui estoient en luy, & qui le doiuent rendre recommandable à tous les hommes.
Ie sçay bien que le Pere Posseuin a voulu trouuer *in appar.*
mauuais qu'on se seruist de son authorité dans des *sacro.*
ouurages de pieté, & que ses sentimens fussent
produits où il estoit question de la vraye deuotion. Mais c'est vne opinion particuliere, & sans
suitte aussi bien que sans fondement, veu que le
second Concile de Tours où se trouuerent tant
de sçauans Prelats, n'a pas fait difficulté de citer
Seneque dans le quinziesme Canon, & de rapporter l'vne de ses sentences pour confirmer ce que
l'Eglise determinoit. C'est pourquoy nous voyons
que le iugement de Posseuin n'empesche pas qu'encore tous les iours le nom de Seneque ne soit oüy

K k iij

dans nos chaires Catholiques, & que les plus zelés Predicateurs ne le citent souuent pour imprimer l'amour de la vertu dans l'esprit de leurs Auditeurs, & pour establir, mesme par la bouche d'vn Payen, la doctrine des bonnes mœurs. Si les escrits des Gentils eussent esté de si peu de consideration aus Peres de l'Eglise du temps de Iulien l'Apostat, qu'il ne leur eust pas esté permis de les alleguer, nous ne verrions pas tant de belles declamations que sainct Gregoire & les autres firent tous vnanimement contre l'Edict de cet Empereur. Il leur deffendoit la lecture d'Homere, d'Hesiode, d'Isocrate, & du reste des Autheurs classiques, n'estant pas raisonnable, à son dire, que les Chrestiens tirassent du profit des liures qu'ils condamnoient, ny qu'ils apprissent les belles pensées de ceus dont ils abominoient la Religion. Certes les plaintes que firent les Peres contre ceste Ordonnance, monstre assez qu'on ne doit pas condamner si legerement les œuures des Payens; & d'vn autre costé le nom odieus de celuy qui la fit, merite bien que nous nous portions à quelques reflexions, qui doiuent estre examinées dans vne nouuelle section.

lian. Ep.

SECONDE PARTIE. 263

DE IVLIEN L'APOSTAT.

IE choisis expressément celuy des Empereurs qu'auec raison les Chrestiens detestent le plus, & que d'ailleurs les Infideles ont dauantage estimé, afin de mieus reconnoistre dans ceste opposition des vices & des vertus qu'on luy attribuë diuersement, en quels termes nous pouuons parler de luy le plus à propos. Ce n'est pas sans suiet que Iulien a laissé vne si mauuaise memoire de luy dans tout le Christianisme, puis qu'apres en auoir fait profession, & donné de grandes esperances qu'il le fauoriseroit de tout son possible, il tomba dans ceste infame Apostasie qui deshonore son nom, & fut en effet le plus redoutable de tous les persecuteurs de la Foy. Car quoy qu'il y en ait eu de beaucoup plus violens en apparence, & bien qu'il fist profession long-temps de s'abstenir du sang des Martyrs, c'estoit auec vne si mauuaise intention, & il se seruoit de tant d'autres moyens pleins d'artifice pour ruiner l'Eglise, qu'on peut dire qu'elle n'a point eu de plus dangereus ennemy que luy. Il auoit remarqué combien les supplices qu'elle auoit soufferts, luy auoient serui, & particulierement que la derniere persecution de Diocletien l'auoit plustost affermie qu'esbranlée; *Sozom.l.5.* cela fut cause qu'il voulut tenir vne voye plus *c.4.& 5.*

douce, & qu'il taſcha de la perdre ſans effuſion de ſang. Il recõnut qu'elle n'auoit rien qui luy fuſt ſi cõtraire que le Schiſme, & les diuiſiõs; ce fut ce qui luy fit fauoriſer les Donatiſtes, & rappeller d'exil auec les Catholiques les principaus Hereſiarques, comme eſtoit Aëtius, afin qu'ils ſe defiſſent les vns les autres dans des factions où il les entretenoit exprez, outre qu'il prenoit plaiſir à condamner les actions de ſon predeceſſeur. Il conſidera que la pluſpart des Chreſtiens qu'il auoit à ſa ſolde eſtoient perſonnes ſimples, & pleines de promptitude à luy rendre l'obeyſſance qu'ils luy deuoient; le voila auſſi-toſt dans le deſſein de les ſurprendre, preſentant la paye d'vne main, & de l'autre l'encens qui les iettoit dans l'idolatrie. Ne fit-il pas tout ce qu'il peut pour oſter à tous les Fideles le nom glorieus de Chreſtiens, leur impoſant par meſpris celuy de Galileens, & ordonnant par Edict precis qu'ils ne fuſſent plus appellez autrement? C'eſtoit aſſez d'auoir remarqué la hayne des Iuifs contre ceus-cy, pour luy faire embraſſer la protection de la Synagogue, & la reſtauration du Temple de Ieruſalem. Mais ſon plus grand artifice fut d'interpreter malicieuſement les preceptes Euangeliques, autant de fois qu'il eut moyé d'offenſer par là ceus qui les reſpectoient. S'ils ſe plaignoient de quelque iniure qui leur eſtoit faite, il ſe moquoit d'eus & leur reprochoit l'inobſeruation de leur Loy, qui les obligeoit à la patience,

&

& à souffrir tant pour l'amour de Dieu. Ce fut sur le mesme pretexte qu'il leur deffendit d'exercer aucune magistrature, à cause, disoit-il, que la Religion dont ils faisoient profession, ne leur permettoit pas de condamner personne à la mort, d'où il inferoit vne incapacité absoluë de faire les fonctions de iudicature. Il voulut les priuer de mesmes de toutes celles de la Milice ; & quand il les despoüilloit de leurs biens, c'estoit à son dire pour les rendre plus capables d'acquerir le Royaume des Cieus où ils aspiroient, & dont la possession estoit promise dans leurs liures aus pauures de ce monde. On peut voir cette derniere raillerie dans l'vne de ses Epistres qu'il escrit au Rheteur Ecebolus ; & dans la precedente, l'Edict que nous auons desia remarqué qui fit tant crier les plus sçauans hommes de son temps, à cause de la deffense qu'il faisoit aus Chrestiens d'enseigner les lettres humaines, leur permettant simplement de lire S. Luc, & sainct Matthieu dans les Eglises. A la verité Baronius a eu raison de dire que par cet Edict l'entrée des Escholes n'estoit pas interditte aus Enfans des Fideles. Mais il y a grande apparence qu'elle le fut par quelqu'autre subsequent, veu l'authorité de ceus qui le témoignent si expressement. Car Socrate nous asseure dans son Histoire Ecclesiastique, que l'intention de Iulien fut de rendre par là les Chrestiens incapables de se démesler des subtilitez de la Dialectique dont les Gentils se ser-

Socrates l. 3. hist. c. 11.

Theodoretus l. 3. c. 7. Rufinus l. 1 c. 32.

Ep. 43.
Ep. 42.

l. 3. c. 10.

uoient. Theodoret veut qu'il enuiast aus Galileens la connoissance de la Poësie, de la Rhetorique, & de la Philosophie, parce qu'auec ces sciences ils combattoient le Paganisme de ses propres armes, comme l'Aigle de l'Apologue qu'on perçoit des plumes qu'il auoit luy-mesme fournies. Sozomene croit qu'il leur deffendit la lecture de toute sorte d'Autheurs Ethniques, aussi bien que d'entendre les Docteurs de viue voix qui n'estoient pas de leur creance. Rufin vse de ces termes, que par l'Ordonnance de cet Empereur les Colleges n'estoient plus ouuerts qu'à ceus qui auoient les Dieus & les Deesses en singuliere veneration. Et Nicephore confirme tout ce que disent les autres, adioustant que Iulien ne voyoit rien plus mal-volontiers, que les beaus ouurages des Chrestiens où ils se seruoient de la doctrine des Gentils; comme ils ont tousiours fait à l'imitation de sainct Paul, qui raporte librement dans son texte Sacré des passages d'Epimenides, d'Aratus, de Menandre, & d'Euripide, selon l'obseruation de S. Ierosme, de Socrate, & du mesme Nicephore.

Quoy qu'il en soit, c'est chose certaine qu'il ne laissa passer aucun moyen de nuire aus Fideles qu'il n'employast auec vne passion extreme; & son animosité côtre eus fut si estrange, qu'elle luy fit violer iusques au droict des Gens, en la personne des Ambassadeurs de Perse. Il les auoit priez d'assister à quelque Sacrifice solemnel qu'il faisoit dans Chal-

cedoine, & sur le refus qu'ils en firent comme Chrestiens qu'ils estoient, il les accusa d'impieté à l'endroit des Dieus de leur pays, où le Soleil, la Lune, & le Feu estoient publiquement adorez, ce qui luy seruit de pretexte pour les faire mourir. On tient aussi pour constant qu'il auoit arresté d'acheuer de perdre tout le Christianisme, au retour de son expedition contre les Perses. Sainct Gregoire & sainct Chrysostome nous en asseurent, & sainct Ierosme dit dans sa Chronique que ce miserable auoit fait vn vœu particulier d'immoler à ses fausses Diuinitez des Chrestiens apres sa victoire. Cependant il composa durant ce voyage les trois plus detestables Liures qui ayent iamais esté escrits au mespris du vieil & du nouueau Testament. Sainct Ierosme veut qu'il y en eust sept, mais la diuersité du nombre peut venir de leur diuision differente. Tant y a que Libanius, qui fit son Oraison funebre apres sa mort, les y prefera de beaucoup à ceus que Porphyre auoit escrits sur le mesme suiet, selon qu'on peut voir dans l'Histoire de Socrate. Ce seroit vn témoignage suffisant de l'abominable doctrine qu'ils contenoient, quand nous n'en aurions point les preuues certaines par ce peu qu'en rapporte sainct Cyrille, qui declare neantmoins dans son second liure, qu'il supprime les plus mauuais propos de Iulien contre la personne de Iesus-Christ. Mais ie ne sçaurois croire que sainct Gregoire les eust veus,

Niceph. l. 10. c. 11. & Metaph. die 17. Iuny.

orat. 2. in Iul. adu. Gétes.

Ep. 84. ad Magnum.

l. 3. c. 19.

lors qu'il declama ses deus Oraisons contre cét Empereur, parce qu'apparemment le zele de ce grand Euesque ne luy eust pas permis de se taire là-dessus, ayant bien pris la peine de faire de rudes instances contre le Misopogon, qui pourroit passer pour vn ouurage pieus comparé à celuy que nous disons. Et ce fut à mon aduis ce qui obligea depuis sainct Cyrille à les refuter, par ces dix liures excellens qu'il dedia au Grand Theodose, & qu'il escriuit vray-semblablement voyant que S. Gregoire n'auoit rien respondu à vn si pernicieus attentat.

Ce furent toutes ces impietez, & ce grand nombre d'actions tendantes à l'extermination du nom Chrestien, qui rendirent Iulien à bon droict si odieus à tous les Fideles. Ils creurent que l'interest de la Religion les obligeoit de le ietter dans la plus grande diffamation qui se pourroit; & bien qu'ils n'opposassent que leur patience & leurs larmes, comme dit sainct Gregoire, contre toutes ses persecutions, ils ne laisserent pas, principalement depuis sa mort, de le depeindre le plus horrible en toutes ses parties qu'il leur fut possible, afin de rendre sa memoire si execrable, qu'elle fist peur & seruist de leçon à ses Successeurs. Ils luy reprocherent qu'apres estre entré par le Baptesme dans l'Eglise, y estre demeuré vingt ans, & y auoir receu dans la ville de Nicomedie la qualité d'Anagnoste, ou de Lecteur, l'vne de celles du Clergé, il

SECONDE PARTIE

auoit honteufement manqué de Foy à Dieu & aus hommes, pour fuiure les prophanations du Paganifme. Sainct Gregoire le reprefente fe lauant dans vn bain de fang, pour mieus effacer l'impreffion & les marques des eaus Baptifmales. On l'accufa de magie, & de ne tenir aupres de luy ceus qu'il faifoit mine d'honorer en qualité de Philofophes, que pour apprendre d'eus l'inuocation des Demons. Sainct Iean Chryfoftome dit l'auoir veu dans la ville d'Antioche enuironné de femmes impudiques, & de toute forte de perfonnes débauchées. Il luy impute mefmes de s'eftre comporté en fort mauuais Capitaine, & d'auoir perdu par fon imprudence la plus belle armée que les Romains euffent employée contre la Perfe. Car ne fut-ce pas vn merueilleus aueuglement que le fien, de brûler fes vaiffeaus à la perfuafion d'vn traiftre, qui iouoit le perfonnage de Sinon, ou de Zopyre, & qui fe moquoit de fa facilité ? Enfin apres auoir condamné toutes les actions de fa vie, l'hiftorien Socrate le fait mourir de la main d'vn Demon, & fainct Iean Damafcene auecques Nicephore de celle des Martyrs Mercure & Artemius. Il fe prend au Soleil de fon trefpas dans Sozomene, & dans Theodoret il prononce des blafphemes en expirant contre celuy qu'il nommoit Galileen. Pour le regard de fainct Gregoire, apres auoir parlé de cefte mort fort diuerfement & fans rien determiner, il fe plaift à le rendre ridicule par vne enuie

ambitieuse qu'il attribuë à cét Empereur, le figurant prest de se ietter dans le fleuue au riuage duquel il estoit, afin que son corps ne se trouuant plus, il fut sans difficulté pris pour vn Dieu, comme assez d'autres que le Gentilisme a souuent consacrés, apres estre ainsi disparus. Il asseure mesme que sans l'opposition d'vn Eunuche qui ne voulut iamais consentir à ceste fourberie, les plus intimes amis de Iulien luy eussent aidé à la faire. Voila de quelle façon les Chrestiens parlerent de celuy qui les auoit si mal traittez.

 D'vn autre costé les Ethniques dont il auoit fauorisé l'Idolatrie, & qui se sentoient ses redeuables en mille façons, firent son portrait si accompli, & enluminerent toute sa vie de si belles couleurs, qu'elle pouuoit passer pour la piece de ceste nature la mieus acheuée qui eust iamais paru dans le monde. Mamertin, Libanius, & Porphyre furent les plus grands maistres qui y mirent la main, dans des Oraisons funebres & Panegyriques, dont il ne nous reste que celle du premier, qui est l'action de graces pour son consulat. Calliste, qui estoit des Gardes ordinaires de cét Empereur, composa vn poëme heroïque de ses gestes. Eunapius en fit vne Histoire Chronologique, comme il le témoigne luy-mesme. Et vne infinité d'autres ont traitté ce suiet à l'enuy, sans iamais se lasser de donner à Iulien les loüanges que peut meriter le plus vertueus Prince de la terre. Mais outre ceus

Niceph. l. o. c. 34.

SECONDE PARTIE.

qui n'ont parlé de luy qu'à deſſein de releuer toutes ſes actions, en qualité de Paranymphes, ou d'Encomiaſtes, comme les nommoient les anciens, il n'y a point eu d'hiſtoriens Payens qui ne l'ayent priſé preſque à l'égard de ceus-là. Ammian Marcellin merite d'eſtre conſideré comme le premier d'entr'eus, tant à cauſe de la valeur de ſon hiſtoire, que pour auoir accompagné celuy de qui nous parlons preſque partout, & notamment en ſon voyage du Leuant où il eſtoit preſent à ſa mort. On peut voir comme cét Autheur luy attribuë vn Genie pareil à celuy des Heros, & de quelle façon il decrit l'vnion des vertus principales & des ſubalternes meſmes, qu'il aſſeure que ce Monarque poſſedoit toutes en perfection. Il monſtre ſa temperance non ſeulement dans l'vſage du boire, du manger, du ſommeil, & des autres actions de la vie, où il ne pratiquoit aucune tendreſſe ; mais ſur tout dans vne chaſteté ſi exacte, & ſi exemplaire, qu'il paſſa les plus grandes ardeurs de ſon aage, ſans qu'aucun de ſes amis ny de ſes domeſtiques priſt le moindre ſoupçon qu'il l'euſt endommagée; comme depuis la perte de ſa femme il n'eut iamais de priuauté auecque d'autres qu'on luy peuſt reprocher, ny qui euſt pour but la volupté. Sa prudence nous eſt repreſentée comme ayant precedé de beaucoup les années qui ont accouſtumé de la donner aus autres. Elle s'eſtendoit auſſi bien ſur les affaires de la paix, que ſur

l.25.

ce qui concernoit la guerre. Et parce qu'elle estoit accompagnée d'vne grande & profonde connoissance, elle paroissoit principalement au mespris qu'il faisoit des choses corruptibles, ayant fort souuent en bouche ceste belle sentence, qu'il n'y a rien de plus honteus à vn homme d'esprit, que de faire beaucoup d'estat des auantages du corps. Pour ce qui concerne la Iustice, il l'exerçoit de sorte, si nous en croyons Ammian, qu'on peut dire qu'il s'est tousiours fait craindre sans auoir iamais vsé de cruauté. Ses supplices ne touchoient que fort peu de personnes, encore qu'ils en épouuantassent beaucoup. Voire mesme l'on sçait qu'il pardonna auec vne extraordinaire clemence à quelques-vns de ses ennemis qui auoient conspiré contre sa personne. Et quant à la derniere des vertus Cardinales, qui est la Force ou grandeur de courage, c'est en quoy nostre Historien veut que Iulien ait tellement excellé, que comme on n'a point veu de Monarques qui ayent fait paroistre plus de generosité que luy dans toutes leurs entreprises, principalement lors qu'il a esté question de s'exposer soy-mesme au fort des Armes ; il n'y en a point eu non plus qui ayent mieus entendu le mestier de la guerre, soit qu'il fust question de forcer vne place, de camper auantageusement, ou de ranger ses trouppes en bataille. Il auoit rendu son corps si patient, qu'il ne se soucioit ny des froids d'Allemagne, ny des chaleurs excessiues de la Perse. Et

pour

pour preuue de la reputation où il eſtoit parmy la Milice, il n'eſt beſoin que de conſiderer le pouuoir qu'il eut de mener des bords du Rhin iuſques en Medie nos Soldats Gaulois, qui le ſuiuirent auſſi toſt qu'il les eut haranguez. Voila vne partie des Eloges qu'Ammian Marcellin donne à Iulien. Ie laiſſe à part ce qu'il adiouſte de ſa bonne fortune, de ſa liberalité, & de ſon amour enuers les peuples, afin de n'eſtre pas plus long, & parce que ie iuge que nous nous ſommes aſſez eſtendus pour noſtre deſſein ſur vne matiere ſi odieuſe,

Il faut dire vn mot ſeulement des autres Hiſtoriens profanes, qui ont eſcrit au meſme temps qu'Ammian ou fort peu apres. Eutrope portoit les armes auſſi bien que luy ſous Iulien, & l'accompagna pendant ſon voyage d'Orient. Ie ſçay bien que Raphaël de Volterre, Geſner, Poſſeuin, & quelques autres ont creu qu'il eſtoit Chreſtien, & meſme diſciple de ſainct Auguſtin. Mais il y a ſi peu d'apparence que ie ne me ſeruiray de ſon témoignage que comme d'vn Autheur infidele. Apres auoir parlé des victoires de cét Empereur en Allemagne & aus Gaules, il vient à ſa mort qui luy fit auoir place au nombre des Dieus, ſelon l'vſage de ce temps-là. C'eſtoit, dit-il, vn excellent homme, & qui euſt admirablement bien gouuerné l'Eſtat s'il euſt veſcu dauantage. Il le loüe en ſuitte d'auoir ſçeu en perfection les lettres humaines, & ſur tout le Grec, où il eſtoit beaucoup

l. 10.

mieus instruit qu'au Latin. Il recommande son eloquence, sa memoire, son inclination à la philosophie, sa liberalité, sa iustice, sa douce domination, & finalement sa ressemblance à Marc-Antonin, qu'il faisoit profession d'imiter. Mais comme il est beaucoup plus estendu que ie ne veus estre, ses termes sont aussi bien plus exprez, & bien plus à l'auantage de celuy dont nous parlons, que les miens. Sextus Aurelius Victor, celuy qui a fait l'Epitome de la vie des Empereurs Romains iusques à Theodose le Grand, s'explique, selon sa façon d'escrire, en deux mots de ce qu'il pensoit de Iulien, asseurant qu'il auoit vne connoissance merueilleuse tant des sciences que des affaires ; & qu'il ne cedoit en rien aus plus grands Philosophes, ny à pas vn des Sages de la Grece. Zosime comprend aussi beaucoup en peu de paroles, quand il soustient que Iulien surpassoit en vertu tous les hommes de son siecle. Et quand il compare la victoire qu'obtint cét Empereur aupres de Strasbourg sur les Allemans, dont il y eut trente-mille de tuez sur la place, & autant de noyez dans le Rhin, à celle d'Alexandre contre Darius, il monstre bien l'estime merueilleuse qu'il faisoit de luy. Ces trois ou quatre authorités suffisent pour faire voir combien le Iugement des Gentils a esté different de celuy des Chrestiens sur le suiet que nous traittons.

 Or s'il n'y auoit rien à considerer dans ceste

hist.

diuersité que le merite des vns & des autres, ie pense qu'il ne se trouueroit personne d'entre nous qui vouluft hesiter à prendre party, & que le zele de la Religion n'obligeast à mespriser ce qu'ont dit des Infideles, pour donner toute creance aus escrits de sainct Gregoire de Nazianze, de sainct Iean Chrysostome, & de sainct Cyrille. Mais plusieurs souftiennent qu'il faut auoir égard au genre d'Oraison dont chacun d'eus s'eft serui, & qu'il n'y auroit point d'apparence de donner autant de creance à celuy qui employe ouuertement toutes les couleurs de la Rhetorique pour persuader, qu'à vn autre qui fait profession, & qui est obligé en effet, de rapporter nuëment & auec fidelité ce qui eft de sa matiere. Car on ne peut pas nier que ces bons Peres qui ont si fort condamné toutes les actions de Iulien, n'euffent pris à tafche de le diffamer entierement, comme son Apoftasie, & son iniufte procedé contre le Chriftianisme le meritoit bien. Le seul titre de leurs Liures le monftre affez, & quand fainct Gregoire, qui traitte le plus mal de tous cét Empereur, a donné le nom d'inuectiues aus deus pieces qu'il a faites contre luy, il a fuffifamment témoigné quel eftoit fon deffein. Il s'en faut tant qu'on les doiue prendre au pied de la lettre, comme l'on dit, que tout le monde s'eft eftonné de voir qu'en haine de cet Apoftat, vn si grand Theologien se soit dispensé de loüer des Heretiques, & de representer Con-

stantius comme vn Sainct, qui fut le protecteur des Arriens contre les Catholiques. Ce n'est pas la mesme chose d'vn Historien, que l'amour ny la haine ne doiuent iamais empescher de dire le bien & le mal des personnes dont il represente les vices. Aussi voyons-nous que ceus qui ont si hautement prisé Iulien dans leur histoire ne se sont pas teus de ses vices, & qu'en suitte des Eloges qu'ils luy ont donné, ils ont tousiours remarqué les deffauts qui luy pouuoient estre iustement imputez. Ammian Marcellin le taxe d'auoir eu l'esprit tardif, ou leger, selon que cet endroit de son vingt-cinquiesme Liure se lit diuersement, auoüant neatmoins que par la correction de ses amis, qu'il souffroit volontiers, ce manquement n'estoit presque pas reconnoissable. Mais il le reprend seuerement & sans l'excuser d'auoir esté trop grand parleur, de s'estre laissé emporter aussi bien qu'Hadrien aus vaines curiositez de l'auenir, d'auoir trop estimé les applaudissemens du peuple, & de n'auoir pas esté tousiours égal à soy en distribuant la Iustice. N'auoüe-t'il pas mesme qu'il estoit plustost superstitieus que legitime obseruateur des loix du Paganisme, se moquant de luy aussi bien que de Marcus, pour auoir quasi dépeuplé le monde de bœufs, par la superfluité des sacrifices qu'ils faisoient? Et ne remarque-t'il pas encore sa trop grande seuerité, lors qu'il deffendit aus professeurs de Grammaire & de Rhetorique qui estoient Chre-

entioris vel leuioris ingenij.

SECONDE PARTIE.

ſtiens, de plus enſeigner la ieuneſſe? Eutrope n'a pas fait difficulté non plus de luy reprocher l'excez de ſa rigueur contre la Religion Chreſtienne. Il dit que ſon ambition luy donnoit par fois des tranſports d'eſprit fort reprehenſibles. Et il obſerue que ſa negligence donna ſuiet à quelques-vns d'offenſer ſa reputation. Aurelius Victor touche encore ceſte negligence, & reconnoiſt que les bonnes parties qui eſtoient en cét Empereur, receuoient quelque preiudice tant de ce coſté-là, que de celuy de la ſuperſtition, de la temerité, & de la gloire, dont il eſtoit deſireus au de-là de toutes les bornes raiſonnables. C'eſt ainſi que les loix de l'hiſtoire obligent ceus qui l'eſcriuent, à donner connoiſſance de ce qu'il y a de bon & de mauuais en chaque choſe, ſans faire difficulté de veſperiſer les meſmes perſonnes qu'ils ont deſia Paranymphées. Et ceſte neceſſité de n'épargner iamais la verité, eſt ce qui rend les ouurages hiſtoriques beaucoup plus conſiderables que ne ſont pas les Panegyriques, ny les Philippiques, ou Inuectiues, qui n'obtiennent preſque nulle creance de nous au prix de ces autres compoſitions.

Pour plus grande preuue de ce que nous diſons, il ne faut que voir de quelle façon nos Hiſtoriens Chreſtiens ont parlé de Iulien, & nous trouuerons qu'encore qu'ils ayent tous deteſté ſon Apoſtaſie, & ſa cruauté enuers les Fideles, ils n'ont pas laiſſé de reconnoiſtre les bonnes parties qui eſtoient en luy,

ses auantages de Nature, & les dons de Dieu, dont il abusoit. Quant aux Autheurs de l'Histoire Ecclesiastique, encore que leur suiet ne souffrist presque pas qu'ils parlassent en bonne part d'vn si grand Persecuteur de l'Eglise, si est-ce que Socrate prise son Eloquence, s'excusant de ce qu'il n'employe pas vn style plus releué à descrire les gestes d'vn Prince si disert. Il reconnoist que c'est le seul de tous les Empereurs depuis Iule Cesar, qui prononça dans le Senat ses propres harangues, apres les auoir composées pendant le silence de la nuict. Il auoüe qu'il honoroit tous les hommes sçauans & sur tout les Philosophes. Et il remarque qu'il chassa de son Palais les Eunuques, les Barbiers, & les Cuisiniers, encore que ce soit en diminuant la gloire de ceste action, comme si elle estoit plustost de Philosophe que de grand Monarque. Sozomene & Nicephore n'ont pas fait scrupule non plus de dire qu'il auoit obtenu de grandes victoires sur les Barbares le long du Rhin ; qu'il estoit tres-illustre dés le viuant de Constantius ; & que sa modestie iointe à vne douceur de mœurs singuliere, l'auoient rendu si agreable aus gens de guerre, que ce fut ce qui leur donna l'enuie de le proclamer Auguste.

 Mais les autres Historiens qui ne traittoient pas si precisément des interests de l'Eglise, ont souuent escrit des choses beaucoup plus à la recommendation de ce Prince, que n'ont fait les

premiers, quoy qu'ils n'ayent pas moins abominé qu'eus son Apostasie. Iornandes, qui viuoit du temps de Iustinien, apres auoir obserué comme Iulien quitta le Christianisme pour suiure le culte des Idoles où il taschoit d'attirer tout le monde, adiouste qu'il ne laissoit pas d'estre d'ailleurs vn excellent personnage & tres-necessaire à la Republique. Zonare long-temps depuis le loüe de sa iustice, de sa frugalité, & de sa moderation d'esprit en beaucoup de choses. Il rapporte son Epitaphe qui luy donnoit la qualité de bon Roy & de braue guerrier. En fin nonobstant toutes ses meschancetez qu'il conte fort au long, il fait ce iugement de luy apres sa mort. C'estoit vn homme si fort passionné pour la gloire, qu'il la recherchoit mesme en des choses de neant; mais il souffroit fort patiemment la correction de ses amis. Il estoit tres-bien instruit en toute sorte de disciplines, & principalement en celles qui sont tenuës pour les moins connuës. Au surplus il viuoit dans vne telle temperance, qu'à peine le voyoit-on cracher, & il auoit accoustumé de dire qu'vn Philosophe s'abstiendroit mesme de respirer si c'estoit vne chose possible. Cedrenus vse de ces termes. Comme ce Prince estoit tres-ambitieux & tres-impie, aussi estoit-il des plus abstinens en ce qui touche le sommeil, le luxe, & les passetemps amoureus. Blondus, qui dedia sa Rome triomphante il y a pres de deus cens ans au Pape

l. 1. de Regn. & temp. suc

tom. 3.

l. 7.

Pie second, n'a point feint de nommer Iulien, *virum ingentis spiritus, doctrinæ, & virtutis* ; attribuant à son merite, & à sa vertu, toutes ses victoires, plustost qu'au nombre & à la force de ses Legions. Mais Pomponius Lætus s'est donné beaucoup plus de licence que tous ceus-là, dans son abbregé de l'Histoire Romaine qu'il addresse à vn Euesque Borgia vn peu de temps depuis Blondus. Apres auoir conté comme la mere de Iulien songea durant sa grossesse qu'elle enfanteroit vn Achille, il le compare à Titus dans les exercices de la paix, & à Traian pour les succez de la guerre. Iulien n'auoit, dit-il, pas moins de clemence qu'Antonin, de moderation que Marc-Aurele, ny d'estude que les plus grands Philosophes. Il exaggere en suitte sa memoire, sa liberalité, sa temperance, & ses autres vertus, asseurant que pendant son gouuernement on croyoit que la Iustice fust descenduë du Ciel en terre. Bref Ammian ny Eutrope n'ont rien escrit de beau touchant l'expedition militaire de Iulien en Perse, ny de considerable au suiet de sa mort, que Pomponius ne rapporte, iugeant auec eus cét Empereur digne d'estre mis entre les premiers Heros, comme celuy dont on peut dire que la bouche & la main ont esté tres-vtiles au public, & singulierement à sa patrie. Certes c'est en parler bien indifferemment pour vn Chrestien, & il me semble qu'il deuoit au moins excepter l'interest de la Religion.

Baptista

SECONDE PARTIE. 281

Baptista Egnatius n'a pas esté si diffus que luy sur *l. 1. Rom. Princ.* le mesme suiet. Il attribuë pourtant à Iulien vn esprit sublime, fin, & tres-ardent aus lettres; adioustant que s'il l'eust retenu, & son excellent naturel, dans la pieté où on l'auoit éleué, il meriteroit d'estre compté entre les plus memorables Princes de l'antiquité. Cecy suffira pour monstrer comme l'Apostasie de cét Empereur n'a pas empesché les Chrestiens mesmes qui ont escrit l'histoire, de dire auec franchise beaucoup de choses à son auantage.

A faute de faire ceste distinction si necessaire entre la façon d'escrire des Peres qui ont exercé leur style contre Iulien, & les Historiens qui en ont dit le bien & le mal selon les loix de leur profession, il est arriué que quelques-vns n'ont pas porté, ce me semble, tout le respect qui est deu au merite & à la pieté des premiers. Ie pense que Leunclauius en est l'vn, qui fait dans sa Preface sur Zosime vne telle inuectiue contre ceus qui n'ont pas reconnu toutes les vertus de ce Monarque, que peut-estre a-t'il excedé les termes qu'il deuoit garder sur vne matiere si chatoüilleuse. Nous pouuons encore nommer Cunæus, à cause d'vne semblable preface qu'il a mise au deuant de sa traduction des Cesars de Iulien. Car non content de luy donner rang parmy les Heros; de vouloir que luy seul ait eu toutes les vertus, que les plus renommez Capitaines Grecs & Romains ont

Nn

possedées separément ; & d'asseurer que toute sa vie s'est écoulée dans vne innocence si rare, qu'elle a esté suiette à l'enuie : Il ose blasmer ceus qui ont preferé le premier Empereur Chrestien Constantin le Grand à vn Apostat : Et il est si hardi que d'accuser d'imprudence les Peres qui gouuernoient l'Eglise du temps de Iulien, pour l'auoir, dit-il, irrité mal à propos par leurs escrits, au lieu d'adoucir son esprit par vne paisible obeïssance. En verité ie trouue que le Reuerend Pere Petau, selon qu'il sçait conioindre la pieté à vne science tres-profonde, a eu raison d'accuser Cunæus de temerité, & de luy reprocher son peu de iugement lors qu'il a parlé de la sorte.

præf. ad nl. opera.

Il est certain que la memoire de Constantin n'est pas venuë si pure iusques à nous, qu'elle ne soit chargée de plusieurs deffauts, & de quelques crimes mesmes dont il n'est pas facile de l'excuser. On luy impute d'auoir fait beaucoup d'exactions pour reparer ses prodigalitez ; d'auoir mis le premier l'impost du Chrysargue, ou de l'or lustral qu'on exigeoit tous les quatre ans ; & d'auoir fait mourir dans vne estuue sa femme Fauste, apres s'estre defait de son fils Crispus, par vne pure ialousie qu'il eut d'eus. Nous lisons qu'il rappella d'exil Arius en faueur de sa sœur Constance, ayant au contraire relegué à Treues le grand sainct Athanase. Et nous auons vne de ses loix dans le Code de Iustinien, qui a scandalizé vne infinité de per-

4. C. de alef.

SECONDE PARTIE.

fonnes, en ce qu'elle deffend de punir ceus qui ne se seruent de la Magie que pour trouuer des preseruatifs contre les maladies, & des secrets propres à l'vsage de la vie, tels que sont ceus qui éloignent les orages & les tempestes; comme si vn art si damnable deuoit estre toleré, à quelque fin qu'on le puisse rapporter. Mais quand l'animosité de Zosime contre Constantin ne nous seroit pas connuë, & bien que nous fussions d'accord qu'il auroit peu estant homme commettre vne partie de ces fautes, dont Eusebe neantmoins ne nous a rien dit : Cet illustre Monarque a fait d'ailleurs tant de belles actions ; son merite est si grand à l'égard de nostre Religion ; & sa fin accompagnée des graces du Ciel, & pleine de benedictions, luy donnent vn tel auantage sur Iulien, qu'il y a de quoy s'estonner que des Chrestiens puissent preferer vn Apostat au premier Empeteur qui s'est soufmis à la Foy.

Pour ce qui touche les Peres, que Cunæus taxe sans raison d'auoir excité le mesme Iulien par leurs inuectiues à persecuter nostre creance, c'est vne calomnie qui ne peut faire impression que sur ceus qui seroient ignorans tout à fait de l'histoire. Car on sçait que sainct Cyrille n'a vescu que quelque temps apres luy, & que sainct Gregoire, ny sainct Chrysostome ne l'ont mal-traitté comme ils ont fait que depuis sa mort. De sorte que c'est vne moquerie de dire que son animosité contre

les Chrestiens procedast des mauuais propos qu'ils tenoient de luy, veu que, comme nous auons desia remarqué, ils n'opposerent iamais que leur patience à toutes ses violences, & se tinrent tellement dans le deuoir de leur suiection, que son armée qui l'accompagnoit contre les Perses n'estoit pas moins composée de Fideles, que de prophanes & d'idolâtres.

Mais outre qu'il est vray que iamais ces Peres ne donnerent aucun suiet à Iulien de persecuter le Christianisme, ie croy qu'au lieu de le blasmer de la façon dont ils ont escrit contre luy, nous deuons estimer leur pieté, & leur sçauoir gré du zele qu'ils ont fait paroistre pour nostre Religion. En effet il faut considerer qu'ils auoient à faire à vn Prince, qui employoit toutes les forces de son esprit, & de son Diademe, à ruïner ce que Constantin & ses Enfans venoient d'edifier dans l'Eglise. Ils estoient dans vn siecle où la plus grande partie de l'Empire Romain retenoit encore le culte des faus-Dieus, que cet Apostat vouloit restablir par tout. Et ce qui est principalement à obseruer, ils voyoient que sa grande reputation d'estre l'vn des plus sçauans & des plus vertueus de son temps, preiudicioit merueilleusement au seruice & à l'honneur du vray Dieu qu'il auoit abandonné. Que pouuoient-ils donc faire de mieus que de le diffamer de tout leur possible, & de tascher à faire perdre ceste bône opinion qu'on auoit

de luy, puisque le Diable s'en vouloit seruir à la destruction de nos Autels? Certes ie ne pense pas qu'il y ait encore auiourd'huy Chrestien qui puisse lire la moindre partie des blasphemes que ce miserable vomissoit sur les textes sacrez du vieil & du nouueau Testament, sans receuoir dans son ame les mesmes mouuemens qui animoient sainct Gregoire, sainct Chrysostome, & sainct Cyrille contre luy, encore que le dernier proteste dans le second liure de sa responce, comme nous venons de l'obseruer, qu'il supprime exprez les plus mauuais termes que Iulien employoit contre la personne de Nostre-Seigneur. C'est donc à tort qu'on veut noter d'indiscretion le zele de ces grands Personnages, qu'ils ont eu tres-pieus, & tres-proportionné à la condition du temps auquel ils viuoient.

contra Iulian.

Que s'il faut que nous facions distinction entre nostre siecle & le leur, comme c'est vne chose qui se prattique assez souuent dans l'Eglise, & qui est conforme à la doctrine de sainct Augustin que nous auons desia rapportée, ie croy que sans rien rabbatre de l'auersion qu'ont euë ces Peres, & que nous deuons tousiours auoir contre Iulien, eu esgard à son Apostasie, nous pouuons douze cens ans & plus apres eus, reconnoistre de certaines veritez historiques qui ne peuuent plus nuire à personne, & parler de luy conformément à ce que tant d'Autheurs Chrestiens & Prophanes en ont

Ep. 50. ad Bonifac.

escrit. Car puisque le Paganisme qui estoit alors se trouue à present entierement aboli, & puisque nous n'auons plus à craindre que Saturne ny Iupiter se remettent sur nos Autels, ie ne voy pas qu'il y ait d'inconuenient à receuoir ce qui ne peut estre reietté sans reuoquer en doute par mesme moyen tout ce que nous lisons de plus constant dans les liures. Ie sçay bien qu'il y a encore des Idolâtres dans le monde, & qu'il se trouue en nos iours des hommes qui adorent dans l'vne & l'autre Inde les animaus, & les choses mesmes inanimées, qu'ils craignent, ou qui leur profitent. La damnable Secte de Mahomet s'estend par toutes les trois parties de l'ancien hemisphere. Et le nombre des Athées y est parauanture plus grand qu'il ne fut iamais. Mais ie nie qu'il reste la moindre veneration de toutes ces fausses Diuinitez des Anciens, ny que Iupiter, Iunon, ou Neptune reçoiuent plus d'encens en quelque coin de la terre que se puisse estre. Cela estant ainsi, qu'y a t'il plus à redouter de la part de Iulien, qui ne visoit qu'à restablir leurs Sacrifices? Et quel mal peut venir de ce que nous reconnoistrons en luy quelques bonnes parties parmy les vicieuses, & de certaines vertus Morales comme autant de dons de Dieu dont il abusoit, & qui ne luy ont seruy qu'à rendre ses fautes plus irremissibles. Ce qui m'asseure que nous le pouuons bien faire, c'est qu'outre le témoignage de tant d'Historiens qui ont tous

SECONDE PARTIE

conuenu en ce poinct, que la Nature auoit donné d'excellentes qualitez de corps & d'esprit à Iulien, ie voy que sainct Augustin n'a pas fait difficulté dés son temps de l'auoüer, quand il dit en parlant de luy, *Cuius egregiam indolem decepit amore domi-nandi sacrilega & detestanda curiositas.* Louys Viues adiouste dans son Commentaire sur ce passage, *Vir cætera egregij animi, regendique imperij callentissimus.* Suidas n'a point eu de scrupule non plus de luy donner la vertu qu'on veut qui contienne en soy toutes les autres. Il asseure que comme sa grande Iustice le rendoit de facile accez aus gens de bien, elle le faisoit haïr de tous les meschans qui le trouuoient insupportable. Et il le recommande encore de ceste bonté singuliere dont il vsoit enuers les personnes de lettres, s'estant tousiours comporté auec égalité, & sans prendre auantage de ce qu'il estoit, parmy les Philosophes. Cela me fait souuenir du reproche que luy fait Ammian, d'auoir receu trop familierement le Sophiste Maximus, s'estant leué de son siege pour aller au deuant de luy le receuoir à bras ouuerts. On sçait aussi qu'il honora Themistius de la prefecture de Rome ; qu'il fit Questeur Libanius cet autre Sophiste que sainct Basile a tant estimé ; & qu'vn bon nombre d'autres hommes sçauans, tels que Priscus, Iambliche, Oribasius, & Prohæresius, receurent de grandes faueurs de luy. Cependant sainct Augustin & les autres qui

l. 5. de Ciu. Dei c. 21.

l. 22.

ont reconnu que Iulien possedoit ces bonnes conditions, n'ignoroient pas ce que sainct Gregoire, sainct Chrysostome, & sainct Cyrille auoient escrit de luy, & ne detestoient pas moins qu'eus les vices qui le diffamoient d'ailleurs, & sur tout son Apostasie. Mais parce que ceus-là ont parlé en vn temps où le Christianisme estoit en asseurance, & où la memoire des vertus de Iulien ne pouuoit plus faire de preiudice aus Fideles, ils se sont dispensés d'en dire ce qu'ils trouuoient constant par toutes les histoires.

En effet on ne sçauroit nier que Iulien ne fust doüé d'vn excellent naturel, soit pour les exercices de la paix, soit pour ceus de la guerre. Il apprit les premiers Rudimens de la Grammaire de l'Eunuque Mardonius dans Constantinople & puis auprès de Cesarée. Ecebolius, cet homme si inconstant en la Foy, fut son maistre en Rhetorique. Et s'il n'eust point esté transporté en Nicomedie, où Libanius, & depuis Maximus deprauerent son ame par des leçons d'impieté, & d'idolâtrie, sa premiere institution toute Chrestienne donnoit de merueilleuses esperances de sa personne. Luy & son frere Gallus eurent la charge de Lecteurs publics dans l'Eglise, & leur deuotion les porta à faire bastir des Temples en l'honneur de quelques Martyrs, qui rémoignerent dés-lors n'auoir pas agreable le zele du premier. Tant y a que par sa propre confession, dans la lettre qu'il escrit

escrit aus Alexandrins il fut iusques à l'aage de *Ep. 52* vingt-ans dans vne profession publique du Christianisme. Vray est que tous les Historiens Ecclesiastiques tombent d'accord, que la hayne de Constantius son Oncle l'obligea long-temps de dissimuler son infidelité. Sozomene témoigne qu'il se fit mesme raser, feignant de vouloir estre Moine, afin de le mieus tromper. Et on asseure qu'au lieu d'adorer le vray Dieu, il addressoit souuent en cachettes ses prieres à Mercure. C'est pourquoy Zosime le represente Payen long-temps auant que d'estre Empereur. Et Ammian dit qu'encore qu'il *l. 3* eust quitté la creance des Chrestiens, il ne laissa pas d'aller vn iour d'Epiphanie à l'Eglise, où il fit *l. 21* mine d'y prier Dieu. Enfin aussi-tost qu'il se vit hors de crainte par la mort de celuy qui le laissoit dans vne paisible possession de l'Empire, il leua le masque, se declara Souuerain Pontife des Gentils, & passa le reste de ses iours dans vne Apostasie qui a des-honoré toute sa vie. C'est ainsi qu'vn ruisseau tres-agreable, apres auoir arrousé mille belles fleurs dans vn iardin Royal, se va quelquefois ietter dans vne puante cloaque. Mais la confusion des mœurs n'est iamais telle, qu'on n'en puisse considerer le bien & le mal separément, encore que l'vn ou l'autre preuale, comme fait sans doute le dernier au suiet dont nous parlons.

Entre les choses qui nous font reconnoistre le

Oo

plus clairement qu'il ne se peut faire que Iulien n'eust de grandes vertus mélées parmy ses vices, l'honneur que luy rendit son successeur Iouien n'est pas des moindres. Ce Prince estoit si Chrestien qu'il s'offrit à perdre sa ceinture militaire long-temps deuant que d'estre Empereur, & se presenta pour estre degradé, plustost que de sacrifier selon l'Ordonnance de Iulien. Et lors qu'il fut éleu en sa place, il estoit resolu de renoncer à l'Empire à cause de la Religion dont il faisoit profession, si la meilleure partie de l'Armée ne l'eust asseuré qu'elle luy donneroit tout contentement pour ce regard, comme le rapporte Rufin & beaucoup d'autres apres luy. Cependant son zele pour la Foy ne l'empescha pas d'estimer grandement le merite de celuy qui l'auoit si fort persecutée, de luy destiner vn tres-superbe Sepulchre, & de dire hautement que le faux-bourg de Tarse, ny la riuiere de Cydne, quelque claire & agreable qu'elle fust, ne meritoient pas de garder ses cendres, que la seule ville eternelle de Rome & le Tybre deuoient posseder. Certes rien ne pouuoit obliger Iouien à parler si auantageusement d'vn tel Predecesseur, que la connoissance qu'il auoit des qualités rares & vertueuses qui estoient en luy nonobstant son Apostasie. On peut adiouster à cela l'honneur qu'il fit rendre à son cadavre, que toute l'Armée accompagna iusques en la ville de Tarse,

Suidas in voce Iouianus.

Ruf. l. 2. c. 1.

Amm. Marc. l. 25 Pomp. Læt. & alij.

SECONDE PARTIE.

où il le fit laisser comme en depost, auec vn epita- *Zosimus*
phe dans lequel il est nommé tres-bon Roy, & tres- *l. 3.*
excellent guerrier.

Ne sçait-on pas aussi que ce grand applaudissement auec lequel le mesme Iouien fut receu de toute la Milice lors qu'il fut proclamé Empereur, ne proceda que de la ressemblance de son nom à celuy de Iulien, qui ne differoit que d'vne lettre? Or il est certain qu'vne bonne partie de cette milice estoit Chrestienne, ce que témoigne assez l'élection qu'elle fit d'vn Prince de nostre Religion. D'où pouuoit donc partir vn si grand témoignage d'affection à la memoire d'vn Idolâtre persecuteur des Fideles, si nous ne l'attribuons aus vertus éclatantes & vrayemét Imperiales qui ne laissoient pas de le faire aimer, & de le rendre recommendable?

Et veritablement sa fin seule, quand le reste de ses actions n'y eust rien contribué, luy pouuoit acquerir ceste grande reputation. Car la façon douteuse dont en parle sainct Gregoire, fondée sur quelques bruits qu'on fit lors courrir, & sur les raisons que nous auons dit qu'il auoit de le decrediter mesme apres sa mort, ne nous peut pas empescher de deferer au témoignage de deus Historiens qui parlent de ce qu'ils ont veu. Ammian principalement qui passe pour Autheur digne d'estre creu en tout le reste de ses liures, qui n'a rien pardonné à Iulien, comme nous auons fait voir, & qui l'a mesme taxé de seuerité contre

les Chrestiens, ne doit pas estre rejetté, ce me semble, en ceste seule narration. Il le represente courant sans sa cuirasse à la premiere alarme des ennemis, parmy lesquels il reçeut le coup dont on n'a jamais sceu le veritable Autheur. Aussi-tost qu'il eut repris vn peu de force par le premier appareil de sa playe, il demande son cheual & ses armes pour retourner dans la mélée, & fait paroistre vn courage de General, qu'Ammian ne peut s'empescher de comparer à celuy d'Epaminondas au combat de Mantinée. Les propos qu'il tint en suitte touchant le mespris de la mort, le regret seul qu'il témoigna de celle d'Anatolius, la vehemence auec laquelle il reprit ceus qui pleuroient autour de luy, & son dernier entretien auec Priscus & Maximus sur le suiet de l'immortalité de nos ames, sont des preuues d'vne vertu à qui il n'a manqué que la Foy pour estre tenuë bien heureuse. Sans mentir on peut dire que c'est dommage qu'elle ait esté Payenne, & qu'vn Renegat, le plus dangereus persecuteur peut-estre que l'Eglise souffrit iamais, s'en soit trouué reuestu. Mais c'est icy qu'il faut donner des bornes à nostre raisonnement, captiuer nostre esprit, & luy faire admirer auec soubmission la profondeur des iugemens de Dieu.

Il y a bien de quoy s'estonner apres ce recit historique, de voir qu'on veuille faire passer Iulien pour vn homme lasche & sans cœur, comme S. Cyrille entr'autres le nomme vne infinité de fois

dans le dixiesme des Liures qu'il a composés contre luy. Et que celuy qui est mort les armes au poing auec vn courage d'Epaminondas, apres auoir gaigné des victoires sur le Rhin comparées à celles d'Alexandre sur le Granique, soit representé comme vn faineant & vn poltron. Que si nous loüons le zele de ceus qui ont parlé de luy de la sorte, à cause des legitimes mouuemens qu'ils ont eus de leur temps, cela n'empesche pas qu'au nostre nous ne puissions, sans offencer la pieté, suiure en cela ce qui est le plus vray-semblable.

Le reproche qu'on luy fait d'inexperience, & de mauuaise conduitte, n'est possible pas plus considerable. On le fonde sur ce qu'il fit brûler imprudemment presque toutes les barques qu'il auoit sur le fleuue du Tygre, pour entrer plus auant dans le pays du Roy de Perse, se fiant au conseil d'vn Traistre qui fut cause de la perte de toute l'armée Romaine. Or bien qu'il soit vray que le chemin vers les montagnes luy fut indiqué par quelques Persans qui confesserent leur trahison à la torture, comme le texte d'Ammian le porte; Il est faux neantmoins que l'incendie des vaisseaus se fist à la persuasion de ce frauduleus Sinon dont on parle, qui ne se presenta deuant Iulien, qu'apres qu'ils furent brûlez, selon qu'on peut voir dans Nicephore. Et Zosime dit expressément que ce fut vn auis que prit l'Empereur par vne meure deliberation, encore que l'euenement l'ait fait depuis

l. 24.

l. 10. c. 3
l. 3.

trouuer mauuaise. En effet il se resolut à cela pour se preualoir de bien vingt mille hommes qui estoient occupez à la conduitte, & à la garde de sa flotte. Il craignoit d'ailleurs qu'elle ne tombast entre les mains de ses ennemis qui s'en fussent preualus contre luy. Et peut-estre qu'ayant arresté de prendre vn nouueau chemin, il vouloit oster toute pensée à ses Soldats de reuenir vers la riuiere, & leur donner plus de resolution à surmonter les difficultez de la route qu'il auoit dessein de tenir. Et quoy? n'est-ce pas sur le mesme proiet qu'Alexandre congedia ses vaisseaus aussi-tost qu'il fut en Asie? Agathocles ne brûla-t'il pas de mesme fort heureusement les siens en Affrique? Caton n'est il pas loüé d'auoir renuoyé à Marseille ceus qui l'auoient passé en Espagne? Le Prince d'Oranges dernier mort ne gaigna-t'il pas, il y a peu de temps, la bataille de Nieuport par vn semblable stratageme? Et ne lisons-nous pas encore dans la conqueste de Mexico que Fernand Cortez fit enfoncer tout ce qu'il auoit de nauires, afin que ceus qui l'accompagnoient ne songeassent plus au retour? Pourquoy condamnerons-nous donc en Iulien la mesme chose, faite à mesme dessein, & à qui il n'a manqué qu'vne aussi heureuse fortune; puisque c'est vne maxime dont tout le monde tombe d'accord, qu'on ne doit iamais iuger des actions par le succez?

Ce qui est bien estrange c'est qu'on l'accuse

SECONDE PARTIE. 295

principalement des vices opposez aus vertus que tous les Historiens luy ont attribuées. Car il n'y a rien dont ils le recommandent dauantage, que d'vne chasteté si parfaite, qu'il ne donna iamais à personne le moindre soupçon d'impudicité, comme nous l'auons desia rapporté. Marcellin obserue mesme à ce propos, qu'il citoit souuent vn passage de Platon, où Sophocle s'estime heureus que l'aage l'ait deliuré de la seruitude insupportable de l'Amour; Et qu'il auoit encore souuent en bouche quelques vers du Poëte Bacchilide sur ce suiet. Cependant sainct Iean Chrysostome entr'autres asseure auoir veu dans Antioche cet Empereur, enuironné de toute sorte d'hommes perdus, & de femmes débauchées, de façon qu'on le prendroit, selon qu'il est representé dans ce Tableau, pour l'vn des plus dissolus Princes qui fut iamais. Ie sçay assez le respect qui est deu à vn si grand personnage que sainct Chrysostome, & ie serois bien fasché d'auoir douté de ce qu'il affirme si precisément comme témoin oculaire. Mais ie tiens aussi pour certain que l'accés libre qu'il dit que Iulien donnoit à tant de personnes diffamées, doit estre plustost imputé à son idolâtrie, & à sa superstition, qu'à son impudicité. En effet la Religion Payenne auoit entre plusieurs absurditez celle-là, d'honorer ie ne sçay combien de Diuinitez ridicules & honteuses. Pour ne rien dire de leur Dieu Priape, ny de leurs Deesses Pertunde,

orat. ads. Gent.

Salacie, & autres dont sainct Augustin s'est si bien moqué dans sa Cité de Dieu: Ne sçait-on pas ce qui se commettoit dans leurs Temples de Venus, parmy leurs Bacchanales, & au milieu de ces grandes ceremonies qu'ils prattiquoient en l'honneur de la Mere-des-Dieus? Or toutes ces abominations estoient entretenuës par vne infinité de Prestres, de Sacrificateurs, & de personnes de l'vn & de l'autre sexe, attachées à ce detestable culte, & que le peuple ne laissoit pas d'auoir en grande veneration. C'est ce qui portoit ce miserable Empereur qui affectoit en hayne du Christianisme de paroistre tres-deuot en sa Religion, à faire cas de ceste sorte de gens là, à leur donner libre entrée dans son Palais, & à les tenir mesme proches de luy lors qu'il paroissoit en public. Et voilà le suiet du reproche que sainct Chrysostome luy fait, fondé sur vn veritable recit de ce qu'il auoit veu vingt ans auparauant dans Antioche, & accompagné de ceste animosité iuste dont il estoit porté contre vn si redoutable ennemy de la Foy. Car pour ce qui regarde la dissolution de ses mœurs, sans m'arrester à ce que toutes les histoires la dementent, & sans faire valoir ce qu'il publia là-dessus de son viuant dans son Misopogon, y a-t'il apparence qu'estant à bon droit si mal-voulu comme il estoit, & si éclairé de tout le monde, on se fust contenté d'vne accusation generale sans rien particulariser? Qu'on iette les yeus sur ce qui s'est publié

7. de Ciu. Dei.

SECONDE PARTIE.

publié de ses semblables, de Tibere, de Caligule, ou de Neron, & l'on verra qu'outre la licence & le débordement de leur vie representée en gros, leurs crimes y sont particularisez ; & que le nom de ceus & de celles qui ont serui à leurs lubricitez s'y trouuent presque tousiours exprimé. Où est la femme qui s'est preualuë des bonnes-graces de Iulien ? Qui est le Spore, ou la Narcisse qu'on dise auoir abusé des priuautez honteuses qu'ils eussent auecques luy ? Et qu'on me specifie quelque sienne action qui puisse estre rapportée à des desbauches de ceste nature ? En verité toutes choses bien considerées, ie ne croy pas qu'vne simple inuectiue soit capable de ruiner des témoignages si exprez de sa continence que nous les auons dans l'histoire, nonobstant qu'il ait esté d'ailleurs si abandonné de Dieu, & si digne de nostre abomination.

Ie ne doute pas que ce ne soit cette abomination qui empesche beaucoup de personnes de luy accorder encore auiourd'huy la moindre qualité loüable, comme si c'estoit vne chose du tout impossible, qu'vn homme de si damnable memoire eust eu l'vsage de quelques vertus ; & comme s'il y auoit de l'impieté à soustenir qu'vn Apostat tel que celuy-cy, ait peu estre vn grand Capitaine, & vn Prince tres-considerable en beaucoup de façons. Mais à le prendre de la sorte il iroit de la conscience d'attribuer les mesmes titres à Cesar

Pp

ou à Alexandre, puis qu'ils estoient tous deus Idolâtres. Et il ne seroit pas permis non plus par la mesme raison de dire que Ciceron & Demosthene ont esté de grands Orateurs, à cause de leur infidelité. Ce sont des scrupules que nous auons combattus dans toute la suitte de ce Liure; & ie dis particulierement à l'égard de Iulien, que s'ils estoient considerables, tous ceus qui ont trauaillé à l'edition de ses liures seroient reprehensibles, puis qu'ils ont reconnu par là qu'il pouuoit venir quelque chose de bon d'vn Renegat. Le Reuerend Pere Petau sur tous, qui a le plus contribué à cela, & que ie nomme volontiers à cause de sa grande doctrine, de son zele à la Religion, & de sa suffisance que tout le monde connoist, auroit sans doute fait faute de nous recommander vn ouurage comme tres-vtile, voire mesmes necessaire à l'intelligence de beaucoup de choses, qu'il faloit plustost supprimer. Et quand il donne la qualité de docte & de disert à vn si meschant Empereur, il commettroit le mesme crime qu'on veut imputer à ceus qui luy attribuent la Prudence, la Force, ou quelques autres vertus semblables. Car quelle apparence y a-t'il de luy accorder des vertus ou habitudes intellectuelles, telles que sont les sciences, & de luy dénier absolument les autres vertus Morales, dont tous les hommes reçoiuent en naissant quelques semences naturelles en eus-mesmes? Si l'on veut dire que c'est parce qu'on peut estre sça-

uant & eloquent sans estre homme de bien, ce qui ne peut pas estre presupposé de celuy qui possede les vertus Morales; Ie respons qu'encore qu'il soit vray que les ayant toutes on est necessairement tres-homme de bien ; il se peut faire pourtant que quelqu'vn en possedera vne partie seulement, & sera si diffamé d'ailleurs par le vice, qu'il ne pourra passer que pour vn méchant. Il faut prendre garde aussi qu'en definissant l'Orateur, vn homme de bien qui sçait l'art de s'expliquer en beaus termes, on a fait entrer la probité dans la definition de l'Eloquence. Et neantmoins ceus qui ne peuuent souffrir qu'on nomme Iulien iuste, ny temperant, parce que ce sont des attributs de prud'hommie; permettent bien qu'on le qualifie disert, & eloquent, ce qui ne peut estre sans elle à le prendre exactement. Mais ce n'est pas l'ordinaire de parler si precisément des vertus soit de l'entendement, soit de la volonté, ny de faire de la Morale vne Mathematique. Et quoy que l'Eschole nous enseigne que ces vertus se prestent la main les vnes aus autres; que quelques-vnes, comme la Iustice, & la Prudence, comprennent en certaine façon toutes les autres ; & qu'elles sont en guerre perpetuelle contre les vices qui leur sont contraires: La mesme Eschole neantmoins nous apprend, que hors le degré heroïque ou parfait, elles peuuent fort bien subsister les vnes sans les autres; que tel peut estre recommandé de Iustice,

Orator, vir bonus dicendi peritus.

DE LA VERTV DES PAYENS,

& de Prudence, à qui la Force, ou la Temperance manqueront; & qu'il se trouue des personnes qu'on voit en mesme temps vertueuses en vn suiet, & vicieuses en vn autre. Cela estant quel inconuenient y a-t'il à receuoir l'histoire de Iulien toute entiere, & à laisser à cet Empereur les qualitez loüables qu'elle luy donne, puisque cela n'empesche pas que nous ne condamnions ses crimes, & que nous ne detestions son Apostasie?

Or outre l'obligation que i'auois en traittant mon suiet, de faire voir par l'exemple d'vne personne si odieuse, que la Vertu des Payens doit estre reconnuë en ceus-mesmes, dont nous tenons le salut pour desesperé; i'ay esté bien-aise de prendre ceste occasion d'expliquer ce que i'escriuis de Iulien dans vn autre liure que celuy-cy, parce que ie me suis apperceu que mes paroles ont esté mal-interpretées. Il m'arriua en parlant de la valeur des grands Capitaines, de mettre Iulien au nombre de ceus qui se sont le plus librement exposez aus perils de la guerre; de rapporter sa mort, & ses principales actions militaires selon qu'Ammian Marcellin les represente; & de dire mesme qu'à mon auis sa seule Apostasie l'empeschoit d'estre le premier des Cesars. C'est ce qui a esté pris en trop mauuaise part, & auecques beaucoup plus de vehemence que ie ne l'eusse attendu. I'ay fait voir pourquoy ie preferois le témoignage oculaire d'Ammian & de ses semblables, à ce qui a esté dit

de l'Instrn. de Monseigneur le Dauphin p. 126.

au contraire sur ce suiet. I'ay loüé le zele des Peres à diffamer ce persecuteur des Fideles, dans vn temps qui le requeroit. Et i'ay monstré par plusieurs bons Autheurs & tres-Chrestiens que nous pouuions auiourd'huy parler autrement de luy que n'ont fait ces Peres, puisque l'Idolâtrie ne sçauroit plus s'en preualoir, & que la pieté n'y estoit plus interessée. Si l'on trouue que ie luy ay voulu donner vn rang trop auantageus parmy les Empereurs, il faut que ie me fasse entendre tant à l'égard des Payens comme luy, que de ceus d'entr'-eus qui ont receu les lumieres de la Foy. Pour ce qui touche les premiers, i'auoüe que la vaillance de Iules Cesar, & la philosophie de Marc-Antonin, leur ont acquis vn merueilleus auantage, quoy que les vices de l'vn, & la pesanteur de l'autre y puissent donner du contre-poids. Mais si les proüesses de celuy-là l'emportent par le grand nombre & la quantité, dans vne vie beaucoup plus longue ; la mort de Iulien témoigne que les siennes n'ont rien d'inferieur en la qualité. Quant au Genie philosophique d'Antonin, que les douze liures de sa vie escrits par luy mesme nous font voir si clairement : Le lieu où Iulien le met dans ses Cesars, le preferant à tous ses predecesseurs ; ce qu'il escrit à Themistius des actions de Socrate, dont il fait bien plus de cas que de celles d'Alexandre ; son Antiochide, & le reste de ses compositions monstrent assez, que iamais personne de sa condition

n'eut plus d'inclination que luy à la philosophie des Gentils. Considerons maintenant l'interest des Empereurs Chrestiens, afin que ie me dédise s'il m'est arriué de me tromper au iugement que ie me suis hazardé de donner. Certes ie le ferois auec beaucoup de repentance, si i'auois esté si temeraire que de leur comparer vn Renegat, à plus forte raison de le mettre au dessus d'eus. Mais comme ie n'en eus iamais la moindre pensée, aussi crois-je l'auoir si bien distingué d'eus, en remarquant que son Apostasie seule luy faisoit perdre le rang qu'il eust peu pretendre, qu'on a eu tort, ce me semble, de me rien imputer là-dessus. N'est-ce pas vne chose fort éuidente que si Iulien fut demeuré dans la creance où il auoit esté éleué, toutes ces rares qualités qu'il possedoit, & dont il s'est si miserablement seruy, eussent peu produire des merueilles en faueur de l'Eglise? Ne peut-on pas dire qu'au contraire les crimes qui le noircissent, ses impietés, & tant de sorte de persecutions exercées contre les Fideles, n'eussent en ce cas là iamais esté? Et cela presupposé de la façon, qui ne voit auec quel applaudissement il eust esté sans doute proclamé le premier de tous les Cesars? Constantin a esté vn tres-grand Monarque, & le seul des Chrestiens qui eust peu s'y opposer. Son merite d'auoir monstré le chemin à tous les Empereurs qui ont entré depuis luy dans le vaisseau de sainct Pierre, est si grand qu'il ne se peut ex-

primer. Et nous croyons que tous ſes deffauts ont eſté lauez, par les Eauës du Bapteſme qu'il reçeut fort peu de temps auant ſa mort. Mais comme i'ay blaſmé tantoſt Leunclauius de luy auoir preferé vn Apoſtat, ie ne ſçaurois auſſi m'imaginer que perſonne fit difficulté de placer Iulien deuant luy, déchargeans celuy-là d'Apoſtaſie, & luy donnant par conſequent auec ce qu'il auoit de naturel & d'acquis, les graces du Ciel qui vray-ſemblablement l'euſſent accompagné ſans ſon infidelité. Nous n'auions donc pas eſcrit ſans ſuiet ſur le propos des grands Princes, que le ſeul reproche de ceſte Apoſtaſie mettoit Iulien apres ceus qu'il euſt precedé ſans elle. Et il me ſemble qu'on ne peut pas dire là-deſſus, que nous ayons ramaſſé ſes cendres pour les conſacrer, ny que nous luy ayons éleué des Autels, ſi l'on ne donne à nos paroles des interpretations du tout contraires à ce qui eſt de noſtre intention.

Pour le ſurplus ie perſiſte en mon opinion, que comme on ne ſçauroit trop deteſter les crimes de Iulien, & ſur tout ſa deſertion lors qu'il a manqué de Foy à ſon Createur; rien n'empeſche auſſi que nous ne reconnoiſſions franchement les vertus qui luy ſont attribuées, quoy qu'inferieures de beaucoup à ſa malice. La doctrine des mœurs ſouffre qu'on conſidere le bien & le mal dans vn meſme ſuiet. Et ſi vne pierre precieuſe ne perd rien de ſon prix pour eſtre tombée entre les mains d'vn

Voleur; la vertu a ce priuilege de se faire admirer en quelque lieu qu'elle soit, & d'estre vertu, mesme sur le front d'vn Apostat, encore qu'elle n'y reluise que pour éclairer sa condamnation. Il n'est pas d'ailleurs inutile de faire voir par son exemple aus autres Potentats de la terre, que quelques dons de Nature que Dieu leur accorde, & quelques vertus qu'ils puissent acquerir pendant leur vie; s'ils quittent les Autels, & s'ils ne le seruent auec vne veritable pieté, leur memoire ne laissera pas d'estre abominable à perpetuité.

CONCLVSION.
C'EST ce que i'auois à dire sur le suiet de la Vertu des Payens. I'ay fait voir dans la premiere partie de ce Liure que depuis la naissance du monde iusques à nous, il a presque tousiours paru des hommes vertueus à qui vray-semblablement Dieu a peu faire misericorde, encore qu'ils ne fussent pas du nombre des Fideles, par vne grace extraordinaire dont il recompense quand il luy plaist ceus qui viuent moralement bien. La seconde partie est beaucoup plus estenduë, parce qu'elle est entrée dans vn examen particulier de la vie de plusieurs Gentils, dont nous auons consideré les vertus & les vices. Et i'ay porté mon discours iusques à faire voir que les plus criminels ont eu parfois des qualitez si loüables, qu'il y auroit de l'iniustice à leur en dénier la reconnoissance, dautant qu'elle n'offense pas la pieté, & qu'on

SECONDE PARTIE.

qu'on doit ce respect à la verité des histoires. C'est le propre de la Vertu de se faire aimer par tout où elle se trouue, mais principalement de ceus qui la suiuent d'vne inclination naturelle. Et puis qu'il n'y a rien de si mauuais dans l'Vniuers, qu'on ne puisse priser à cause de quelque degré de Bonté qui accompagne son Estre ; ce n'est pas merueille que les plus determinez au mal possedent de certaines conditions estimables, encore qu'ils soient à detester d'ailleurs. Le Diable mesme, comme remarque fort bien sainct Augustin, ne laisse pas tout meschant qu'il est d'auoir quelque chose de bon, autrement iamais Dieu ne l'auroit creé. Sa nature consideree separément, & entant qu'elle est nature, n'est pas mauuaise, il n'y a eu que la peruersité de cet Ange rebelle qui l'a renduë telle. Que si nous pouuons bien distinguer quelque bonne partie dans ceste source de tout mal, pourquoy ferions-nous difficulté d'accorder aus Infideles, & aus plus vicieus des hommes, de certaines actions vertueuses? Et pourquoy n'en ferions-nous pas le mesme cas que des perles, ou des diamans, qui se rencontreroient mélez & comme enseuelis parmy des ordures? Pour moy ie ferois conscience de suiure l'opinion contraire à celle dont ie me suis expliqué, & qui est la plus authorisée dans les Escholes. Si ie ne luy ay pas donné tous les ornemens dont elle estoit susceptible, soit pour la disposition, soit pour le langage, c'est vn deffaut de l'art, que l'ex-

l. 19. de Ciu. D. c. 13.

cellence de la matiere peut recompenser. Et s'il semble à quelques-vns que i'aye esté defectueus, parce que ie n'ay peut-estre pas estendu mes considerations, iusques où ils iugent qu'elles pouuoient aller, ie les supplie de se souuenir qu'on ne blasme iamais vn Chasseur pour n'auoir pas tout pris ce qui estoit dans la campagne; & que selon l'auis de plusieurs, ce n'est pas bien enseigner que d'enseigner tout.

F I N.

COMME les dernieres feüilles de ce liure rouloient sous la Presse, on m'a donné aduis que quelques personnes qui auoient eu la curiosité de les voir à mesure qu'on les tiroit, s'estoient scandalisées de ce que i'escris dans les pages 62. & 63. à l'auantage de Socrate, comme si ie l'auois voulu égaler à nostre grand Proto-martyr sainct Estienne, ce qui est tres-éloigné de mon intention.

Ie les supplie donc de considerer premierement que toute sorte de comparaisons ne vont pas à l'égalité; & qu'on tire souuent des similitudes entre les plus petites choses & les plus grandes,

-----Sic paruis componere magna solebam. *Virg. ecl.*

Iustin Martyr n'a-t'il pas bien comparé le mesme Socrate à Abraham, & à Elie, dans sa seconde Apologie? Et ne sçauons-nous pas que Samson auec Salomon passent dans nostre Theologie Chrestienne pour les figures de nostre Redempteur? quoy qu'on ne laisse pas de douter du salut de l'vn & de l'autre, outre qu'il n'y a nulle proportion du Createur à ses creatures. L'on ne sçauroit nier que sainct Thomas 2. 2. qu. 124. art. 4. n'ait reconnu vne espece de Martyre qu'il appelle Martyrium per quandam similitudinem, & que dans l'article cinquiesme suiuant, il n'enseigne qu'on peut souffrir le Martyre non pas pour la Foy seulement; mais pour toute sorte de veritez, entant qu'il n'y a point de mensonge qui n'offense la Maiesté Diuine. Aussi Clement Alexandrin nous auoit desia laissé par escrit que quiconque obserue les Comman-

demens de Dieu peut-estre nommé *Martyr* dans toutes ses actions, qu'il accommode & sousmet à la volonté de son *Createur*, Quicunque Seruatoris mandata exequuntur, in vnaquaque actione sunt Martyres, &c. Ce n'a donc pas esté vne impieté d'attribuer le Martyre à Socrate, s'il est mort pour soustenir l'vnité de Dieu. En effet le mot de *Martyr* ne veut rien dire que témoin, selon l'obseruation du mesme Docteur Angelique. Et quand ie considere qu'il a bien comparé Iesus-Christ au mesme Socrate, & à Pythagore, dans la troisiesme partie de sa Somme, qu. 42. art. 4. en ce qu'estans deus tres-excellens Docteurs ils n'ont neantmoins iamais rien mis par escrit; ce qui n'est possible pas vray à l'égard de Pythagore, comme nous l'auons remarqué sur l'authorité de Diogenes Laërtius, ie ne puis trop m'estonner de ceus qui ne peuuent souffrir qu'on trouue aucune conformité entre le premier & S. Estienne.

Ie leur respons en second lieu, que n'ayant rien asseuré de la beatitude de Socrate dans la mesme section, où ie *Page 74.* proteste que ce seroit temerité d'en rien determiner, i'ay bien monstré par là que ie ne pretendois pas de l'égaler à Sainct Estienne, qui a souffert vn veritable *Martyre*; au lieu que nous ne parlons de celuy de Socrate, qu'en quelque façon, c'est à dire figurément & auec improprieté. Mais ce qui m'estonne le plus, c'est qu'on n'ait pas pris garde à l'vne des obseruations que i'ay faites dans ma *Page 47.* premiere partie pour seruir à tout cét ouurage. En voicy les propres mots. Ceus qui mettroient en parallele les plus Illustres d'entre les Ethniques, auec nos grands SS.

Confesseurs, Martyrs, & autres dont l'Eglise celebre la memoire, ne s'élongneroient gueres de l'impieté des Gnostiques,&c. Certes ie ne sçaurois comprendre comme il est possible qu'on explique si sinistrement apres cela ce que i'ay dit de Socrate.

Pour derniere responce, ie declare franchement que la pensée qu'on ose condamner n'est pas mienne. Elle se trouuera dans la pluspart de ceus qui ont traitté le suiet où ie l'ay employée. Et on peut voir dans Collius entr'autres ces termes precis, apres auoir comparé la mort de Socrate au Baptesme de sang de nos Martyrs, At eiusdem artis, imo religionis est, in statu naturalis & scriptæ legis, pro confessione vnius Dei, ac post agnitum Trinitatis & Diuinitatis Christi Sacramentum, pro fide Saluatoris morte mulctari. Si ie n'ay pas suiuy par tout ailleurs les sentimens de ce Docteur Ambrosien, c'est vn autre fait. Tant y a qu'à l'égard de ce dont il est icy questiō, la Faculté de Theologie, le Vicaire de l'Inquisition, & le Consulteur du sainct Office de Milan, qui ont donné leur approbation, n'ont rien trouué à redire en ce qu'il semble qu'on voudroit faire passer pour vne impieté dans mō liure. *l.1. de an. pag. par. 1 c.7. p.432*

On me dit encore que quelques-vns ont craint que ie n'eusse pas assez repris l'indifference de certains Philosophes au fait de la Religion. Si ceux-là veulent prendre la peine de lire ce que ie dis dans la page 258. du Sage de Seneque, ie m'asseure qu'ils cesseront de m'imputer vne faute si criminelle.

Ie pense que s'ils considerent de mesme ce que i'ay escrit dans les pages 48. & 49. ils ne m'accuseront pas non plus

d'auoir mis à mauuaise intention aussi-tost aprés dans la page 50. vn peut-estre qu'on a voulu mal interpreter. En effet, ie pose dans tout mon Liure pour asseuré, qu'aucun Payen pour vertueus qu'il ait esté, n'a peu se sauuer sans la Grace surnaturelle. Et le peut-estre dont on se plaint ne regarde que ceus qui ne l'ont pas euë, au deffaut dequoy nous desesperons à bon droit de leur salut. Car nous ne tenons pas que les Chrestiens mesmes qui ont la Foy explicite, puissent arriuer à la felicité eternelle sans la Grace. Si i'auois dit que les Payens vertueus estoient peut-estre sauuez sans la Grace, ie serois condamnable. Mais c'est tout le contraire, & i'escris seulement qu'ils ont receu peut-estre vne Grace surnaturelle, au moyen de laquelle ils se sont sauuez, & par consequent sans laquelle il n'y a point eu de salut pour eus. Au cas neantmoins qu'on trouue que ce peut-estre ait quelque ambiguité qui porte vn sens contraire au mien, ie consens de bon cœur qu'il soit rayé.

Pour les autres erreurs que ie puis auoir commises & qui ne sont pas venuës à ma connoissance, ie souffriray tousiours d'autant plus patiemment d'en estre repris, que ie ne sçay rien qui soit plus humain que de faillir & de se mesprendre.

PREVVES
DES
CITATIONS.

E fis responfe dans la derniere de-my-feüille de la premiere impreffion de ce Liure à tout ce que i'auois peu apprendre qu'on reprenoit en mon Ouurage deuant mesme sa publication. Le desir de satisfaire autant qu'il me sera possible à ce que i'ay sceu depuis qu'on y trouuoit encore à redire, m'oblige d'adiouster icy quelque chose. Et parce qu'il s'est trouué des personnes assez mal affectionnées enuers moy, pour m'imputer d'auoir mal cité quelques Peres, de l'authorité de qui ie me suis serui en faueur des Payens Vertueus & non Idolâtres : Ie commenceray par la refutation de cette calomnie, qui ne peut estre renduë plus éuidente qu'en rapportant les propres textes de chacun de ces Peres. Il est vray que pour ne grossir pas trop ce Volume, & pour m'accommoder par necessité à ce que veut l'Imprimeur, ie donneray souuent d'assez mau-

uais Latin pour de tres bon Grec, que ie supplie le Lecteur de vouloir considerer dans les Liures de ceus que ie prends à garant, où il est aysé d'auoir recours.

Denys. Le premier selon le temps, de l'authorité de qui ie me suis serui, a esté sainct Denys. Il faudroit transcrire plus de la moitié du neusiesme Chapitre de sa Celeste Hierarchie, pour rapporter tout ce qu'il dit au suiet que ie l'ay allegué. Mais il enseigne precisément, *Quod vna quidem de omnibus Altissimi prouidentia, omnes homines salutis causa Angelis suis ad se deducendos distribuerit*; Encore, adiouste-t'il, qu'il n'y ait gueres eu que les Israëlites qui en ayent pris vne parfaitte connoissance.

Iustin. Iustin Martyr vient-apres, qui remarque dans sa premiere Apologie, *Prauorum Dæmonum instinctu & opera, bonos quidem, veluti Socratem & eius similes, opprimi atque in vinculis esse. Sardanapalum autem & Epicurum, & qui præterea eiusmodi sunt, in copia rerum omnium & claritate beatos videri.* Voicy ce qu'il dit dans vn autre endroit de cette Apologie à l'auantage de Socrate, apres auoir obserué que ce Philosophe auoit esté persecuté des mesmes calomnies dont on attaquoit les premiers Chrestiens. *At ille Dæmones quidem malos, & probrorum quæ Poetæ descripserunt patratores, vrbe exegit, Hominesque, vt Homerum & Poetas alios vitarent, docuit; & ad ignoti eis Dei cognitionem, per rationis & Verbi inquisitionem cohortatus est, dicens, Patrem autem*

tem & opificem vniuerforum neque inuenire facile, neque inuentum in vulgus promulgare tutum eft. Il adioufte vn peu plus bas que, *Chriftus à Socrate ex parte eft agnitus;* ce qui paroift eftre la mefme chofe que s'il auoit dit felon les termes de Sainct Thomas que Socrate a eu la Foy implicite du Meffie à venir.

Incontinent apres le commencement de fa feconde Apologie, il vfe de ces termes. *Pofteaquam Socrates mortales à Dæmonibus abducere eft annifus, illi ipfi Dæmones per homines prauitate gaudentes effecerunt, vt quafi Atheus noua inducens Dæmonia occideretur. Idipfum itidem de nobis faciunt.* Ie ne rapporteray plus qu'vn autre grand paffage de la mefme declamation, qui témoigne bien quelle opinion auoit fainct Iuftin de Socrate. *Ne qui vero præter rationem, ad eorum quæ nos edocti fumus euerfionem dicant, ante annos 150. nos affeuerare Chriftũ fub Cyrenio natum effe, docuiffe autem quæ docuit pofterius fub Pontio Pilato; & proinde noxa folutos atque infontes effe per appellationem allegent, qui ante ea tempora extitere mortales omnes: quæftionem eam anticipantes foluemus. Chriftum primogenitum Dei effe inftituti fumus, & Rationem atque Verbum effe, cuius vniuerfum hominum genus eft particeps, antea oftendimus. Et quicunque cum Ratione ac Verbo vixere Chriftiani funt, quamuis Athei, & nullius numinis cultores habiti funt, quales inter Græcos fuere Socrates, Heraclitus, atque ijs fimiles: inter Barbaros autem Abraham, & Ananias, & Azarias, & Mifaël,*

& *Elias, & alij complures: quorum facta simul & nomina in præsentia recensere quia longum esse scimus, supersedemus. Perinde atque ex veteribus qui itidem tempore Christum præcessere, & absque Ratione ac Verbo ætatem exegere, ἄχρηστοι, hoc est incommodi & inimici Christo fuerunt, eorumque qui secundum Rationem & Verbum vixerunt percussores. At qui cum Ratione & Verbo vixerunt, atque etiam nunc viuunt, Christiani, & extra metum atque perturbationem omnem sunt.*
Certes encore qu'on puisse destourner le sens de toute sorte d'Autheurs, quand on en a le dessein ; si est-il impossible de douter là-dessus que Iustin Martyr n'eust tres-bonne opinion du salut de Socrate & de ses semblables. Se seroit-il dispensé, s'il les eust tenus pour des damnez, de tirer des paralleles entr'eus & Abraham, Ananie, auec ces autres dont la memoire nous est en si grande veneration? Et pourquoy nommer Chrestiens des hommes qu'il eust estimé estre dans les peines eternelles ? Quel auantage en reuenoit-il au Christianisme ?

Herma in l. Pastoris.

Il eust falu placer l'Autheur du Liure du Pasteur deuant sainct Denys, si nous ne le consideriions comme posterieur de plus de cent ans à cét Herma qui fut disciple de sainct Paul, comme nous l'auons remarqué dans la page 29. Faisant baptiser aus Apostres apres leur mort ceus qui n'auoient pas creu au Fils de Dieu, bien qu'ils eussent mené vne vie plene d'équité, il vse de ces termes, dans son troisiesme Liure, Chapitre ou similitude neufuies-

me. *Apostoli & Doctores qui prædicauerunt nomen Filij Dei, cum habentes fidem eius & potestatem defuncti essent, prædicauerunt his qui ante obierunt, & ipsi dederunt eis illud signum. Descenderunt igitur in aquam cum illis, & iterum ascenderunt. Sed hi viui ascenderunt, at illi qui fuerunt ante defuncti, mortui quidem descenderunt, sed viui ascenderunt: Per hos igitur vitam receperunt, & agnouerunt Filium Dei : ideoque ascenderunt cum eis, & conuenerunt in structuram turris. Nec circumcisi, sed integri ædificati sunt, quoniam æquitate pleni, cum summa castitate defuncti sunt, sed tantummodo hîc sigillum defuerat eis.*

Les diuers lieus de Clement Alexandrin sont ceux-cy. Premierement, *l. 1. strom. Iis qui à Philosophia fuere iustificati, auxilium tanquam thesaurus reconditur, & ea consensio qua ducit ad Dei cultum, & pietatem in Deum. Atque erat quidem ante Domini aduentum Philosophia Græcis necessaria ad iustitiam, nunc autem est vtilis ad Dei cultum, & pietatem ijs qui fidem colligunt per demonstrationem.* Et vn peu apres. *Omnium bonorum Deus est causa : sed aliorum quidem principaliter, vt testamenti veteris & noui: aliorum autem per consequentiam, sicut Philosophiæ. Forte autem principaliter tunc etiam Græcis data fuit, priusquam Dominus Græcos quoque vocasset. Nam ipsa quoque Græcos pædagogi more docebat & ducebat, sicut lex Hebræos ad Christum.* Ce fut selon ce sentiment qu'Eusebe escriuit depuis dans le second Chapitre du premier Liure de son Histoire Ecclesiastique, que la Loy des He-

<small>Clement Alex.</small>

breux, & les preceptes des Philosophes, furent des preparatifs à la Loy de Grace, & à la venuë de Nostre-Seigneur. Clement Alexandrin monstre en suitte dans le mesme Liure, apres diuerses allegories, par quelle voye la Philosophie conduisoit les Grecs à Iesus-Christ. *Hinc ergo dicimus Philosophiam nuda ratione habere inquisitionem veritatis, & naturæ eorum quæ sunt. Hæc autem est veritas de qua ipse dixit Dominus, Ego sum veritas* Dans le sixiesme Liure il rapporte quelques passages des predications de S. Pierre, d'où il conclud que ce n'estoit qu'vn mesme Dieu qu'adoroient les Iuifs, les Philosophes Grecs, & les Chrestiens. *Apertè ostendit vnum & solum Deum à Græcis quidem Ethnicè seu Gentiliter, à Iudæis autem Iudaïcè, nouè autem à nobis cognosci & spiritaliter.* Il adiouste que comme Dieu pour sauuer les Iuifs leur donna des Prophetes, il suscita aussi des gens de bien & des Philosophes parmy les Grecs à mesme fin. Et il croid selon le Liure du Pasteur qu'il cite, que les Gentils vertueus receurent l'Euangile aus Enfers, lors que Iesus-Christ y descendit, ou bien par la predication des Apostres, la Iustice Diuine le requerant ainsi. En fin se moquant de l'absurdité de ceus qui attribuoient au Diable l'inuention de la Philosophie, il vse de ces termes. *Porrò si vsus Philosophiæ non est malorum, sed datus est Græcorum optimis & præstantißimis, hinc quoque clarum à quo data sit, à prouidentia scilicet, quæ vnicuique distribuit pro meritis ea quæ conueniunt. Merito ergo*

DES CITATIONS.

Iudæis quidem lex, Græcis autem data est Philosophia vsque ad aduentum. La mesme doctrine se voit dans sa septiesme Tapisserie, où l'on peut lire ces mots. *Quocirca præcepta dedit & priora & posteriora, ex vno fonte hauriens Dominus, nec eos qui erant ante legem, sine lege esse nihili pendens; nec eos qui non audiebant barbaram Philosophiam, ferri effrænatos permittens. Nam cum illis quidem præcepta, his vero præbuisset Philosophiam, incredulitatem conclusit in aduentum, quo tempore est inexcusabilis quisquis non crediderit.* Il n'y a personne qui puisse douter là-dessus de l'opinion qu'auoit Clement Alexandrin touchant le salut des Philosophes Payens. Si est-il des plus anciens Peres de l'Eglise, comme celuy qui viuoit du temps de l'Empereur Seuere, il y a pres de quinze cens ans.

Origene expliquant dans son second Liure, Chapitre aussi second, sur l'Epistre aus Romains ce passage, *Gloria & honor & pax omni operanti bonum, Iudæo primum & Græco,* l'interprete des Infideles en ces termes, *Quod vt ego capere possum de Iudæis & Gentilibus dicit, vtrisque nondum credentibus.* Et monstre qu'encore qu'ils ne peussent sans la Foy participer à la vie eternelle, ils ne laissent pas de meriter par les bonnes œuures qu'ils font, & pour les Vertus de Iustice, de Chasteté, de Prudence, & autres qu'ils exercent, tant s'en faut qu'il creust que leurs meilleures actions fussent des crimes.

Sainct Basile dit nettement dans l'Homelie

neufuiesme de l'Hexameron, que les Vertus sont naturelles à tous les hommes, ce qui fait bien voir qu'il ne pensoit pas que la prattique en fust interditte à quelques-vns. *Sunt apud nos Virtutes secundum Naturam ad quas habendas affinitas animæ non ex humana doctrina, sed ex ipsa natura nobis inesse videtur: Etenim vt nulla oratio, nulla doctrinæ vllius formula nos edocet morbum odisse: sed ex nobismetipsis nos ea quæ dolorem efficiunt reprehendimus, auersamur, horremus: sic & in anima quædam inest naturalis & citra doctrinam vllam euitatio mali. Atqui malitia omnis ægritudo est animæ; contra Virtus rationem obtinet sanitatis,* &c.

Sainct Ambroise n'a fait nulle difficulté d'ouurir le Paradis à Valentinien le ieune, nonobstant le deffaut du Baptesme. Et neantmoins cét Empereur auoit fort persecuté les Catholiques en faueur de l'Imperatrice Iustine qui estoit Arrienne. Et si plusieurs creurent à sa mort qu'il s'estoit luy-mesme attaché le licol dont on le trouua estranglé, si nous en croyons Rufin & Sozomene. Mais sainct Ambroise qui le conuoissoit interieurement Chrestien, & qui sçauoit auec combien de zele il auoit desiré d'estre baptisé, iugeant tout autrement de sa fin, ne doute point que Dieu ne luy ait fait misericorde. *Ne nos quidem dubitemus*, dit-il dans l'Oraison Funebre de ce Prince sur la fin, *de meritis Valentiniani, sed iam credamus vel testimonijs Angelorum, quod detersa labe peccati ablutus ascendit, quem sua Fides*

lauit, & petitio consecrauit. Et beaucoup de ceus qui ont fait reflexion sur ce qu'il dit de Socrate dans son Liure du bien de la mort, au Chapitre onziesme, qui a pour titre, *Quæ sit animarum post hanc vitam futura lætitia,* se sont imaginez qu'il n'auoit pas desesperé du salut de ce Philosophe. Voicy ses termes. *Esdras reuelauit secundum collatam in se reuelationem, iustos cum Christo futuros, futuros & cum sanctis. Hinc & Socrates ille festinare se dicit ad illos semi-Deos, ad illos optimos viros.*

Non seulement sainct Ierosme a souuent proposé la Vertu des Payens aus Chrestiens de son temps pour leur en faire honte, comme ie l'ay remarqué aus Sections de Diogene & de Pythagore, mais il l'a mesme establie expressément dans son Commentaire sur le vingt-deuxiesme Chapitre de sainct Matthieu. C'est où il explique ces termes de l'Euangile, *Nuptiæ quidem paratæ sunt, &c.* parlant de ceste sorte. *Gentilium populus non erat in vijs, sed in exitibus viarum. Quæritur autem quo modo in his qui foris erant inter malos, & boni aliqui sint reperti. Hunc locum plenius tractat Apostolus ad Romanos, quod gentes naturaliter facientes ea quæ legis sunt, condemnent Iudæos qui scriptam legem non fecerint. Inter ipsos quoque Ethnicos est diuersitas infinita: cum sciamus alios esse procliues ad vitia, & ruentes ad mala: alios ob honestatem morum virtutibus deditos.* Il enseigne la mesme doctrine dans son Commentaire sur le premier Chapitre de l'Epistre aus Galates, se fondant sur

S. Ierosm

deus passages de l'Escriture, le premier, *Medius in vobis stat quem vos nescitis*, & l'autre, *Erat lux vera quæ illuminat omnem hominem venientem in hunc mundum*, d'où il tire cette conclusion. *Ex quo perspicuum sit, naturâ omnibus Dei inesse notitiam, nec quemquam sine Christo nasci, & non habere semina in se sapientiæ, & iustitiæ, reliquarumque virtutum. Vnde multi absque Fide & Euangelio Christi, vel sapienter faciunt aliqua, vel sanctè, vt parentibus obsequantur, vt inopi manum porrigant, &c.* Et l'on peut voir encore comme il dit la mesme chose sur le vingt-neufuiesme Chapitre d'Ezechiel, en ces mots. *Cæterum ex eo quod Nabuchodonosor mercedem cæpit boni operis, intelligimus etiam Ethnicos, si quid boni fecerint, non absque mercede Dei iudicio præteriri. Vnde & per Hieremiam Nabuchodonosor columba Dei appellatur, eo quod aduersum populum peccatorem Dei seruierit voluntati. Et adducam, inquit, seruum meum Nabuchodonosor. Ex quo perspicuum est condemnari nos comparatione Gentilium, si illi lege faciant naturali, quæ nos etiam scripta negligimus.*

S. Chrysostome.

Voyons quelques textes de sainct Iean Chrysostome, qui ne sont pas moins à l'auantage des Gentils que les precedens. Celuy qui se lit dans sa troisiesme Homelie sur la premiere Epistre de l'Apostre aus Corinthiens est tel. *Nonne Deus legem tulit scriptam & Naturalem? Nonne filium misit? Nonne signa fecit? Nonne cæli regnum pollicitus est? Nonne præcepta eius adeo leuia sunt, vt multi Philosophica tantum*

tum ratione excesserint? Dans vne autre Homelie qui est la vingt-septiesme sur sainct Matthieu, parlant des hômes qui estoient morts deuant la venuë de Iesus-Christ, il adiouste, *Poterant enim homines tunc, etiam ipsam Christum non confessi, saluari. Non enim Christi, qui nondum venerat, ab illis cultus petebatur, sed vt idolorum cultu spreto, vnum solum Deum conditorem omnium noscerent.* Et vn peu apres: *Quod autem qui ante Christum obierunt, ac ideo ipsum non agnouerunt, si ab Idolorum cultu recesserunt, ac Deum solum adorarunt, si præterea honeste vitam peregerunt, æterna bona & beatitudinem adipiscerentur, audi quid dicat Paulus, Gloria autem, & honor, & pax omni operanti bonum, Iudæo primum, & Gentili.*

Entre les passages de sainct Augustin que ie dis qu'on a citez comme fauorables au salut des Payens qui ont esté vertueux, ie rapporteray celuy de sa quarante-neufuiesme Epistre addressée *ad Deogratias Presbyterum*, où il luy dit dans la responce à la seconde question, *Ab exordio generis humani quicunque in Deum crediderunt, eamque vtcunque intellexerunt, & secundum eius præcepta piè & iustè vixerunt, quandolibet & vbilibet fuerint, per eum proculdubio salui facti sunt.* Et il monstre apres comme il y a eu sans doute plusieurs personnes autres qu'Israëlites agreables à Dieu, & que de toute sorte de Nations ils s'en est peu sauuer aussi bien que de celle des Hebreus. Ce qu'il dit dans le quarante-septiesme Chapitre du dix-huictiesme Liure de sa Cité de Dieu

S ʃ

au suiet de Iob est fort conforme à cela. *Diuinitus autem prouisum fuisse non dubito, vt ex hoc vno (Iob) sciremus, etiam per alias gentes esse potuisse, qui secundum Deum vixerunt, eique placuerunt, pertinentes ad spiritalem Hierusalem.* Encore qu'il ne doute point que ce n'ait esté par le moyen d'vne reuelation du Mediateur, & de la mesme Foy qui nous sauue tous, laquelle nous ne pouuons pas presupposer autre qu'implicite, puis que, comme dit sainct Thomas, la pluspart mesme des Iuifs ne l'auoient pas explicite. Louis Viues est tellement pour le salut des Payens vertueux d'alors, dans son Commentaire sur ce Chapitre, qu'il conclud mesme pour la felicité eternelle des Gentils du temps present, qui sans auoir ouy parler de l'Euangile de Iesus-Christ, ne laissent pas de viure moralement bien: Obseruons ses termes. *Potuerunt qui ex Gentibus naturam sequebantur ducem, illam non prauis iudicijs opinionibusque inquinatam & corruptam, tam grati esse Deo, quàm qui legem Mosaïcam seruauerunt. Quod enim hi consequuti sunt per legem, illi essent consequuti: & qui tales fuere sine lege, eodem quo Iudæi peruenerunt, cum eodem contenderent. Nec inter eos aliud discrimen fuit, quàm est ceu quis viator mandatam chartæ itineris sui rationem gerat, ac veluti formam; alter memoriæ fidat ac iudicio. Idem etiam nostro tempore continget ei qui cum nihil de Christo in remotissimis Oceani partibus natus audierit, duo illa maxima seruauerit mandata, in quibus Veritas ipsa legem totam Prophe-*

DES CITATIONS.

tasque constitutos affirmauit, de Deo & proximo diligendis. Huic sua conscientia est lex, &c. Il faut adiouster vn autre endroit du mesme Liure de sainct Augustin, Chapitre vingt-troisiesme, parce que ie l'ay cotté au suiet de la Sybille Erythrée. *Hæc autem Sybilla siue Erythræa, siue vt quidam credunt Cumana, ita nihil habet in toto carmine suo, quod ad Deorum falsorum siue fictorum cultum pertineat : quinimo ita etiam contra eos, & contra cultores eorum loquitur, vt in eorum numero deputanda videatur, qui pertinent ad ciuitatem Dei.* Mais pour ne me pas engager dans vn trauail infini, ie me suis serui, & à fort bon droict ce me semble, de l'authorité d'vn des plus grands Scholastiques que nous ayons, l'Euesque d'Auila Tostat, parce que dans vne profonde connoissance qu'il auoit de tous les Peres, il s'est principalement preualu de la doctrine de sainct Augustin. C'est celuy que le Cardinal Bellarmin nomme *virum sanctitate & doctrina celeberrimum*, qui viuoit du temps du Pape Eugene quatriesme, il y a plus de deus cens ans, & qui pour n'en auoir vescu que quarante, n'a pas laissé de meriter ce merueilleus eloge dans l'Eschole, {Tostatus Ep. Abulensis.}

Hic stupor est mundi, qui scibile discutit omne.
Or on peut voir dans le cinquiesme Chapitre de son Commentaire sur le quatriesme Liure des Rois question vingt-vniesme, comme soustenant que les Gentils non Idolâtres se pouuoient sauuer du temps de la Loy de Moyse, en obseruant celle de la

Nature, il asseure que cela est conforme aus sentimens de sainct Augustin. Et sic, dit-il, *Augustinus vult Platonem saluum esse, & multos alios de Philosophis, qui ad vnguem vitia correxerunt; & non erat verisimile de eis vllo modo quod Idola colerent, sed colebant verum Deum.* Il faut faire condamner l'Euesque d'Auila & beaucoup d'autres de calomnie enuers sainct Augustin, auparauant qu'on me la puisse imputer, puisque ie n'ay cité le dernier en cecy que sur la Foy du premier, comme on peut voir dans la Section de Platon. Ie iuge à propos de rapporter encore en ce lieu deus ou trois des textes de Tostat, bien que ny luy, ny Louis Viues ne soient pas icy dans leur rang eu égard à l'ordre du temps. Le premier texte sera de son Commentaire sur le second Chapitre de la Genese, question quatriesme, où il prouue que l'obseruation du iour du Sabath n'estoit pas commandée deuant Moyse, parce que si Dieu l'eust establie dés le commencement du Monde, toutes les Nations y eussent esté obligées. *Cum ergo aliæ Gentes non seruassent hoc præceptum, peccassent omnes mortaliter. Sed falsum est, quia dicitur, quod omnes antiqui Gentiles ante Euangelium promulgatum poterant saluari in solis præceptis iuris Naturalis, scilicet Deum verum diligere supra se, & proximo non nocere, in quibus est totus Decalogus, vt patet Matth. 22. c. Et sic multi ponunt aliquos Philosophos saluos, vt Socratem, Platonem, & alios, qui tamen Sabbatha non custodierunt.* Ie prendray le second tex-

DES CITATIONS.

te du Chapitre trentiesme, question quatorziesme de son Commentaire sur l Exode, où il soustient que les Philosophes Ethniques n'estoient pas tenus de deferer aus Escritures des Hebreus, ny de receuoir le vieil Testament. *Et sic dicendum est generaliter, quod nullus de illis hominibus, qui tempore legis Mosaicæ saluatus fuit in Gentilitate, cognouit Deum Hebræorum esse verum Deum. Sed putabant eum esse sicut vnum de Dijs aliarum Gentium. Nam cum illi boni essent, & verißime desiderarent colere Deum verum, & colerent : si ipsi cognouissent Deum Hebræorum esse verum Deum, nullo modo credendum est quod non conuersi fuissent ad illam legem, quam ipse dedisset, approbantes illam tanquam optimam. Et sic de Platone & Socrate dicendum est, & de cæteris, quod licet cognouerint quod verus Deus sit aliquis, & illum coluerint, ignorauerunt tamen an Deus Hebræorum esset verus Deus : imo non crediderunt esse verum Deun.* Pour troisiesme texte on peut voir ce qu'il escrit dans le Chapitre cent septiesme de son cinquiesme paradoxe, où traittant du premier aage, & de ceus qui viuoient dans la Loy de Nature, il soustient que les Gentils qui l'obseruoient se pouuoient sauuer. Et apres auoir monstré que le passage de l'Apostre, *Omne quod non est ex Fide, est peccatum,* ad Rom. c. 14. ne veut dire autre chose sinon que, *quicquid est contra id, quod homo credit esse bonum, est peccatum,* il vse de ces termes, *Nam sicut nunc per contritionem cum proposito confitendi & obediendi Ecclesiæ in satisfactione peccatorum, tolluntur rea-*

S s iij

tus: ita & tunc & ab origine creati sæculi in quacunque gente hoc obtinuit, vt sola contritione peccamina delerentur. Vnde etiamsi quis eo tempore tota vita Idola coluisset, aut alijs se facinoribus & flagitijs immiscuisset, mox vt de eis doleret, remissa erant, dicente Ezechiele, Si impius egerit pœnitentiam ab omnibus peccatis suis, omnium iniquitatum eius, quas operatus est, non memorabor, c.18. Æqualem enim vigorem contritio omni tempore habet. Il enseigne la mesme doctrine dans son Commentaire sur le Liure de Ruth, & en beaucoup d'autres lieus. Mais pour reuenir à sainct Augustin, quelque Paraphrase qu'on puisse faire sur vne autre de ses Epistres, qui est la nonante-neufuiesme, & quelque interpretation qu'on luy donne, l'on ne sçauroit la lire sans reconnoistre manifestement deus choses ; la premiere qu'il attribuë beaucoup de Vertus aus Payens ; la seconde qu'il a souhaitté, sans l'esperer neantmoins, que ceus qui les auoient possedées fussent exempts des peines de l'Enfer.

Or tous les Peres que i'ay citez deuant sainct Augustin, estans plus anciens que luy, il est temps de rapporter les textes de ceus qui ont vescu depuis, & de l'authorité desquels ie me suis preualu, tant pour me iustifier, que pour faire voir la suitte de la doctrine que nous auons dit estre la commune de l'Eschole. I'adiousteray pour cela les sentimens de quelques Autheurs receus, dont la doctrine & la pieté ne peuuent estre reuoquées en doute.

Commençons par sainct Theodoret Euesque de Cyr, dont voicy l'explication sur le second Chapitre de l'Epistre de sainct Paul aus Romains, verset neufuiesme. *Similiter autem, inquit, & Iudæos & Græcos & inique agentes puniet, & pietatis ac iustitiæ curam agentes coronis dignabitur. Græcos autem nunc vocat, non eos qui ad diuinam prædicationem accesserunt, sed eos qui ante diuinam Incarnationem fuerunt. Non autem ijs vitam æternam pollicitus est, qui idola adorarunt, sed ijs qui extra legem quidem Mosaïcam vitam egerunt, pietatem autem Deique cultum amplexi sunt, & Iustitiæ curam gesserunt.*

S. Theodoret.

Les Liures de la vocation des Gentils qu'on a voulu attribuer à sainct Ambroise, ne peuuent pas estre de luy, puis qu'il y dispute contre les Pelagiens, dont l'heresie n'a paru qu'vn peu de temps apres le sien. Ils sont sans doute de leur grand aduersaire sainct Prosper, disciple de sainct Augustin & l'vn des plus determinez deffenseurs de sa doctrine. Or outre la maxime qu'il establit dés le premier Chapitre du second Liure, & qu'il confirme dans le trentiesme, que Dieu veut que tous les hommes soient sauuez, où selon les termes du vingt-cinquiesme Chapitre; *Deum ob generalem gratiam omni tempore velle omnes saluos fieri, at peculiari gratia quosdam tantum*: Il passe outre dans le dix-septiesme du mesme Liure, où il parle ainsi. *Quodsi forte quemadmodum quasdam Gentes, quod ante non norunt in consortium Filiorum Dei nouimus adoptatas, ita*

S. Prosper Aquitan.

etiam nunc in extremis Mundi partibus sunt aliquæ Nationes, quibus nondum gratia Saluatoris illuxit: non ambigimus, etiam circa illas occulto iudicio Dei tempus vocationis esse dispositum, quo Euangelium quod nondum viderunt, audiant atque suscipiant. Quibus tamen illa mensura generalis auxilij, quæ desuper omnibus semper hominibus est præbita, non negatur: quamuis tam acerbo natura humana vulnere sauciata sit, vt ad agnitionem Dei neminem contemplatio spontanea plene valeat erudire, nisi obumbrationem cordis vera lux discusserit, quam inscrutabili iudicio Deus iustus & bonus, non ita præteritis seculis quemadmodum in nouißimis diebus effudit. Voilà son sentiment fauorable aus Nations qui n'auoient pas encore esté éclairées des lumieres de l'Euangile, annoncé de son siecle seulement aus Escossois, comme il le témoigne sur la fin de son Liure *contra collatorem.* Que n'eust-il point escrit en faueur d'vn nouueau Monde, s'il se fust descouuert de son temps?

S. Iean Damascene.

Voyons en suitte sainct Iean Damascene, celuy que le Maistre des Sentences & tous les Scholastiques depuis ont suiui en l'ordre de la Theologie; & voyons les passages de l'Oraison pour les Deffunts que i'ay alleguée. Apres y auoir parlé du salut de Falconille, qu'il nomme Gentile, Idolatre, & ennemie de Iesus-Christ, il dit qu'il ne faut pas croire que la descente de Nostre-Seigneur aus Enfers ait esté seulement pour en tirer les Prophetes, les Iuges, & les autres Peres Hebreus qui auoient attendu

attendu sa venuë par vne Foy qui demandoit cette recompence: Mais que sa seule misericorde luy fit estendre sa Grace iusques sur les Gentils qui auoient moralement bien vescu. *At verò cuncti illi, mea quidem sententia, sola illius benignitate ac misericordia salutem acceperunt: qui etiamsi alioqui vitæ puritate excelluissent, atque optimis quibusque actionibus perfuncti fuissent, tenuiterque ac temperanter & castè vixissent, tamen puram ac diuinam fidem haudquaquam perceperant, vt qui nulla omnino disciplina, aut cuiusquam magisterio eruditi excultique fuissent, &c.* Il poursuit à monstrer comme nonobstant leur impieté, la Bonté de Dieu ne laissa pas de recompenser leurs bonnes œuures de la Beatitude. Et vn peu plus bas il rapporte l'histoire de Traian, tiré des peines eternelles par la priere de sainct Gregoire, que les Grecs surnommoient le Dialogue, asseurant que de son temps, qui est celuy de l'Empereur Leon, ou l'Iconomaque, il y a prez de neuf cens ans, tout l'Orient & l'Occident tenoient cela tres-veritable. De verité l'Euchologe ou Rituel des mesmes Grecs que i'ay cité dans la page 44. en rend assez de témoignage au Chapitre 96. *De mortuis*, où l'on voit cette priere. *Vt voluntate tua Theclam primam Martyrem exaudisti pro matre sua Idolorum cultrice orantem, nec ipsius preces contempsisti, verum vt summè bonus ac reconciliatu facilis, veniam ipsi concessisti: ac rursum quemadmodum Traianum per intentam serui tui Gregorij Dialogi intercessionem flagro soluisti, exaudi etiam*

Euchologe des Grecs.

nos te orantes, non pro Idolorum cultrice, sed pro fideli seruo tuo, qui te propter Imbecillitatem ad Iracundiam prouocauit.

.Anselme. J'ay cité sainct Anselme sur l'Epistre aus Romains. C'est l'Archeuesque de Cantorbery, qui viuoit il y a prez de six cens ans, & que le Cardinal Bellarmin nomme *Virum natione Italum, professione Monachum, ingenio acerrimo, & sanctitate admiranda.* Expliquant ces mots du second Chapitre de cette Epistre, *Gloria autem & honor & pax omni operanti bonum. Iudæo primum & Græco*, il dit, *Iudæi enim primò crediderunt, ac bonum operati sunt, & postea Græci per quos signantur Gentiles, sed non vtrique parem in regno beatitudinis locum habent.* Et vn peu au dessous interpretant cét autre passage, *Cum enim Gentes quæ legem non habent, &c.* il adiouste, *Sed cum Gentilis legem non habeat, & quasi nesciat quid sit bonum, & quid sit malum, videretur neutrum sibi debere imputari. Contra Apostolus, etsi non habet legem scriptam, habet naturalem, qua intelligit, & sibi conscius est quid sit bonum vel malum. Et ideo credendus est bene vel male operari, & meritò saluari vel damnari.* Il monstre en suitte que la Loy de Nature enseigne à ne rien faire de ce que la Loy de Dieu a depuis deffendu aus Iuifs, comme de ne point desrober, de ne point tuer, de ne point commetre d'adultere, & cela par cette lumiere qui est naye auecque nous, & qui enseigne de ne point faire à autruy, ce que nous ne voudrions pas qu'on nous fist.

DES CITATIONS.

Sainct Bruno Fondateur des Chartreus est formellement pour le salut des Payens vertueus, dans son Commentaire sur le second Chapitre de la mesme Epistre aus Romains, où il forme & resout cette obiection contre le texte de l'Apostre. *Dicis quod quicunque factores legis fuerint saluabuntur: sed Gentiles saluari non debent, quia etiamsi opus legis faciunt, indifferenter hoc faciunt, non ducti ratione, sed casu, vt illi, qui de nullis per scripturas instructi sunt. Contra hoc Paulus. Vere Gentiles si fuerint factores legis, iustificabuntur, & è contrario si malum operati sint, ira & indignatione damnabuntur. Ex merito debent saluari pro bono, & puniri pro malo. Quia ipsi sibi sunt lex, id est naturalem legem in se habent: ipsi dico non habentes legem eiusmodi, id est scriptam, sicut Judæi, & vere ipsi sibi sunt lex, cum hoc sit quod Gentes, quæ legem scriptam non habent, id est Gentiles, faciunt ea, quæ sunt legis scripta, id est quæ scripta lex præcipit naturaliter, id est naturalem legem sequentes. Nec indifferenter ea quæ legis sunt, faciunt, quia qui ostendunt per operationem scriptum esse in cordibus suis opus legis, deserendo mala, adhærendo bonis. Hoc enim est opus legis declinare à malo, & facere bonum. Quod si per legem naturalem non creditis Gentiles saluari; nihil hoc salutem eorum impedit, quia in die cum iudicabit Deus, apparebit opus Legis scriptum fuisse in cordibus eorum. Tunc in illo die conscientia ipsorum, quæ tunc omnibus palam fiet (ibi enim singulorum opera omnibus palam erunt) reddente illis testimonium de bonis seu malis, quæ*

S. Bruno.

fecerunt. Et sur ce texte de l'onziesme Chapitre de l'Epistre aus Hebreus, *Sine fide impossibile est placere Deo, &c.* il persiste encore plus expressément dans le mesme sentiment par ces paroles, *Si hoc solum crederent Gentiles, quod Creator vnus esset, & singulis pro ipsorum actibus retribueret, satis esset illis.* Denys Rikel, autrement dit le Chartreus suit, comme il doit, la doctrine de son Fondateur, dans l'explication des mesmes lieus de S. Paul.

[marginal: Denys le Chartreus.]

L'Epistre soixante dix-septiesme de sainct Bernard, *ad Magistrum Vgonem de sancto Victore* est merueilleusement considerable. Il luy mande qu'il ne peut croire que le Commandement de Dieu prononcé à Nicodeme, *Nisi quis renatus fuerit ex aqua & Spiritu sancto, non intrabit in Regnum Cœlorum*, puisse estre entendu si precisément, que cela se doiue estendre iusques sur ceus qui n'ont iamais eu connoissance de ce precepte. Car deuant la venuë de Iesus-Christ, les Iuifs, dit-il, & les Nations mesmes, ou les Payens fideles, estoient purgez du peché originel, & se pouuoient sauuer. *At vero quis nescit & alia præter baptismum contra originale peccatum remedia antiquis non defuisse temporibus? Abrahæ quidem & semini eius Circuncisionis Sacramentum in hoc ipsum traditum est. In Nationibus verò quotquot inuenti Fideles sunt ; adultos quidem fide & sacrificijs credimus expiatos, paruulis autem etiam solam profuisse, imo & suffecisse parentum fidem.* Et vn peu apres parlant du temps auquel ce precepte du Baptesme fut donné ;

[marginal: Bernard.]

DES CITATIONS.

Sed ex eo tempore tantum cuique cœpit antiqua obseruatio non valere, & non baptisatus quisque noui præcepti reus existere, ex quo præceptum ipsum inexcusabiliter ad eius potuit peruenire notitiam. Ce qui monstre bien qu'elle eust esté l'opinion de ce sainct personnage touchant les habitans du nouueau Monde, s'il se fust découuert de son temps. Il adiouste qu'il ne sçait pas surquoy se fondoit celuy qui vouloit apporter là-dessus vne nouuelle doctrine, & tout à fait contraire à celle de sainct Ambroise & de sainct Augustin. *Librum certè Ambrosii de morte Valentiniani legat, si legit recolat, non dissimulet si recolit, & aduertet sine dubio sanctum homini non baptisato, & mortuo, fidenter de sola fide salutem præsumere, & tribuere indubitanter bonæ voluntati quod defuit facultati.* Qui est la mesme induction que nous auons tirée tantost des textes de ce grand Prelat de Milan. Sainct Bernard rapporte en suitte les passages de sainct Augustin, qui portent que plusieurs personnes ont esté sauuées sans les Sacremens visibles, par des sanctifications inuisibles. Si la seule volonté suffit au mal, dit cette lumiere de nos Gaules, selon le texte formel, *qui viderit mulierem ad concupiscendum eam, iam mœchatus est in corde suo*; faut-il croire que cette mesme volonté ne soit pas aussi puissante enuers Dieu pour le bien, & que celuy qui desire faire tout ce qui est necessaire à salut, ne le pouuant pas ne soit point excusé? Il se plaint sur tout de ceus qui racourcissent tellement la main de Dieu, & limi-

T t iij

tent son pouuoir de sorte, qu'ils ne croyent pas qu'autres se peussent sauuer deuant l'Incarnation du Verbe, que ceus qui auoient la Foy explicite de tous les Mysteres de nostre Redemption, & du Messie à venir ; veu que sainct Iean Baptiste, *quo non est natus maior inter natos mulierum*, ny le Bienaymé de Dieu qui portoit le mesme nom, n'ont pas esté illuminez iusques à ce poinct.

S. Thomas.   I'ay cité vn trop grand nombre de passages de sainct Thomas, pour les rapporter tous icy. Il me suffira de trois ou quatre, dont le premier sera de la premiere partie de sa seconde, qu. 98. art. 5. où il enseigne en termes exprez, qu'en obseruant la seule Loy naturelle, & sans prattiquer celle de Moyse, les Gentils se pouuoient sauuer, quoy que moins seurement, & auecque moins de perfection. Comme les seculiers, adiouste-t'il, ne font pas si bien leur salut que les Religieus, encore que les premiers ne laissent pas de l'obtenir dans vn genre de vie moins parfait. *Gentiles perfectius & securius salutem consequebantur sub obseruantijs legis, quàm sub sola lege Naturali, & ideo ad eas admittebantur. Sicut etiam nunc Laïci transeunt ad Clericatum, & saeculares ad Religionem, quamuis absque hoc possint saluari.* Il explique cela dans le mesme article encore plus au long. Le second passage sera de la dixiesme question de sa deuxiesme seconde, où sur le quatriesme article il donne cette conclusion essentielle contre ceus qui veulent que les meilleures actions des In-

fideles fuſſent des pechez. *Tametſi Infideles diuina gratia careant, quia tamen ex Infidelitate non corrumpitur totum Naturæ bonum, poſſunt aliquid boni operari, quanquam id non ſit meritorium vitæ æternæ.* Et vn peu apres. *Sicut enim habens fidem poteſt aliquod peccatum committere, in actu, quem non refert ad fidei finem; vel venialiter, vel etiam mortaliter peccando: ita etiam Infidelis poteſt aliquem bonum actum facere, in eo quod non refert ad finem Infidelitatis.* Le troiſieſme paſſage eſt de ſon Opuſcule 61. c. 17. & porte ces mots, ſelon l'edition Romaine, qui n'a pas iugé cét Opuſcule indigne de paſſer ſous ſon nom. *Quando homo facit totum quod poteſt, & quod in ſe eſt, tunc eſt neceſſitas ad habendam gratiam: non neceſſitas coactionis Deo debitum imponens: ſed neceſſitas immutabilitatis, qua neceſſe eſt Deum eſſe Deum, & ideo bonum, & ideo effluentem, & ideo accipienti dantem; imo nec hanc vltimam diſpoſitionem & neceſſariam liberaliſſimus dator expectat, ſed aliquo modo conuertenti ſe, & diſponenti, etſi non ſecundum totum quod in ſe eſt, multotiens dat. Iacobi* 1. *Qui dat omnibus affluenter.* Sans faire l'application de ce texte, l'on voit manifeſtement ce qu'il conclud à l'égard de noſtre ſuiet. Ie prendray le quatrieſme paſſage de ſon Commentaire ſur ces mots du Chapitre onzieſme de l'Epiſtre aus Hebreus, *Sine Fide impoſſibile eſt placere Deo.* Il enſeigne que la Foy du Mediateur qui eſt touſiours neceſſaire, eſt auſſi differente, *ſecundum diuerſitatem temporum, & ſtatuum.* Et que comme les Chre-

stiens sont tenus à beaucoup plus que les Iuifs ; & ceus d'entr'eus qui ont esté depuis la Loy escritte, a plus encore que ceus qui estoient deuant : Les Gentils aussi n'estoient pas obligez à vne connoissance si parfaitte que tous les autres, vsant de ces mots, *Sed Gentiles, qui fuerunt saluati, sufficiebat eis quod crederent Deum esse remuneratorem, qua remuneratio non fit nisi per Christum. Vnde implicitè credebant in Mediatorem.* Pour ce qui concerne le salut de Traian, qu'il n'a pas moins creu que sainct Damascene, on peut voir ce qu'il en dit 1. *sent. dist.* 43. *qu.* 2. *art.* 2. où il resout que *Deus ex liberalitate bonitatis suæ eis* (*Traiano & similibus*) *veniam contulit, quamuis æternam pœnam meruissent.*

Cette doctrine a esté la commune de l'Eschole, comme nous l'auons remarqué, depuis sainct Thomas iusques au Concile de Trente, dont les principaus Peres qui ont escrit sur cette matiere ; tels que Dominicus Sotus, Confesseur de l'Empereur Charles - Quint, Andradius Lusitanus, & Andreas Vega, ont creu que les Payens vertueus se pouuoient sauuer assistez de la Grace Diuine dans la Loy de Nature. Voicy comme le dernier conclut, *l.* 6. *de præparatione adultorum ad iustificationem, c.* 18. apres auoir monstré que selon sainct Thomas, sainct Bonauenture, & autres, il peut y auoir vne ignorance inuincible de la Foy Chrestienne. *Quicunque fuerunt, aut etiam modo sunt, ad quos non peruenerit Euangelium, cum nulla via humana consequi potuerint*

André Vega.

potuerint Fidem Christi, tamdiu inculpabilem illius ignorantiam habere, vel etiam habuisse sunt existimandi, quamdiu caruerint Doctoribus à quibus discere potuerint. Il propose là-dessus les Indiens du nouueau Monde, & adiouste, *Manifesta ratio suadet & eos, & quoscunque alios similes, ignorare Christi Fidem inculpabiliter. Non enim potest esse culpæ obnoxium, quod est ineuitabile. Et hoc est quod de Iudæis Christus aiebat;* Ioan. 15. *Si non venissem, & loquutus ijs non fuissem, peccatum non haberent: nunc autem non habent de peccato excusationem.*

Dominicus Soto combattant l'opinion de Gregoire de Rimini, & de ses suffragans, dans son premier Liure de la Nature & de la Grace, Chapitre vingt-vniesme, employe ces paroles. *Non possum, fateor, non ægre ferre, quam hoc ætatis naturam humanam nonnulli prostrauerint, affirmantes nil prorsus boni in moribus liberum arbitrium auxilio generali Dei posse, at quidquid ab homine naturaliter procedat, peccatum esse: Id quod semper absurdissimum iudicaui.* [Dom. Sotus]

L'Euesque Gaspar Casalius, aussi Portugais, fit [G. Casalius] vn Liure *de quadripartita hominis iustitia*, pendant qu'il estoit au mesme Concile, dans lequel *part. 1. l. 1. c. 12.* apres auoir establi l'opinion fauorable aus Payens, il maintient que l'Eglise n'ayant rien determiné sur ce suiet, il est permis de suiure telle opinion que l'on veut, pourueu qu'on ait toûjours recours à la Foy du Mediateur implicite ou explicite. I'ay nommé dans la page vingt-neufuiés-

me beaucoup de Scholastiques qui ont esté pour ce mesme auis le plus auantageus aus Gentils. On y peut adiouster François Victoria, de l'Ordre des Freres Prescheurs, & Nicolas de Lyra, de celuy des Cordeliers, mais le dernier plus ancien que l'autre de deus cens ans; auec Ioannes Arboreus, Durandus de Sancto-Portiano, Petrus Paludanus, Capreolus, Gabriel Vasquez, Gregoire de Valence, Antonius Scaynus, Ph. Gamachaeus, Martinus, Beccanus, Geru. Bijonius, & tant d'autres encore, que ce ne seroit iamais fait si l'on vouloit rapporter les textes de tous.

Leon. Aretinus.

Leonard Aretin, Secretaire de quatre Papes, & Chancelier il y a deus cens ans du Senat de Florence, se moquant de quelques scrupuleus qui deffendoient la lecture des Poëtes, vse de ces termes: *At Plato & Aristoteles legebant, quibus si te aut grauitate morum, aut intelligentia rerum anteponas, nullo modo feram. An tute aliquid discernere putas, quod illi non viderint? Christianus inquis sum; at illi forte suo more vixerunt. Quasi verò honestas grauitasque morum non tunc eadem fuerit quæ nunc est, &c.* Il ne dit rien par là qui regarde le salut des Payens, mais il leur attribuë l'vsage des Vertus que d'autres leur desnient si precisément.

Raphaël Volaterranus.

Raphaël Maffei, comme le nomme Leandre Albert dans sa description de l'Italie, autrement dit Raphaël de Volterre, les a bien dauantage fauorisez dans l'Auant-propos de son treziesme Li-

ure *Commentariorum Vrbanorum*. Il a donné ce tiltre à son ouurage, à cause qu'il le composa dans la ville de Rome. Et bien que d'abord il l'eust dedié tout entier au Pape Iules second, il n'a pas laissé de luy faire encore vne petite Preface au deuant du treiziesme Liure, où commence son Anthropologie, & où il ne feint point de declarer à ce Souuerain Pontife la bonne opinion qu'il auoit de quelques Gentils, tant à l'égard de leurs Vertus, que de leur saluation. Voicy comme il s'en explique, & ce qui m'a obligé de le citer dans la page deus cét soixante & vniesme. *Cuius (Ecclesiæ quæ à primo Abel o iusto cœpit) per omnes ætates fuere participes & Philosophi multi, & alij moribus præditi, Deum optimum maximum colentes, ac quod post fatum ex eis restaret tutum ipsius fore prouidentia putantes. Atque vt alios iam receptos præteream, quis ex Græcis Pythagoram, Socratem, Aristidem, Apollonium; ex Latinis item Numam, Nasicam, Paulum Æmilium, & Æmilianum filium, Catones duos, deinde Senecam, Traianum, Titum, quorum modestiæ tam multa nobis exempla traduntur; non existimauerit curæ Deo fuisse dum viuerent, vt verum sapientiæ lumen, quod nunquam etiam ex sententia Platonis in vita serum est, quandoque adipiscerentur; & cum postea defunctis mitius actum extitisse?*

Sixtus Senensis, qui dedia sa saincte Bibliotheque au Pape Pie cinquiesme, apres auoir opposé dans le sixiesme Liure annot. 51. des passages de S. Augustin, à ceus de sainct Iean Chrysostome, de

Sixtus Senensis.

sainct Iustin Martyr, & de sainct Clement Alexandrin, sur le suiet que nous traittons, conclud pour ces derniers, en ce qu'ils ont fauorisé le salut des Payens vertueus & non idolatres, & vsé de ces propres termes, *Gentilibus, si qui absque Mediatoris notitia salutem sunt consecuti, satis fuit implicitam habere fidem, in vnius Dei credulitate inclusam, hoc est vt Deum esse crederent humani generis seruatorem, iuxta ordinem in sua admirabili prouidentia occultum, & aliquibus ipsorum Vatibus ac Sybillis peculiari priuilegio reuelatum.*

Iac. Faber. Iacobus Faber Stapulensis se fait luy-mesme cette proposition sur le second Chapitre de l'Epistre aus Romains. *Putandumne igitur est his etiam temporibus aliquos absque tradita lege saluari posse?* Voicy sa responce. *Etsi secreta Dei iudicia soli Deo sunt relinquenda, respondeat tamen forsitan quispiam. Si putamus quasdam ignoti orbis regiones ad quas nondum Euangelium perlatum sit, nondum auditum; vbi habitatores naturali lege Deum diligant, ex operum magnificentia iam cognitum, & proximos vt suos consimiles; parentes officiose colant; iniustitias, quas sibi fieri nolint, ad alios vitent; & cætera, quæ lex diuina (excepto ceremoniarum ritu) mandat, faciant: quod si euentu aliquo Naturæ sancita transgrediantur, pœniteant, suspirentque ad eum quem parentem orbis, & tanti ornatus ac prouidentiæ credunt authorem, naturalique instinctu veniam precentur: tales inquam credere saluandos fore, neque diuina pietate (cuius misericordia plena est terra) indignum, neque*

Apostolicæ sententiæ aduersum. Verum cæteris existentibus paribus, gloriam saluandorum qui legem acceperunt, & circa quos diuini ritus rite peracti sunt, longe fore eminentiorem, quemadmodum gloria Solis cæteris eminentior est Astris. Cui si dixeris, sine Fide impossibile est placere Deo, Respondebit, eos fidem habuisse, vt qui ex operibus agnitum Deum glorificauerunt. Si rursus adieceris scriptum esse, Qui crediderit, & baptizatus fuerit, saluus erit; qui verò non crediderit, condemnabitur; Fatebitur, sed etiam scriptum esse, Euntes in Mundum vniuersum prædicate Euangelium omni creaturæ ; & continuo subiunctum esse quod adductum est. Ergo primò eundum est, primo prædicandum est Euangelium, & tunc vbi auditum est, vbi prædicatum, proculdubio qui non crediderit condemnabitur. Atqui in principio huius quæstionis suppositum erat, nondum ad eos quemquam iuisse, nondum quemquam prædicasse. Verum & forsitan addet. Si etiam in orbe ignoto iam à multis seculis Iudaïca Sabbata, & antiquas iustificationes quipiam obseruarent, neque Angelo, neque Prophetæ, neque Apostolo aliquo Deus eis Messiam iam venisse significasset, ac veteris legis figuras ex veritatis præsentia, vt & tenebras ex præsentia lucis finem accepisse, ipsos adhuc iudaizando pietatis suæ fructu non priuandos. Quod si adijcias, Ergo Tartari forsan hoc tempore in lege Naturæ saluabuntur? Protinus inficias ibit. Nam auditum Euangelium, & visa Euangelica signa respuerunt. Non autem sic esse oportuerit de orbe hactenus incognito, sed in dies id oraculum, In omnem terram exiuit sonus eorum, adimpleri secundum tempora visitationis, om-

niscia diuinæ dispensationis, quæ nouit quod tempus cuique idoneum. Hinc temporibus his incognitas orbis plagas discoperuisse, vt Christus Dominus Rex omniū seculorū vbique annunciaretur. On peut bien iuger que ce Professeur de l'Vniuersité de Paris ne pesoit pas qu'il fust impossible aus Gentils qui ont precedé la venuë de Nostre-Seigneur de se sauuer, puis qu'il croit que depuis mesme sa Natiuité, & encore à present, ceus des pays où son Euangile n'a pas encore esté publié, ne sont pas indignes de sa misericorde en obseruant le droict de Nature. Et que les Iuifs mesme, si cette hypothese pouuoit estre veritable, ce que ie ne croy pas, y pourroient faire leur salut, en obseruant la Circoncision, & les autres preceptes de l'ancienne Loy, puis qu'il leur auroit esté impossible d'auoir connoissance de celle du Baptesme. Il faut obseruer icy qu'encore que Natalis Beda ait fort rigoureusement repris de certaines propositions de Iacobus Faber, auec quelques autres d'Erasme, qui meritoient à son iugement d'estre censurées, & qu'en effet la Faculté des Theologiens de Paris semble auoir condamnées, par l'approbation qu'elle donna aus corrections de Beda: L'on ne voit point pourtant qu'il ait rien trouué à redire au passage que nous venons de rapporter, ce qui tient lieu euidemment d'vne formelle approbation.

<small>Cornel. à Lapide.</small>

Le passage du quatriesme Chapitre de la premiere Epistre de sainct Paul à Timothée, qui porte

que *Deus est Saluator omnium hominum, maxime Fidelium*, est interpreté par sainct Chryfoftome & par sainct Ambroife, de la conferuation des Infideles durant leur vie feulement. Quelques-vns l'entendent de ce que Dieu eft le Sauueur de tous les hommes par les affiftances generales qu'il leur donne, l'eftant des Fideles d'vne façon particuliere; ce qu'a fuiui M. Godeau, Euefque de Grace, dans fa Paraphrafe. Cornelius à Lapide apres auoir rapporté la premiere explication, luy prefere celle de l'Archeuefque Theophylacte & d'autres en ces termes: *Secundò & planius Deus est Saluator omnium hominum, quantum est ex parte sua, quia omnibus Christum Saluatorem, & media, quibus saluari possint, exhibuit: maxime tamen est Saluator Fidelium, quia hisce fidem, spem, gratiam, maxima & proxima salutis adiumenta actu contulit, hosque præ alijs curat & amat. Ita Theophyl. & Anselm.* Le texte de Theophylacte est tel, *Deus est seruator omnium hominum, maxime Fidelium, hoc est, omnes quidem vult saluos fieri, & hic & illic: maiorem autem curam hic circa Fideles ostendit.*

Theophylacte.

Le Pere Campanella a dit depuis a peu prez la mefme chofe dans fon Liure de la Predeftination, en ces termes. *Nam post Christi mortem, per quam consummationem & abolitionem acceperunt vetera Sacramenta, & firmitatem noua, si quis ante promulgatum Baptismum (quod factum est in Pentecoste Iudæis, Gentibus vero, quando Euangelium illis est prædicatum ita suf-*

Th. Campanella.

c. 12. art. 1

ficienter vt conuinci deberent ; vnde multis restat adhuc prædicandum, nec obligantur ad baptismum, quomodo enim credent ei quem non audierunt?) Si inquam quis circumcidisset tunc ante promulgatum baptismum infantes suos, saluati essent, non quidem ex Circoncisione iam abolita, sed ex fide testificata per illam, vel aliam ceremoniam saltem interiorem, vt omnes probant, præsertim Sotus, lib. 2. de Iustitia & iure qu. 5. art. 4. Ie veus mettre encore icy ce que Campanella escrit vn peu auparauant dans le mesme Chapitre. *Vide quam mirifice patres & mox Diuus Thomas amplificant gratiam Dei, etiam vbi non habent expressum de hoc Verbum Domini, ratione illuminati ex ordine prouidentiæ argumentando, etiam in Gentilibus fuisse solam fidem remedium efficax, etiamsi informis fuisset ; ac ceremonias exteriores, nobis vocatas Sacramenta, fuisse ex dictamine rationis, non ex instituto Dei, nisi quas Hebræi & deinde Christiani acceperunt, quæ tamen nec valent nisi vt fidei præstationes ex diuino instituto, & non sicut emplastra Chirurgorum: & eadem fides operatur in nobis, & in omni Natione, quæ explicito remedio, nobis reuelato, caret. Quoniam Christus, vt ait sanctus Iustinus, est Dei Verbum, & Ratio, dictans in corde hominum rationalium quid pro salute agendum est in omnibus Gentibus. Ergo si nulli defuit remedium in vlla lege, natione, & ætate ; nullus vere reprobatus est antecedenter ad culpam, & ad neglectum remedij..* Ce Liure a receu l'approbation Romaine, & celle de la Sorbone de Paris.

H. Aleander.

Hieronymus Aleander fit imprimer à Rome, &

& dedia au Cardinal François Barberin l'explication *Symboli nauis Ecclesiam referentis*, où il parle ainsi : *Neque verò ambigendum est, quin & aliqui ex Ethnicis ante Christi aduentum æternam sint adepti salutem, quod præ cæteris ostendit Diuus Prosper l. 2. de vocatione Gentium c. 1.* Il croit apres Iustin que Socrate & Heraclite ont esté Chrestiens & sauuez. Que Dieu recompensoit la bonne vie & l'innocence des Ethniques d'vne connoissance obscure de Iesus-Christ, par laquelle ils se pouuoient sauuer. Et qu'Heraclite prit cette connoissance des Sibylles, d'où vient que ce Philosophe dit dans le premier Liure des Tapisseries de Clement Alexandrin, qu'elles auoient paru au Monde par vne voye non pas humaine mais toute diuine.

Fortunius Licetus a escrit deus Liures *De pietate Aristotelis erga Deum & homines*, qui n'ont esté mis au iour que de l'an passé seulement 1645. Tout son ouurage iustifie la doctrine de ce Philosophe, en ce qu'il semble qu'elle ait de plus contraire au Christianisme. Mais le dernier Chapitre du premier Liure *Vnde salus animæ Aristotelis vere colligi posse videatur*, est exprez pour sa beatitude eternelle, la fondant principalement sur cette contritiõ qu'on luy attribuë dans le dernier moment de sa vie, & sur la bonté infinie de celuy, *cuius proprium est misereri semper & parcere*, si l'Eglise ne nous trompe point dans ses prieres iournalieres. Deus Inquisiteurs Generaus ont approuué ces Liures, que l'Autheur a

Fortunius Licetus.

dediez au Pape Innocent dixiesme presentement seant dans la Chaire de S. Pierre.

Ie veus finir ces preuues qui pourroient aller à l'infini, par les sentimens de deus personnages dont l'erudition & la pieté doiuent estre de tres-grande consideration. Le premier sera l'Ayeul de Monsieur le Chancelier, qui a eu soin que l'ouurage d'vn si digne predecesseur fust mis en nostre Langue par l'vne des plumes que nous ayons la plus capable de s'aquitter de cette charge. Voicy donc ce que ie transcris du quatriesme Chapitre des Elemens de la connoissance de Dieu & de soymesme, composez par Messire Pierre Seguier, President en la Cour de Parlement de Paris. *Il y en a quelques-vns lesquels considerans les bonnes actions que ces Philosophes ont exercées durant leur vie, ne desesperent point de leur salut, & excusent en quelque sorte leur Idolatrie, puisqu'elle ne procedoit point de leur iugement, mais qu'elle estoit vn effet de la coustume publique, & qu'ils la voyoient authorisée par les anciennes Lois du pays, & confirmées par les Ordonnances du Prince. Quant à nous, si l'on nous presse de dire nostre sentiment sur cette matiere, nous esperons, si cela se peut legitimement esperer, que ces anciens Philosophes qui ont exercé des actes de Iustice, & de pieté, qui ont mené vne vie sans tache & sans reproche, & qui ont reconnu & adoré vn seul Dieu, trouueront grace auprez de Dieu mesme; que sa misericorde infinie consumera leurs deffauts, & leur pardonnera l'ignorance où ils ont esté des Mysteres de Jesus-Christ.*

Seguier.

Le second est le Bien-heureux Euesque de Ge- *Fr. de S*
neue François de Sales, lequel dans son Traitté de
l'Amour de Dieu, Liure onziesme, Chapitre second reconnoist, *que les Vertus peuuent estre pratti-
quées par les Infideles, bien qu'elles ne soient pas recompensées d'vn loyer eternel. Si vous voulez*, dit-il, *rendre
saincte la Vertu humaine & morale d'Epictete, de Socrates, ou de Demades, faites-là seulement prattiquer
par vne ame vrayement Chrestienne. Et notez*, adiouste-
t'il, *que toute œuure vertueuse doit estre estimée œuure du
Seigneur; voire mesme quand elle seroit prattiquée par vn
Infidele*. Ce qu'il prouue par la guerre de Nabuchodonosor contre les Tyriens, qui fut iuste & agreable à Dieu.

En verité il y a dequoy s'estonner que toutes
ces authoritez tant anciennes que modernes, ne
puissent rien sur l'esprit de ceus qui veulent faire receuoir leurs sentimens particuliers au preiudice de
ce que toutes les Escholes Catholiques ont enseigné publiquement iusques icy. I'ay respondu dans
mon Liure aus textes de sainct Augustin qui semblent fauoriser la doctrine de ces gens-là. Et i'adiouste qu'il a donné luy-mesme la regle de ce qu'il
faut obseruer en de semblables rencontres, contre
des personnes si attachées à leurs opinions singulieres. C'est dans son Epistre dix-neufiesme, qu'il
escrit à sainct Ierosme qui se vouloit seruir contre
luy de l'authorité d'Origene, & de sainct Chrysostome. Sainct Augustin respond à cela, qu'il n'y a

que les seules Escritures Canoniques que nous soyons obligez de suiure; & qu'il faut tirer ses conuictions des textes sacrez, si l'on veut establir quelque chose auecque certitude. Pourquoy cette maxime n'auroit-elle pas lieu à son égard ? Il a esté trop iuste pour vouloir establir vn droict sur les autres, dont il se pretendist estre exempt. Aussi ay-ie remarqué dans les pages 11. & 12. assez de poincts de doctrine, où l'on n'a pas accoustumé d'acquiescer à ses opinions. Celle qu'il a euë touchant les enfans morts sans Baptesme, n'est pas receuë. On ne le suit pas non plus en beaucoup de choses qui touchent la Predestination, & le peché Originel. Il a douté si les Cieux ne seroient point vn iour de la societé des Bien-heureux. Et chacun sçait qu'encore qu'il ait tenu auec quelques Peres, que les Anges estoient corporels, l'Eschole a preferé ce que sainct Denys, sainct Chrysostome, & sainct Cyrille ont enseigné au contraire. En tout cas puis qu'il a escrit diuersement sur le suiet que nous traittons, c'est sans doute qu'il ne nous a obligez à rien; & que comme le Docteur Angelique dit dans son Opuscule soixante-douziesme, qu'ayant mis dans ses Liures des choses differentes, il laisse à son Lecteur l'élection libre de celles qui le contenteront le plus. Sainct Augustin ne nous a pas osté la mesme liberté. Et par consequent nous ne sçaurions mieux faire, que de l'interpreter comme le mesme sainct Thomas, & tout ce que nous auons

cité de Docteurs l'ont fait. Quiconque se sera donné le loisir de les voir, ne fera pas difficulté de dire que c'est vne maxime dangereuse, *dogmaque impietatis plenissimum*, de soustenir qu'aucun Payen pour vertueus qu'il ait esté, & quoy qu'il fust exempt d'idolatrie, ne reconnoissant qu'vn seul Dieu tout Bon & tout Puissant, n'ait peu en quelque façon que ce soit, ny mesmes par vne grace extraordinaire du Ciel, obtenir la remission de ses pechez. Comme c'est vne erreur euidente, *fœdaque in Patres calumnia* (pour vser encore des termes dont on s'est voulu seruir là-dessus) d'escrire que iamais sainct Iustin, sainct Chrysostome, sainct Ambroise, sainct Augustin, ny aucun des Peres n'ont creu, que Socrate, ou quelqu'autre tel Philosophe Gentil, peut en aucune façon, ny mesme par la Bonté infinie de Dieu, participer à sa misericorde.

Mais ie croy qu'il est arriué dans cette controuerse la mesme chose dont il y a long-temps qu'on s'est plaint en d'autres disputes, où l'on alloit à de grandes extremitez faute de s'entendre. Ciceron & Seneque ont fait cette remarque au suiet des contestations qu'auoient de leur temps les Stoïciens contre d'autres Philosophes, qui combattoient souuent ensemble pour des mots, quoy qu'ils eussent tous les mesmes sentimens des choses. Cela n'arriue que trop encore tous les iours parmy nous, où l'on voit plus de ces ὀνοματομάχοις, com- *l.2. Strom* me les nomme Critolaüs Phaselite dans Clement

Alexandrin, que d'hommes qui iugent solidement des matieres, sans s'amuser aus termes dont on les embroüille. Et certainement si nous n'entendons autre chose par le mot de Vertu Morale qu'vne habitude de l'ame par laquelle nous sommes portez à faire des actions raisonnables, ie ne voy pas bien comme on la peut denier si absolument qu'on fait aus Payens. On la definit encore dans l'Eschole, vne habitude electiue, ou de la volonté, qui consiste dans vne mediocrité raisonnable. Et l'on en donne assez d'autres descriptions que ie me souuiens d'auoir considerées dans la page quatorziesme de ce Liure, faisant voir comme elles se rapportent toutes à vne mesme pensée. Cela presupposé de la sorte, comment peut-on soustenir que les Payens n'ayent iamais eu de veritables Vertus morales; si l'on ne prouue au mesme temps qu'ils n'ont iamais fait d'actions raisonnables, ou qui fussent conformes à la Raison ? Or de le pretendre ainsi, c'est à peu prez la mesme chose que si l'on vouloit maintenir qu'ils ont esté tous fous & courans les ruës; qui est vne proposition si extrauagante, que ie ne pense pas que personne la voulust deffendre. Ie sçay bien que les Stoïciens ne reconnoissoient autrefois pour vertueus que leur Sage, qui estoit vn Oiseau bien rare; où selon Macrobe que les Philosophes seuls. Mais qui peut ignorer aussi le iugement qu'on a tousiours fait de leurs paradoxes? Et qui ne voit que l'absur-

2. *in So-*
n. Scip.

dité de l'opinion que nous combattons est beaucoup plus grande que la leur, puis qu'elle veut faire passer tous les Payens qui ont esté pour des insensez, ou des gens sans raison, s'ils n'ont eu iamais aucune Vertu Morale, qui n'est qu'vne habitude aus actions raisonnables. Cette consequence est si apparente, qu'vne des plus eloquentes plumes de ce siecle, qui a voulu deffendre la plus rigoureuse interpretation des passages de sainct Augustin sur ce suiet, n'a peu s'empescher d'accorder aus Gentils les Vertus Morales, se contentant de les exclure des Chrestiennes, que personne à mon auis ne leur voudroit attribuer. Il est vray qu'à cause que cét Autheur a creu que sainct Augustin ne reconnoissoit point de Vertu qui ne fust Chrestienne; il adiouste que dans la doctrine de ce Pere l'on est obligé de condamner celle des Payens comme fausse, & comme estant plustost vn peché déguisé qu'vne vraye Vertu. C'est vne estrange contradiction de nommer Vertu Morale en vn lieu, ce qu'on pretend ailleurs estre vn vice. Et nous aurons bien mal employé le temps & l'argent dans les Colleges, si toutes les definitions qui s'y enseignent du Vice & de la Vertu sont trompeuses de la façon. Nous auons dit dans la page quatriesme, que les Vertus des Gentils comparées aus Chrestiennes leur sont tellement inferieures, qu'elles paroissent imparfaites, parce que ne pouuant rien produire pour le Ciel comme celles-cy

l. de la corrupt. de l Nature par le peché.

p. 259. 295. 297.

qui sont accompagnées d'vne grace surnaturelle, les premieres ne sont presque pas cōsiderables dans vne si desauantageuse opposition. Adioustez à cela que les Chrestiennes estant plus diuines qu'humaines, &, comme l'obserue celuy dont nous venons de parler, toutes dans l'excez aussi bien que les Heroïques; ce n'est pas merueille que les autres qui consistent dans vne mediocrité morale ne paroissent quasi point auprez des premieres. Mais ces comparaisons ne destruisent pas la nature des choses, & cela n'empesche nullement que la Vertu Morale des Payens toute inhabile qu'elle est en ce qui touche le salut eternel, ne soit vne veritable Vertu. Parler autrement c'est apporter vn iargon nouueau dans l'Eschole, qui me semble si peu intelligible, que i'ose prendre à témoin la conscience de ceus qui s'en seruent, s'ils s'entendent bien eus-mesmes là-dessus.

Et puisque nous auons esté contraints de leur repliquer ce peu que nous venons de dire, qui n'empesche pas que nous ne respections d'ailleurs leur zele & leur science tres-considerables, ils me permettront, s'il leur plaist, que ie refute en fort peu de paroles vne presupposition qui sert de base à toute leur doctrine touchant la Vertu des Payens. Ils posent pour vn article constant qu'elle n'estoit fondée que sur la vanité & sur l'amour propre; d'où ils concluent qu'elle estoit vicieuse, & par consequent indigne de porter le nom de Vertu.

Nous

Nous tombons d'accord que ceus d'entre les Gentils qui ne l'ont iamais fuiuie que par de si mauuais motifs, ne meritent pas le nom de vertueus; & nous croyons mesmes que le nombre de ceus-cy estoit sans comparaison le plus grand, puis qu'il n'y a que trop de personnes encore auiourd'huy parmy nous, qui ne se portent aus actions qui paroissent recommandables que par de semblables principes. Mais nous nions absolument que tous les Ethniques eussent sans exception le mesme deffaut ; & la raison iointe à la Charité, nous oblige d'auoir meilleure opinion de quelques-vns d'entr'eus, tenant pour vray-semblable qu'il y en auoit qui n'embrassoient la Vertu & ne la cultiuoient, que pour estre agreables à Dieu, & parce qu'ils estoient persuadez qu'il se plaisoit à leur voir faire de bonnes & loüables actions. Ie ne voudrois pour le bien prouuer que les belles Paraphrases que vous faittes sur ces textes de Seneque, où il reconnoist que nous ne pouuons entrer en alliance auecque Dieu que par le moyen de la Vertu: Qu'elle est l'vnique disposition qu'il demande pour nous approcher de luy, qui auouë pour ses Enfans ceus qui la reconnoissent pour Mere : Et que le Ciel est l'heritage de ceus qu'elle veut adopter. Est-il possible qu'apres auoir fait tenir de tels discours à vn Infidele, qui parle en effet en mille lieus de ses Oeuures auec la mesme pieté, l'on se puisse imaginer que luy & ses semblables ne fis-

sent iamais aucune action de celles qu'ils nommoient vertueuses, que par vne pure vanité? Et iamais pour plaire au ciel, ou pour obeïr à la volonté de celuy qui ne voyoit rien de plus à son gré icy bas qu'vn homme vertueus? *Non video quid habeat in terris Iupiter pulchrius, si conuertere animum velit, quam vt spectet Catonem*, dit Seneque au mesme Liure de la Prouidence que vous citez. Faites reflexion sur tout ce qu'ont escrit là-dessus les Pythagoriciens, aussi bien que ceus de la Secte de Zenon, & vous serez contraint de reconnoistre, que comme ils tenoient les hommes vicieus pour les ennemis capitaus de Dieu, ils croyoient aussi que le mesme Dieu aymoit les gens de bien, & ceus qui suiuoient la Vertu; d'où l'on ne sçauroit s'empescher de conclure que ceus qui auoient de telles opinions ne fussent pour faire par fois de bonnes actions plustost pour satisfaire aus Lois Diuines, & par la consideration d'enhaut, que portez de pure vanité, ou de cette sorte d'amour propre qui est vn crime. Car generalement parlant, il n'est pas tousiours condemnable comme vous l'establissez; & quand Dieu nous a commandé d'aymer nostre prochain à l'égard de nous mesmes, il a bien monstré que nous pouuions auoir de l'amour pour nostre propre personne sans offencer sa Majesté Diuine. Sainct Thomas enseigne qu'il n'y a que celuy qui est desordonné, & qui passe iusques au mespris de nostre Createur, qui nous

faſſe pecher. Pluſieurs ont fait diſtinction pour ce'a entre l'amour propre & l'amour de ſoy-meſme. Et Platon a dit au cinquieſme Liure de ſes Lois, que la trop grande affection qu'on ſe porte, eſt la ſource de tous nos pechez; qui eſt vne ſentence tout à fait Euangelique. Mais il n'y a point d'apparence de condamner indifferemment en qui que ce ſoit toute ſorte d'amour propre. Il n'eſt pas vray non plus, & ie l'ay deſia obſerué dans la page ſixieſme de ce Liure, qu'à parler abſolument ce ſoit vn vice, comme vous le voulez faire paſſer, d'aſpirer à la gloire. Il y a vne ambition honneſte, & vn iuſte deſir d'honneur, que le Chriſtianiſme ne blaſme pas, non plus que le Gentiliſme. Autrement ſainct Thomas auroit eu tort de dire qu'on doit éleuer vn ieune Prince dans le deſir de la gloire, pour luy donner le gouſt des Vertus. Et la doctrine de Chaſſanée conforme à celle des Iuriſconſultes ſeroit fauſſe, que ce qui ne ſe peut faire ſans la perte de l'honneur, ne ſe peut du tout point faire, à cauſe qu'en ce ſens là ce qui eſt honteus eſt reputé impoſſible. Que le plus auſtere de l'opinion contraire mette la main à la conſcience, & me diſe fidelement s'il eſt entierement exempt de ce deſir d'eſtre en eſtime, que ie ſouſtiens n'eſtre pas illicite. Si eſt-ce que les Payens dont vous ne pouuez ſouffrir la moindre ambition, ont eſté ſi moderez en cela, qu'ils mettoient ſouuent le plus haut poinct de la gloire à la mépriſer, *gloriam qui*

in catal. Gl. Mun

dec. 3. l. 2

spreuerit, veram habebit, dit celuy-là dans Tite-Liue. Et vous auez remarqué vous-mesme ce beau passage pris de la fin d'vne des lettres de Seneque, qu'vn homme veritablement vertueux doit faire littiere de sa reputation, & fouler aus pieds le poinct d'honneur, où il est question de conseruer son innocence, *Iustus esse debet cum infamia, & tunc si sapit mala opinio bene parta delectat.* Celuy-là sacrifie à la vaine gloire, & non pas à la Vertu, qui ne fait des actions vertueuses que pour en tirer de la gloire, *qui virtutem suam publicari vult, non Virtuti laborat, sed gloriæ.* Or dites-moy apres cela ie vous supplie, surquoy vous fondez-vous pour maintenir contre le sentiment de tous les Historiens, que l'action de continence dont vsa Scipion à l'égard de cette belle captiue, ne procedoit que d'vne grande ambition & d'vne pure vanité qui le possedoit? Pourquoy ne vous imaginez-vous pas plustost, veu nos coniectures precedentes, que son intention estoit de faire vne chose qu'il croyoit estre agreable à l'Autheur de la Nature, parce qu'elle estoit vertueuse? En effet outre qu'il n'y a que Dieu qui soit scrutateur des cœurs, & qui penetre iusques dans le plus interieur de nostre ame, la raison, ny les commandemens Diuins ne souffrent pas que nous vsions d'vne pire interpretation sur ce que font les autres, que celle que nous serions bien-aises qu'on donnast à nos propres actions. C'est la mesme chose de toutes celles des

Gentils que vous prenez aussi en mauuaise part contre la fidelité des histoires, & en donnant le dementi à tous les Autheurs, tant saincts que prophanes, qui les ont proposées à imiter; les premiers ayant souuent fait honte aus Fideles, comme nous l'auons monstré, de ce que les leurs n'arriuoient pas à vn si haut degré de perfection. N'est ce pas denigrer d'vne plaisante maniere l'amitié de Pithias & de Damon, de dire qu'elle pouuoit proceder de vanité plustost que d'affection, & d'ambition que de fidelité? Choisissez la plus vertueuse action des Chrestiens, & voyez si elle ne peut pas estre diffamée par ceus qui voudront prendre la licence de la regarder d'vn aussi mauuais biais? Car d'escrire simplement que sainct Augustin en a par fois vsé de la sorte, nous auons respondu à cela suffisamment, & fait voir comment son zele deuoit estre interpreté. Il a neantmoins parlé souuent d'vne toute autre façon sur le mesme suiet, & notamment dans sa Cité de Dieu, qu'il nomme luy-mesme son grand œuure dans ses Retractations. Et en tout cas tant de Peres de l'Eglise qui l'ont precedé, ou suiuy; & dont nous venons de rapporter les textes, ne nous permettent pas de nous attacher si estroittement à vn auis singulier dont il s'est departi vn si grand nombre de fois. Qu'on se souuienne de ce que nous lisons dans la Chronique de Prosper Aquitanus, que sous l'Empire d'Arcadius & Honorius, vn peu

deuant le commencement de celuy de Pharamond dans nos Gaules, & par consequent du siecle mesme de sainct Augustin, l'heresie des Predestinez se fit sentir, qui vint de la mauuaise interpretation qu'on donnoit aus Ouurages de ce grand personnage, *quæ ab Augustini libris male intellectis accepisse dicitur initium*. Ce sont les propres termes de Prosper, que nous considerions tantost pour auoir esté aussi attaché à la doctrine de sainct Augustin, que contraire à celle des Pelagiens.

Mais c'est passer de beaucoup les bornes que ie me suis prescrittes. Ce peu suffit pour respondre à ceus qui ne veulent pas que iamais aucun Payen ait fait vne seule action vertueuse par vn bon mouuement, rapportant les meilleures œuures de tous les Ethniques à l'amour propre & à la vanité. Certes il y a trop d'aigreur, pour ne pas dire d'iniustice, dans vne telle proposition. Les plus gens de bien d'entr'eus se portoient sans doute aus bonnes actions, comme ie l'ay remarqué dans la page septiesme, pour satisfaire à leur conscience, qui les obligeoit à suiure la Loy naturelle escrite dans leurs cœurs, & qui n'est pas moins vne Loy Diuine que celles qui sont venuës depuis. *Dabo legem meam in visceribus eorum, & in corde eorum scribam eam*, dit le Tout-puissant dans Ieremie. Tous les hommes reçoiuent en naissant vn rayon de la supreme raison, ou du Verbe Eternel, qui les conuie à l'obseruation de cette Loy. Ie sçay bien que sans

la Grace ils n'auançoient rien en ce qui concerne le salut eternel. Mais il n'est pas vray, comme on l'a voulu dire, que cette Grace n'ait point esté donnée aus hommes deuant la venuë du Fils de Dieu. Sainct Epiphane a refuté les Manicheens, qui ne vouloient pas que personne eust esté sauué deuant la quinziesme année de l'Empire de Tibere. Et nous apprenons du Pape Leon, que la Grace a esté dés le commencement du Monde en vertu du Verbe Diuin. Tout le bien que l'homme a fait depuis ce temps-là, ç'a esté par vne Grace qu'il a receuë de Dieu, comme Autheur de la Nature, si le bien n'estoit que naturel; ou du mesme Dieu comme Autheur d'vne plus haute Grace, si le bien estoit surnaturel. Tant y a que ie n'ay iamais pensé à sauuer determinément pas vn Gentil, pour vertueus qu'il ait esté, quoy que i'aye dit qu'à l'égard de Socrate, ou de ses semblables, dont sainct Iustin & assez d'autres Peres ont eu tres-bonne opinion, il y auoit peut-estre de la temerité à soustenir leur damnation, & à dénier que Dieu par vne Grace extraordinaire ne peust leur auoir fait misericorde. Or sans parler d'aucune des questions de la Grace, où ie n'entre point, ie repete seulement, qu'encore que les Vertus Morales des Payens fussent steriles pour le Ciel, ce n'est pas à dire pourtant qu'elles ne fussent pas Vertus, & beaucoup moins qu'elles fussent des vices dans leur principe qui n'ait esté que vanité. Ils les ont consideré es & suiuies pour

Serm. 3. i Natiu.

l'amour du Ciel, dont ils ont creu qu'elles tiroient leur origine. Pindare les nomme sur cela dans vne de ses Odes, προδμάτοις ἀρετας, *à Deo insitas virtutes vel collatas*. Et dans vn autre il reconnoist que toutes les Vertus, soit du corps, soit de l'esprit, viennent de Dieu. Mais quand les meilleures actions des Gentils n'auroient pas eu cette intention formelle & expresse de plaire à Dieu, il ne s'ensuit pas neantmoins qu'elles fussent vicieuses; puisque la Morale mesme Chrestienne nous apprend, qu'il suffit pour en faire de vertueuses, qu'elles se rapportent sinon actuellement, pour le moins virtuellement à Dieu ; ce qui arriue quand nous faisons auec affection vne œuure à cause qu'elle est bonne ; parce que c'est aymer par là tacitement cette eternelle bonté dont elle participe; & cette infinie Sagesse qui est la premiere & souueraine Loy de tout ce qui est Bien. Sainct Thomas nous apprend d'ailleurs, qu'vne Vertu, pour estre imparfaitte, ne laisse pas d'estre par fois vne veritable Vertu, *erit quidem vera Virtus, sed imperfecta, nisi referatur ad finale & perfectum bonum*, ce qui peut seruir de fondement & de resolution à toute cette question.

Si les Payens n'auoient point eu de Vertus, ny fait iamais aucunes bonnes œuures, parce qu'elles estoient inutiles à leur salut, ne s'ensuiuroit il pas qu'aucun Heretique n'auroit la moindre Vertu, voire mesme que par cette doctrine ses meilleures actions

actions seroient des crimes, puis qu'il n'y a point de salut hors de l'Eglise ? Il ne faudroit donc iamais demander iustice à vn Iuge autre que Catholique, ny à vn Prince Infidele, parce que c'est les exhorter à faire du mal, veu qu'ils sont incapables de tout bien, & qu'il n'y a point selon vous d'actions indifferentes. Et il resulte encore, ce me semble, cette consequence du precepte general que Dieu a donné à tout le genre humain de trauailler, qu'il a commandé le peché en commandant l'action, eu égard à ceus qui n'en peuuent faire aucune qui ne soit vicieuse. Pour le moins ne sçauroit-on nier qu'il ne les eust obligez à l'impossible, ce qui est directement contre la determination du Concile de Trente, *Deus impossibilia non iubet*. Outre que par la doctrine mesme de sainct Augustin, *quis peccat in eo, quod cauere nullo modo potest ?* En verité il y a dequoy s'estonner, que des gens qui auancent de si estranges maximes, s'osent moquer des paradoxes du Portique, estant certain qu'ils en debitent qui ont besoin d'autant de faueur pour estre soufferts, que tous ceus des Stoïciens. Ne voyons nous pas dás des Liures imprimez depuis peu, qu'il n'est pas permis de prendre plaisir à l'harmonie des sons & des vois ? Que ces personnes font vn crime de la curiosité de connoistre les choses, ce qu'ils appellent concupiscence des yeux, & vain desir de sçauoir pallié du nom de science : Qu'ils nomment

l. 5. de arbitr. c. 18.

Ians. de reform. l'hõme i

maladies de l'ame la recherche des secrets de la Nature : Qu'ils ne pensent pas qu'on puisse regarder sans pecher vne araignée qui prend des mouches dans ses toiles : Et qu'ils condamnent cette autre curiosité d'apprendre non seulement ce qui se fait en Asie, mais mesme ce qui se passe au dedans de nostre pays, sur la terre ou sur la mer, ce sont leurs termes. Ie n'ignore pas que toutes ces pensées se peuuent expliquer pieusement, & qu'elles ont esté escrittes dans des sentimens de grande deuotion : Mais ie les rapporte pour faire voir que comme elles ne doiuent pas estre prises à la lettre, ny à la rigueur; ce qu'ils disent de la Vertu des Payens, a besoin de mesme d'vne fauorable interpretation. Elle n'est point Vertu & paroist vn vice comparée à celle des Chrestiens, qui est accompagnée d'vne grace speciale, nous en demeurons d'accord. Mais qu'on ne luy puisse donner absolument le nom de Vertu Morale, prise pour vne constante disposition à bien faire & à suiure la raison, selon la definition dont on a conuenu de tout temps dans l'Eschole, c'est ce qui est entierement paradoxique, & à quoy il n'est pas possible de donner les mains, veu le sentiment contraire de tous les Docteurs de l'Eglise, qui n'ont pas moins respecté sainct Augustin que ceus qui le veulent prendre à garend d'vne telle doctrine. De mesme que ce seroit vne moquerie de soustenir que les Gentils n'auoient nulle sorte de sçauoir, qui est vne Vertu intelle-

&uelle, sur ce pretexte qu'ils ne possedoient pas la science qui est dans les Liures saincts. Il n'est pas plus selon la raison de pretendre qu'ils n'ayent eu aucune Vertu Morale, pour n'auoir pas esté gratifiez de celle qui vient du Ciel par vne grace surnaturelle. Dirons-nous sans estre ridicules qu'Aristote, Euclide, & ces autres grands Maistres des sciences, n'estoient que des ignorans? C'est la mesme chose de soustenir que Socrate, Aristide, & leurs semblables, si nous leur en pouuons donner, n'eurent iamais de Vertu, & ne commirent en toute leur vie que des crimes. Voyez en quels termes la Philosophie parle de Socrate, d'Anaxagore, & de Seneque, en consolant Boëce, & vous iugerez facilement que les Chrestiens de son temps estoient bien éloignez de ces opinions si extrémes & si inhumaines. L'idolatrie mesme de quelques Ethniques ne corrompoit pas de telle sorte tout le bien de leur nature, qu'ils ne peussent faire aucune bonne action. Tant s'en faut, comme on asseure qu'il ne croist nulle part de plus beaus gazons, ny d'herbe qui soit plus verte qu'au sommet d'Etna, & de ces autres montagnes qui vomissent des feus presque continuels: On remarque de mesme que les plus beaus exemples de Morale, se trouuent dans les siecles les plus corrompus; la Vertu s'y fortifie contre le vice; & l'opposition des contraires fait qu'ils éclattent au double de part & d'autre. Il faut changer tous les principes de la do-

l.1. de con- sol. Philo, pros. 3.

ctrine des mœurs, ou reconnoistre que les Vertus & les vices sont si peu incompatibles, qu'ils logent presque tousiours en mesme lieu. Car quoy que Virgile pour nommer Busiris le plus méchant des hommes, l'appelle *Illaudatum*, comme celuy qui n'ayant nulle bonne qualité ne meritoit par consequent nulle loüange, ce qui le rendoit le plus detestable qu'on se puisse imaginer : Si est-ce qu'il faut prendre cela poëtiquement, Busiris n'ayant pas laissé d'auoir quelques parties recommendables, & quelques Vertus enseuelies dans la multitude & l'extremité de ses vices. En effet nous apprenons de Quintilien que ces derniers n'empescherent pas qu'vn Polycrate ne deuint son Encomiaste, & n'escriuist son Eloge aussi bien que celuy de Clytemnestre, pour tenir compagnie à l'accusation de Socrate. Iosephe n'a fait nulle difficulté de nommer cette digne compagne de Neron, cette celebre Poppée, vne femme pieuse, parce qu'elle auoit fauorisé la demande des Iuifs. Et nous auons rapporté le passage de sainct Gregoire de Nazianze, où il dit que les Vertus de son pere Infidele auoient esté recompensées du don de la Foy, & que ses mœurs l'auoient rendu Chrestien deuant qu'il en fist profession. Car il faut remarquer qu'il estoit alors de la Religion des Hypsistariens, composée du Gentilisme & du Iudaïsme. L'on s'y moquoit des Idoles ; mais le Feu y estoit honoré & les Lampes respectées, quoy qu'on n'y adorast

Macrob. Saturn. 7.

2. instit. 17.

20. Antiqu. Iud. 7.

rat. 19.

qu'vn seul Dieu. La Circoncision n'y estoit pas receuë ; Le Sabbath neantmoins s'y chommoit, & l'on y obseruoit l'abstinence de certaines viandes comme parmy les Hebreus. Ces impuretez n'ont pas empesché sainct Gregoire de parler aus termes que nous auons dit de celuy qui estoit encore Iuif & Gentil. Et certes ie ne sçaurois assez m'estonner de ceus, qui sous le pretexte d'embrasser fort estroittement la doctrine de sainct Augustin, s'éloignent si formellement de celle de tous les Peres Grecs & Latins, dont l'Eglise a les Ouurages en si grande recommendation.

Cét endroit me fait souuenir de repartir vn mot à l'obiection de quelques-vns, qui se sont imaginé, à ce que i'apprens, qu'apres auoir conuaincu Aristote d'idolatrie par son Testament, ie ne laissois pas de le sauuer. Ie respons qu'il n'est pas vray que ie l'aye fait. Mais que la fausseté des Testamens n'estant pas fort extraordinaire dans la vie ciuile, & considerant que ceus qui ont mis ce Philosophe entre les Bien-heureus, auoient peu voir aussi bien que moy ce qu'on escrit de sa derniere volonté, ie ne l'ay pas voulu condamner determinément aus peines eternelles. Aussi que Cœlius Rhodiginus luy donne vne repentance à l'article de la mort, que Collius soustient auoir peu mettre Anaxagore dans le Paradis. Certes les voyes de Dieu aussi bien que ses iugemens sont impenetrables. Et l'Eglise n'ayant rien prononcé là-dessus,

c'eust esté temerité à moy d'y rien definir; encore que i'aye assez témoigné, que si l'idolatrie d'Aristote qui paroist dans son Testament est veritable, ie ne doutois point de sa damnation. *Melius est dubitare de occultis, quàm litigare de incertis.* C'est vne regle de sainct Augustin, dont ie m'esbahis que ceus qui se disent tant ses sectateurs ne font mieus leur profit.

Il n'est pas plus veritable que i'aye escrit touchant la Foy implicite des Payens, qu'elle n'estoit rien autre chose que la connoissance naturelle de Dieu. Ie n'ay iamais parlé de la Foy, ny de la Grace, que comme de dons du Ciel, & de presens gratuits que Dieu fait aus hommes, comme les pages trente-vniesme & trente deuxiesme en peuuent rendre témoignage. Ie dis dans la trente-quatriesme, apres sainct Thomas, que cette Foy implicite des Payens consistoit en la confiance qu'ils prenoient sur la misericorde de Dieu, laquelle leur faisoit croire qu'il estoit le Liberateur des hommes par les moyés dont il luy plaisoit d'vser, & selon que sa Prouidence en auoit ordonné. C'est estre bien iniuste de m'imputer apres cela que ie fais dependre la Foy implicite d'vne nuë connoissance de quelque Diuinité. Ie maintiens seulement, qu'il est fort vray-semblable, que ceus d'entre les Gentils non idolatres, qui possedoient vn si parfait vsage de raison & de lumiere naturelle, que sainct Iustin les a pour cela nommez Chrestiens, ont esté par fois fauori-

sez de la Grace extraordinaire, & ont eu cette Foy implicite que le Docteur Angelique & toute l'Eschole leur attribuë. Mais il est aisé de reconnoistre que ce qui choque le plus icy ceus de qui nous nous plaignons, c'est la difference qu'on met ordinairement, & dont nous n'auons pas fait difficulté de nous seruir, entre la Foy obscure ou enueloppée, & celle qui est nette ou expliquée, ce que signifient les mesmes mots d'implicite & d'explicite. Certainement il y a lieu d'admirer leur hardiesse, pour ne pas employer vn plus rude mot, à se moquer d'vne distinction si necessaire, comme si c'estoit vne impieté que d'en vser, sous ce pretexte qu'on ne la voit point dans sainct Augustin. Car parce qu'on fait entendre par là fort clairement & au sens qui ne leur plaist pas, ce qui peut estre douteus dans beaucoup de lieus de la saincte Escriture, & de sainct Augustin mesme, sur la matiere que nous venons de traitter; ils ne font pas de moindres inuectiues contre cette solution, qu'ils pourroient faire si nous la tenions de quelque dangereus Heresiarque. A la verité ils suppriment autant qu'ils peuuent le nom de sainct Thomas, qui nous l'a transmise apres l'auoir receuë de ses Maistres; iugeant bien que de mal parler d'vn si grand personnage, c'est autant enuers plusieurs personnes que de se condamner soy-mesme. Mais n'est-ce pas à peu prez la mesme chose, d'accuser, comme ils font, sa doctrine d'heresie, & de nom-

Jans. de statu nat. lap. c. 4. 16. & fere vbique.

mer tantost Suarez, & tantost vn autre, Pelagiens ou du moins Semi-Pelagiens, parce qu'ils la suiuent ? Quiconque prendra garde de quelle façon tous les Heretiques se moquent de la mesme distinction dans leurs Liures, s'estonnera que des Catholiques osent entrer dans vne si grande liaison de sentimens auec eus.

Ie ne parle pas ainsi pour blesser en rien le zele de ceus qui condamnent l'opinion que i'ay soustenuë dans ce Liure. Rien ne m'empeschera de respecter le sçauoir & la pieté de beaucoup d'entr'eus de qui ie tiendrois à honneur d'estre instruit aus choses où ie me puis estre mespris, n'estant pas suiet à m'opiniastrer, par la grace de Dieu, comme ie le suis à faillir. Et ie proteste auecque verité que le ressentiment contre des particuliers qui se sont efforcez de décrier mon trauail, n'est pas ce qui m'a fait adiouster ce petit Corollaire à la premiere impression. Il y a long-temps que ie sçay qu'on ne doit iamais entreprendre d'escrire, si l'on n'est resolu de mespriser cette sorte de Critiques, & toutes leurs persecutions. Les Oeuures mesmes du Tout-puissant ont trouué des Controlleurs. Et ie suis assez aduerty qu'il ne sort point de Liure en lumiere sans ces petites trauerses, comme s'il estoit des productions spirituelles de mesme que des veritables accouchemens, qui ne se passent iamais, quelques fauorables qu'ils soient, qu'on n'y souffre des trenchées. C'est pourquoy l'on ne sçauroit

peut-

peut-estre se proposer rien de plus vain, ny de moins reussible, que de receuoir l'approbation d'vn chacun. Aussi n'ay-ie iamais aspiré à chose semblable, selon que ie me souuiens de l'auoir desia declaré dans d'autres Ouurages que celuy-cy. Et bien loin d'auoir de si creuses pensées, i'ay fait de tout temps mon profit de ce que disoit vn Philosophe nommé Bion, ce me semble, qu'à moins que d'estre conuerti en quelque friand gasteau, ou en vin de Taso, le plus estimé de son siecle, il estoit impossible de plaire à tout le monde. Mais encore faloit-il faire voir la calomnie de ceus qui m'imputoient d'auoir cité à faux les Autheurs que i'auois pris à garent. En effet ie n'ay rien auancé au suiet de la Vertu des Payens, que ce que les Peres de l'Eglise, & les plus grands Scholastiques nous ont enseigné. Le Bibliothequaire Eugubinus, Euesque de Kisame, a composé dix Liures *de perenni Philosophia*, qu'il dedie au Pape Paul troisiesme, & où il prouue, mais principalement dans le dernier, que tous ces renommez Philosophes des Gentils, nommement Platon & Aristote, ont eu vne Philosophie tres conforme à nostre Theologie Chrestienne. Il ne se trouuera point que i'aye parlé d'eus si auantageusement dans tout mon Liure. C'est ce que ie sousmets au iugement d'vn equitable Lecteur, ayant appris de Clement Alexandrin à ne me soucier gueres d'estre repris, pourueu que ie ne le puisse pas estre *l. 1. Strom.*

auecque raiſon. Ses paroles ſont tres-conſiderables pour tous ceus qui ſe meſlent de mettre la main à la plume. οὐκ οἶμαι γὰρ ἀνα ὅυτως ἀυτυχῆ γραφίω ἠγεῖςται, ἢ μηδεὶς ἀυτερᾷ. ἀλλ' ἐκείνω ευλογον νομιςέον, ἢ μηδεὶς ευλόγως ἀυτερᾷ, &c. *Nullam enim exiſtimo ſcripturam aliquam ita fortunatam procedere, cui nullus omnino contradicat : ſed illam exiſtimandum eſt eſſe rationi conſentaneam, cui nemo iure contradicit.*

EX IOANNIS GENESII SEPVLVEDÆ
Cordvlensis Epistolarvm
Libro ſeptimo.

I. Geneſius Sepulueda Petro Serrano Doctori Theologo.

S. P. D.

Epistola XCI.

COMMENTARIVM tuum in primum Ariſtotelis de moribus librum, quod mihi cum Epiſtola miſiſti, ex parte legi, & quidem libenter; nam vt perlegerem, me partim ipſius longitudo, partim meæ magnæ occupationes prohibuerunt. Cæterùm vt ex vngue Phidias leonem æſtimaſſe fertur, ſic ego ex primo capite, in quo magnum ingenium, magnamque doctrinam præfers, nec

DES CITATIONS. 371

abhorres à moderato dicendi genere, & politioribus Philosophis conuenienre charactere. de toto opere coniecturam feci, accuratè id scriptum esse, & varia eruditione plenum, tibique de optima studiorum indole gratulatus sum, quę nihil aridum, nihil ieiunum præfert, sed omnia copiosa, & exuberantia: ita vt multis etiam scitu dignis resecatis, & in alium locum, aliudque scriptionis genus reiectis, iusta & legitima enarratio relinqui posse videatur. Sed vt liberè tecum pro iure nostræ amicitiæ, & quia sic ipse per Epistolam hortaris, agam, in eo tuam vel diligentiam, vel æquitatem nonnihil desideraui, quòd te nimis seuerum, & acerbum præbuisse visus es in Philosophos etiam probatissimæ vitæ, id est, in viros optimos & sapientes in causa ipsorum capitali, quam extra ordinem cognoscendam, & iudicandam amicorum rogatu, vt scribis, suscepisti. Sic enim ais, Primum hoc indubitatum apud Catholicos supponitur, neminem asserere posse, salutem eos Philosophos (Ethnicos scilicet & sapientes mundi) cōsecutos fuisse, & causas deinde subiicis, & testes, auctoresque producis. De quo tuo dogmate vt nominatim memorarem, & in id summatim nonnihil dissererem, ea maximè ratio me hortata est, quod ego in libro de iustis belli causis à me nondum impressione edito, sed Regii consilii iussu multis descriptis exemplis, Complutum, Salmanticamque missis euulgato, eundem locum obiter cum tractarem,

Aaa ij

sententiam à tua diuersam secutus fueram, quam nunc tuis rationibus victus damnare videri poteram, si tuum Commentarium, in quo mihi multa probantur, sine vlla exceptione commendarem. Itaque faciendum putaui, vt earum, quas secutus sum rationum summam complecterer, & tibi meũ iudicium in vniuersum exquirenti de hac parte proponerem, vt intelligas me non sine magna causa in illam opinionem discessisse. Quarum rationum caput est, nullum fuisse genus hominum, cui Deus Optimus Maximus & idem Clementissimus, qui vult omnes homines saluos fieri, & ad veritatis agnitionem, vt Paulus ait, venire (1. Timoth. 2.) non aliquod iuris, legumque præsidium præberet, quo salui esse possent, Deum venerando, & iussis eius obsequendo. Cuius præcepti auctorem habemus Petrum Apostolum, ita disserentem in Actis Apostolorum (c. 10.) *Non est personarum acceptor Deus, sed in omni gente, qui timet Deum, & operatur iustitiam, acceptus est illi.* Quam sententiam explicans Augustinus in Epistola, quę est ad Deo-gratias Presbyterum, numero quadragesima nona, in responsione ad secundam quæstionem. *Ab exordio,* inquit, *generis humani quicunque in Deum crediderunt, eumque vtcunque intellexerunt, & secundùm eius præcepta piè & iustè vixerunt quandolibet & vbilibet fuerint, per eum proculdubio salui facti sunt.* Constat autem ab orbe condito ad Christi aduentum duo duntaxat iura à Deo mortalibus esse data, vnum

quod moribus conſtaret ad normam rectæ rationis, quę imago eſt æternę legis mentibus hominum naturaliter conſignata, directis, quod ius naturale dicitur, perpetuum, & immutabile, quo mortales omnes vterentur. Alterum ſcriptũ, quod ius Moſaïcum nominatur, propterea quòd per Moſen datum eſt ad naturale ius cęremoniis quibuſdam, & pręceptis iudiciariis, & quaſi ciuilibus additis, quo iure gens tantùm Iudaïca, cui datum eſt, teneretur. Nam vt eſt in Epiſtola ad Romanos (c. 7. *Quæcunque lex loquitur, ijs, qui in lege ſunt, loquitur* & in Pſalmo 147. *Non fecit taliter omni nationi, & iudicia ſua non manifeſtauit illis.* In Deuteronomio quoque ſcriptum eſt (c. 33.) *Legem præcepit nobis Moyſes hæreditatem multitudinis Jacob*: Itaque cæterę gentes nec Moſaïco, nec alio diuino iure quàm naturali tenebantur, eiusque præceptis ſeruandis ſalutem animarum conſequebantur, vt Paulus in eadem ad Romanos Epiſtola (cap. 2.) declarat his verbis: *Non enim auditores legis iuſti ſunt apud Deum, ſed factores legis iuſtificabuntur. Cùm enim gentes, quæ legem non habent, naturaliter ea, quæ legis ſunt, faciunt, hi legem non habentes ipſi ſibi ſunt lex, qui oſtendunt opus legis ſcriptum in cordibus ſuis.* Naturaliter enim dixit Paulus, id eſt, vt Thomas exponit, ad præſcriptum legis naturæ, quæ petenda, fugiendaque docet, in eundemque ſenſum paulò poſt ait, *Si igitur præputium iuſtitias legis cuſtodiat, nonne præputium illius in Circuncisionem reputabitur? & præputium*

ex natura legem consummans iudicabit te, qui per literam, & circuncisionem præuaricator legis es? Quam Pauli sententiam, & auctoritatem Thomas idem secutus (in summa secundi libri parte prima, qu. 98. artic. 5.) Gentiles ante Christi aduentum sola lege naturali obligatos, & eius præceptis faciendis saluos fieri solitos fuisse confirmat, quamuis auxilio legis Mosaicæ faciliùs seruarentur: Idemque testatur secunda parte quæstione secunda art. 7. Alfonsus autem Tostatus noster auctor grauissimus, in libro, quem de Paradoxis inscripsit, non solùm incunctanter probauit hanc sententiam, sed multis etiã verbis multisque capitibus rationem explicauit (Paradoxo quinto, articu. 107. ad cap. 134.) qua Gentiles à Deo peccatorum veniam impetrarent. Cuius orationis summa est, Gentilibus vsque ad Christi passionem, & promulgatum Euangelium peccatum originale deleri solitum, in pueris quidem per fidem parentum, si quis fideles parentes haberet, id est, qui de Deo rectè sentirent, quæ naturaliter sentiri possunt, & idolorum immunditias cauerent; in adultis autem per primum actum bonum, quem in Deum dirigerent. Mortalia verò peccata per contritionem eisdem Gentilibus, vt nunc Christianis remitti. Atque hos quidem auctores, has rationes secutus, Ethnicorum Philosophorum, qui ex præceptis legis naturę vixerunt, causam defendi posse existimaui. Nisi forte putamus cęteris Ethnicis hominibus per legem naturę

viam ad salutem patuisse, eádem philosophis fuisse interclusam, qui in Deo ex rebus creatis intelligendo cęteris erant perspicaciores, & in virtute non solùm voce, sed vita etiam & factis docenda ætatem consumpserunt. Superest, vt ad rationes, & testimonia, quæ te in oppositam persuasionem induxerunt, paucis respondeamus, & quam vim habeant, explicemus. Quarum rationum summa, nisi fallor, triplici capite continetur. Primùm, quòd seruandis naturalibus pręceptis non faciebant, quod erat in se, vt à Deo de via salutis edocerentur. Deinde quòd cum eius naturalia pręcepta cognoscerent, ipsis tamen non parebant. Postremò quia Christi fidem, sine qua nulla est ad salutem via, non habebant. De primo igitur capite primùm disseramus. Non faciebant, inquis, quod erat in se Philosophi, quo digni essent, vt de via salutis diuinitus edocerentur, nec enim ad hoc satis erat præcepta legis naturę seruare. Quid opus facto sit, vt homo quod erat in se, fecisse intelligatur ad bonum aliquod impetrandum à Deo, non est huius loci disputare. Nam siue id positum est in libero hominis arbitrio, siue in auxilio Dei, siue, quod verius est, in vtroque, & sine hoc conatu saluus fieri nemo potest; hunc iis omnibus affuisse, quibus salus contigit in lege naturæ, non potest dubitari, nisi fortè nemini contigisse putas, quod perspicuè historia sacra conuincitur, vt docet Augustinus in ea de qua dixi Epistola (Epist. 49.) de his ipsis re-

bus edisserens, cuius verba infrà scripta sunt. *Cùm enim nonnulli commemorantur in sanctis Hebraïcis libris iam ex tempore Abrahæ, nec de stirpe carnis eius, nec ex populo Israël, nec ex aduentitia societate in populo Israël, qui tamen huius sacramenti participes fuerunt, cur non credamus etiam in cæteris hac atque illac gentibus alias alios fuisse, quamuis eos commemoratos in eisdem auctoritatibus non legamus: Ita salus religionis huius, per quam solam veram salus vera, veraciterque promittitur, nulli vnquam defuit, qui dignus fuit, & cui defuit, dignus non fuit.* Hæc Augustinus. Adde quòd ille conatus, qualiscunque est, quocunque iure diuino homines vterentur, & quibuscunque sacramentis essent initiati, etiam Euangelicis, semper ab eo postulatus est, qui ex odio peccati à se commissi ad Dei gratiam saluti necessariam aspiraret. De hac enim præparatione ad gratiam, quæ latiùs patet, & fuit omnibus omni tempore necessaria, disserendum magis erat, quàm de illa altera hominem dignum, seu idoneum faciente, qui de Christi mysteriis diuinitus extra ordinem doceretur, quod paucis singulari Dei beneficio contigit. Nos enim & vt arbitror ij, qui tuam sententiam sciscitabantur, non de priuilegio, sed de communi priscarum gentium conditione laboramus. Quod secundo loco Ethnicos Philosophos à Paulo in Epistola ad Romanos (cap. 1.) damnatos esse dicis, scis eo loco Paulum de improbis, & vitiosis, idolorumque cultoribus memorare, qui cùm Deum cognouissent, non sicut

cut Deum glorificauerunt, quorum hominum conditio in omni religione damnatur: nobis autem de viris sapientibus, & optimis sermo est, qui vnum Deum agnoscebant, & venerabantur, eiusque præceptis ad iuris naturalis præscriptum obtemperabant. De quibus Paulus idem non ita multis verbis interiectis disserens, non quòd auditores, sed quòd factores legis essent, iustificatos esse testatur, quippe qui sine doctrina Mosaïcæ legis naturaliter, id est naturali ratione docti, præcepta legis eiusdem ad mores scilicet pertinentia facerent. Hæc enim eadem sunt vtriusque legis veteris, & item Euangelicæ communia, & omnia diuina. Quod obiciis postremò de fide Christi, quo præsidio ad salutem omni tempore necessario veteres philosophos instructos fuisse negas, si claram & expressam fidem in Philosophis postulas, idem argumentum valebit in Hebræos. Quotus enim quisque veterum Iudæorum claram habuit Christi, eiusque mysteriorum notitiam, aut fidem? Non igitur aperta, & explicata Christi fides priscis vel Hebræis, vel Gentilibus necessaria erat ad salutem, sed intecta, & complicata satis fuisse præsidii, Theologi magno consensu dcelarant, auctorem adhibentes Paulum, qui ad Hebræos scribens (cap. 11.) *Oportet* (inquit) *accedentem ad Deum credere, quid est, & inquirentibus se remunerator existit.* Quem locum enarrans Thomas, *Gentilibus,* inquit, *qui salui facti sunt, sufficiebat credere, Deum esse remuneratorem,*

Bbb

quæ remuneratio non fit, nisi per Christum. Quam eandé sententiam in summa Theologiæ repetit (22. qu. 2. art. 7.) præfatus paulò antè (quæst. 1. art. 7.) illis Pauli verbis omnium articulorum fidem implicitam contineri. Quæ igitur obiecisti, ea parum, aut nihil videntur obstare, quo minus Ethnici Philosophi, qui Deum esse, & curam gerere rerum humanarum, præmium & pœnam pro cuiusque merito retribuentem, credentes, rectè ex naturæ legibus vixerunt, salui fuisse censeantur, quo in numero vel in primis fuisse Aristotelem non tam ex aliorum sermone, quàm ex ipsius scriptis licet existimare. Nam vnum esse Deum Optimum Maximum, quamuis multis nominibus appelletur, multis in locis confirmat, vt in libr. 12. de prima Philosophia, & libr. de mundo ad Alex. itemque in libr. de motu animalium, in quo de ipsius immobilitate, & summa potentia Iouis nomine memorauit. Eundemque curam gerere rerum humanarú, & sapientes maximè diligere & remunerari, Eth. libr. 10. (cap. 8.) testatur. Quod verò pertinet ad Aristotelis mores, scio ab eius iniquis, & inuidis Stoicis, Epicureisque sinistros quosdam de ipso sermones satos fuisse ad Aristotelicæ doctrinæ de moribus auctoritatem minuendam, vt cui ingenio & rationibus pares esse non poterant, hunc mendaciis, & calumniis oppugnarent, vulgóque persuaderent, Aristotelis vitam ab oratione discrepasse, ab eodemque sua dogmata contrariis factis,

quorum est maius quàm orationis testimonium, fuisse damnata. Aristoteles enim, qui omnem de moribus doctrinam ad communem hominum sensum, qui vim habet legis naturalis, & proborum hominum consuetudinem prudentissimè accommodauit, summum bonum, de quo est omnis Philosophorum dissensio, in vsu virtutis non impeditè collocauit. Hanc enim partim aduersa valetudine & calamitatibus, partim inopia earum rerum impediri docuit, quæ res adiumenta sunt ad vsus vitæ, tum necessarios, tum etiam liberales. Itaque virtutem in summo bono, quæ felicitas quoque nominatur, principem locum obtinere, bona tamen corporis, & externa adesse oportere, ne virtus vtilibus, aut etiam necessariis adminiculis, & quasi instrumentis destituta, infirmior sit ad officia, & res preclaras gerendas. Sed nec sine voluptate vitam beatam contingere scripsit, non quauis, sed ea, quæ ex vsu, & ingenerato habitu virtutis existit, iramque, & cupiditatem, & cæteros affectus, si modum teneant, non esse à virtute & conditione sapientis alienos, cùm in his moderandis virtus moralis sit occupata. Epicurei voluptatem summum bonum esse contendebant; Stoïci verò sola virtute vitam beatam metiebátur, etiam si quis vir optimus extrema inopia & maximis calamitatibus vrgeatur, reclamante Paulo, qui ad calamitates, quibus Christiani initio nascentis Ecclesiæ conflictabantur, intuens, in hanc vocem

prorupit. *Si in hac vita tantùm sperantes sumus in Christo, miserabiliores sumus omnibus hominibus.* Præterea nec iram, nec cupiditatem in sapientem, quales se videri volebant, cadere contendebant, vt tacita contemptus rerum humanarum, & diuinæ cuiusdam constantiæ, & integritatis professione sese vulgò, & suam disciplinam commendarent. Ita cùm Aristotelis doctrina, & eius præceptis à natura ductis, vt Epicureorum libido & dissolutio, sic Stoïcorum ineptiæ, & venditatio cum eorum existimationis iactura à Peripateticis conuinceretur, factum est, vt multi ex his duabus disciplinis, quæ post mortem Aristotelis inualescere cœperunt, æmuli & obtrectatores eius existerent. Quorum vanitatem & petulantiam Suidas diligentissimus auctor, & idem prudentissimus paucis verbis adnotauit in verbo, Aristoteles, qui cùm de calumniis Timæi cuiusdam in Aristotelem petulanter iactis memorasset, *Sed is,* inquit, *dum talia iactat, vix hominum numero mihi habendus esse videtur, circulator, petulans, & rabula loquacissimus. Aristoteles enim notarius naturæ fuit, cui scilicet natura ipsa scribenda dictabat, & qui calamo intellectum irrigabat, qui nihil fortasse rebus vtilibus indigebat: quanquam figmentum refellere maioris artificii est, & superuacaneum.* Cæterùm inuidendi calumniandique occasio inde primùm Græculis quibusdam leuiculis, & famelicis hominibus data est, quòd Aristoteles à Philippo Rege Macedoniæ vocatus, Lyceo relicto in aulam ve-

niffet, ibique pro virtutis, & doctrinæ magnitudine indulgenter fuiffet habitus, quafi literarum ftudio, in quo folùm acquiefcebat, & in quo dies ac noctes, vt res ipfa docet, ad extremum fpiritum confumens extinctus eft, contempto, inertiæ fefe, atque defidiæ, & defidioforum voluptatibus tradidiffet. Quorum omnium leuitas, & impudentiffima mendacia valido fcriptorum eius argumento redarguuntur: tot enim libros Ariftotelem in omni doctrinarum genere fapientiffimè, & cum magna & confentiente hominum approbatione confeciffe conftat, vt miremur eis elucubrandis vnius hominis ætatem fuffeciffe. Quo declaratur Ariftoteles in ftudio literarum, & optimarum rerum contemplatione, id eft, in optima virtute, & diuinæ felicitatis æmula omnem ætatem confumpfiffe, iucunditate fcilicet laborem minuente, quæ, vt periti nouerunt, & ipfe expertus teftatur Ethicorum libro decimo, maxima capitur, cùm ex omni virtutis habitu, & vfu, tum maximè intellectiuæ, vt nec corporeas turpefque voluptates defideraret, nec locum, tempufue relinqueret ad eas fruendas, & more defidioforum confectandas. Nam vt eodem auctore (Ethic. 10. cap. 4.) & vfu rerum didicimus, vt res maximè placent, fic in eas quifque, & ex eis maximè operatur, voluptate opera perficiente, & abfoluente, & philofophia voluptates præbet tum puritate, tum firmitudine mirabiles. Cuius Philofophiæ, quæ &

sapientia dicitur, amor in animos rebus virtuti contrariis occupatos, & criminibus contaminatos non cadit: *Quoniam in maleuolam animam non intrabit sapientia, nec habitabit in corpore subdito peccatis.* Quod non solum de diuina illa sapientia, quæ virtutes omnes, in primisque theologales dictas complectitur, & suggerit, sed etiam de humanitùs inuenta Philosophia, & maximè morali verissimè dicitur. Moralis enim Philosophia, quæ latissimè patet, pertinetque ad omnes vitæ partes, & rerum publicarum, legumque ferendarum rationem, & moralium dogmatum, quæ à recta ratione æternæ legis imagine proficiscuntur, cognitio & inuentio in vitiosum, & intemperantem hominem cadere non potest, cùm sit inquinata eius & mens, & conscientia, vt Paulus ait, hoc est corrupta ratio, & intellectus obcæcatus, ita vt mala pro bonis iudicet, & bona pro malis virtute destitutus. Quæ virtus causa est rectè de principio, vt ipse Aristoteles docet, existimandi. Principium autem in rebus agendis est finis, vt suppositiones in Mathematicis. Quo fit, vt vitiosus malè iudicet de fine, qui non solum voluptates corporeas infrænis consectatur, sed etiam maximè consectandas esse corrupta ratione iudicat (Ethic. 7. cap. 8.) quo morbo qui laborat, is quomodo potest conuenienter rectæ rationi, à qua ipsius vtraque animæ pars, appetitus, & ratio longè abhorret, philosophari? & de bonis malisque rebus, quarum norma

virtus & vir probus est (Ethic. 10. cap. 5. & 6.) recte constituere, & precepta dare? presertim si quis, vt Aristoteles maximè fecit, non alienis vestigiis insistat, sed suo ingenio, & iudicio nitatur, & alienos errores conuincat, cui ex suo de ceterorum bonorum sensu, ad quem omnia moralia præcepta accommodantur, iudicandum est, & statuendum, quæ omnia cum Aristoteles ex omnibus mortalibus, qui via & ratione naturali philosophati sunt, rectissimè & prudentissimè prestiterit, non modò non vitiosus, sed vir optimus & temperantissimus fuisse certissima ratione declaratur, auctore item Augustino, qui in libro de vtilitate credendi, *Honestissimè*, inquit, *vir bonus fuisse creditur, cuius literis generi humano, posteritatique consultum est.* Quòd si Aristoteles affectibus humanis, vt homo erat, nonnunquam cessit, vt sæpe cessisse certum habeo, in multis enim delinquimus omnes, septiesque in die cadit iustus; & optimus est, qui minimis vrgetur: iis tamen qui longo vsu virtutis habitum induerunt, post peccatum pœnitentia statim animum subeunte, facilis est ad insitam virtutem receptus, & expeditior in gratiam cum Deo redeundi conatus. Qua in causa si quis validis argumentis non contentus, testes etiam requirit, vnum scilicet, qui pro multis sit, producamus Philippum Regem Macedonum, de quo suprà mentionem feci, Principem, vt inter auctores constat, grauissimum & prudentissimum, cuius

auctoritate, quæ omni pondere grauior est habenda quàm omnia maleuolorum testimonia, facilè ipsorum calumniæ conuincuntur. Extat eius ad Aristotelem Epistola, qua se Alexandro filio auctum esse certiorem eum facit, seque diis immortalibus gratias agere profitetur, non tam quòd sibi natus sit filius, quàm quòd Aristotelis tempore natus, à quo educatum eum, & doctum se regnique successione dignum euasurum speraret. Qua in re non solùm ad ingentem doctrinam, sed multò etiam magis ad probatissimos Aristotelis, & publica fama commendatos mores Regem sapientissimum spectasse, ipse suis verbis perspicuè declarat. Accedit Plutarchi auctoris grauissimi testimonium, qui de hac ipsa re in Alexandri vita memorans, *Philippus cernens ingenium Alexandri tale esse, quod cogi omnino nollet, facile autem sermone, ad officium faciendum pertraheretur, ipse etiam suadere potius quàm mandare ei instituit: musicesque & encycliorum doctoribus haud satis institutionem eius credens, quam rem maioris negotij futuram arbitraretur, (vt est apud Sophoclem) Quod fræna multa, multaque gubernacula desideraret, Aristotelem Philosophorum clarissimum & sapientissimum accersiuit,* vt filii scilicet mores à turpitudine cohibendo, ad virtutem & honestatem incitando formaret. Quod à magistris non solùm ratione & verbis, sed multò magis vita, & exemplo rectè factorum præstatur: verba enim cùm discrepant à vita, vt idem Philosophus ait

ait Eth. 10. non sunt nisi verba, id est inanis, & infirma ad fidem faciendam ostentatio. Qualis erat eorum, de quibus Paulus ait, *Confitentur se nosse Deum, factis autem negant.* Sed hæc hactenus, de quibus libenter feci, vt paulò verbosiùs loco non alieno memorarem, vt optimo & sapientissimo viro optimeque de mortalibus, presertim nostri ordinis merito, apud te virum probum & doctum, eiusque Philosophi imprimis studiosum, iusto aduersus inuidorum & maleuolorum obtrectationes patrocinio gratiam aliquam referrem. Vale. ex Mariano sexto Idus Maii 1554.

EXTRAIT DV TROISIESME Tome de la Philosophie Françoise, composée par M. De Ceriziers, Aumosnier de Monseigneur le Duc d'Orleans, sur la fin de sa Morale, page 397.

Curieuse Dispute, où la Vertu des Payens est examinée.

MON dessein n'est pas de me rendre Arbitre de l'importante querelle, qui s'est auiourd'huy reueillée entre les Disciples de Iansenius & ceux qui les combattent; i'ay trop de connoissance de moy-mesme pour ne pas auoüer qu'il y a de plus habiles gens que moy dans l'vn & l'autre party.

Ie les reuere tous si parfaitement, que ie suppose qu'ils ont les vns & les autres quelque raison. Et partant sans me mesler de leur differend, pour conclure cette petite Morale, ie veux bien dire mon sentiment sur l'estime de la vertu des Infideles; & sans luy donner tout le prix que quelques-vns ne luy refusent pas, luy accorder ce que personne ne luy doit disputer. Ie sçay qu'il y a des personnes si zelées pour la Grace, ou si ennemies de la Nature, qu'elles ne veulent pas qu'vn Payen ait iamais fait vne bonne action ; au contraire leur opinion est que le principe de leurs actions estant infecté du Peché originel, & priué des secours de la grace, il faut conclure qu'elles ne pouuoient estre que mauuaises. On fait sainct Augustin Autheur de cette rigoureuse doctrine ; mais pour ne point faillir dans vn suiet de cette consideration, ie pretens faire l'Apologie de ce grand homme, puis de montrer le sentiment des Peres, & en dernier lieu de marquer ce que chacun en peut croire sans erreur.

Pour le premier, i'estime que cét incomparable Prelat n'a peu se contredire, & partant qu'il na peu condamner les vertus des Infideles, puis qu'il les a tant de fois loüées. N'a-t'il pas dit que la vertu de Caton a esté plus parfaite & plus voisine des vertus de l'Euangile, que celle de Cesar? Y a-t'il apparence qu'il comparast la constance, la iustice & le courage de ce Romain aux vertus du Christianis-

me, s'il n'auoit eu que des vices? Mais pour ne se pas arrester à vn seul passage, ne nomme-t'il pas en vn endroit la continence de Polemon vn don de Dieu? en vn autre il louë les aumosnes que le Centurion Cornelius faisoit auant que d'estre baptisé; il parle auecque estime de la bonté d'Assuerus, il fait des eloges des rares exemples de Seneque, il appelle Aristote homme de bien, & croit que Platon est sauué. Et pour produire vne preuue inuincible de son sentiment, n'auance-t'il pas dans le cinquiesme Liure de sa Cité, que les Romains receurent l'Empire de l'Vniuers en veuë de leur vertu: d'où il faut conclure que ce grand homme a iugé que leurs actions Morales estoient bonnes, ou que Dieu recompensoit le vice. Ie sçay bien que cét inuincible Protecteur de la Grace a souuent parlé en sa faueur, & que pour detourner les Pelagiens de leur erreur, il rend les actions du franc-Arbitre fort suspectes. Ie n'ignore pas qu'il prononce en beaucoup d'endroits de ses Escrits, que les vertus des Idolatres n'estoient pas de veritables vertus. Mais qui ne voit qu'on dit qu'vn Diamant de Venise n'est pas vn veritable Diamant sans dire qu'il ne vaut rien; & que sainct Augustin a pû asseurer que les vertus des Payens estoient fausses à l'égard de la gloire eternelle, qu'elles ne peuuent meriter, ou qu'elles n'estoient pas veritables, si on les comparoit aux Vertus infuses des Chrestiens? Vouloir que cét Atlas de la Foy ait esté Semipelagien, quand

il a fauorablement parlé des bonnes actions des Infideles, c'est luy faire outrage pour luy rendre de l'honneur, & ignorer volontairement qu'il n'a escrit la plus-part des choses que i'ay rapportées que dans son extréme vieillesse; & que ses Retractations, qui ont des censures pour des sentimens plus innocens que ceux qui approcheroient de l'heresie, ne disent rien contre ceux-cy.

On ne peut douter que tous les Peres n'ayent tenu les Vertus des Payens pour de veritables vertus, & qu'il ne les ayent loüées. Iustin le Martyr, Origene, sainct Basile, S. Ambroise, & S. Chrysostome ne font point de difficulté de nommer quelques Infideles patiens, misericordieux, sages, iustes & temperans. Sainct Ierosme plus expressément que pas vn d'eux, souftient sur l'Epistre aux Galates, que les Payens ont fait des actions pleines de saincteté & de sagesse; & sur Ezechiel il asseure que Nabuchodonosor receut des recompenses temporelles de Dieu, parce qu'il auoit iustement chastié la ville de Tyr. Qu'on examine ceux qui ont escrit depuis ces celebres Docteurs iusques à sainct Thomas, on les trouuera tous conformes dans ce mesme sentiment.

Et à n'en point mentir il semble qu'ils ne peuuent en auoir d'autre sans choquer l'Escriture & la raison. Le vieux Testament publie cette verité en beaucoup d'endroits, & témoigne que les actions purement Morales des Infideles auoient quelque

forte de merite. Ainſi dans l'Exode les deux ſages femmes Phua & Sephora reçoiuent la benediction de Dieu, pour auoir épargné les Enfans Hebreux, contre le cruel cōmandement de les faire mourir. Ainſi Daniel exhorte Nabuchodonoſor de rachepter ſes pechez par les aumoſnes : & pour ne point oublier la Loy de Grace, n'y auons-nous pas le témoignage que le ſainct Eſprit rend à l'Eunuque de la Reine de Candace, qui par le bon vſage des foibles lumieres qu'il auoit, inuita la bonté de Dieu de luy communiquer les ſurnaturelles. Ie dis qu'il l'inuita, non point qu'il les meritaſt; parce que ie ſçay bien que la volonté de l'homme ne peut rien pour ſon ſalut, ſi elle n'eſt ſecouruë de la Grace ſurnaturelle de Ieſus-Chriſt. Cela ainſi ſuppoſé, ne ſommes-nous pas contraints d'auoüer, que Dieu a recompenſé de mechantes actions, ou que celles de ces deux femmes infideles ont eſté Moralement bonnes ; & que Daniel exhortoit Nabuchodonoſor à des crimes, le portant aux œuures de pieté, s'il eſt vray qu'on ne puiſſe rien faire d'agreable à Dieu ſans vn ſecours ſurnaturel ? Voicy la raiſon. Pourquoy la Volonté de l'homme conſiderée dans la pure Nature, ne ſe pourroit-elle pas éleuer à quelques actions loüables & vertueuſes ſans la Grace, de la meſme façon que ſon Entendement peut connoiſtre beaucoup de veritez naturelles ſans l'aſſiſtance de la Foy ? N'eſt-il pas ridicule de dire, que parmy les Payens vn enfant qui

salüe son Pere, & qui par vne pieté naturelle luy rend ses deuoirs, peche? Qu'vn homme qui s'expose pour le salut de sa Patrie, qui soulage la misere de son Prochain, ou qui se fait violence pour ne pas tomber dans quelque impureté, quoy qu'il se porte à ces actions par le seul motif de l'honnesteté qu'il y a dans ces actions, se soüille de crimes? Certes les Saincts Peres n'auroient pas tant loüé l'action de ce Spurina, qui pour ne point donner de sales mouuemens aux femmes, se defigura volontairement, si sa generosité estoit indifferente ou vicieuse.

On exclame icy que cette doctrine va insensiblement à l'indifference des Religions, qu'elle ruïne la Grace du Sauueur, establissant vn autre Principe du merite que son sang. A n'en point mentir, si elle estoit si outrageuse à sa bonté, que de renuerser sa Croix, i'estime qu'il n'y auroit pas assez de supplices dans l'Enfer mesme pour punir ceux qui oseroient la publier. Mais il y a grāde difference entre faire des actions qui soient Moralement bonnes, & en faire qui le soient Chrestiennement; celles-là estans insuffisantes, celles-cy absolument necessaires à salut. Il y a grande difference entre ce qui n'est pas digne de la gloire eternelle, & ce qui ne merite pas les supplices de l'Enfer. On peut dire que les actions Moralement bonnes des Payens ont esté desagreables à Dieu, entant qu'il ne les a pas acceptées pour leur salut,

mais on ne sçauroit dire sans offenser sa bonté & sa iustice, qu'il les iuge indignes de quelque petite recompense temporelle, bien moins qu'elles meritent positiuement son indignation.

A ce que l'on oppose auecque tant de chaleur, que cette doctrine met de fondemens à l'indifference des Religions, ie voudrois bien qu'on me le fist voir. Ie n'ay iamais oüy que pas vn de ceux qui reconnoissent les actions Morales des Payens pour bonnes, eust assez de temerité pour asseurer qu'elles soient suffisantes au bon-heur de la vie eternelle. Il n'y a que le sang du Fils de Dieu qui monte iusques-là. Tout ce que fait l'homme hors du secours de sa Grace, ne sont que de foibles élans qui ne l'éleuent pas de la Terre. Si la Vertu Morale separée de cette assistance ne le peut sauuer, pourquoy veut-on qu'elle le damne?

Mais quoy, s'il se trouuoit vn homme qui vescust Moralement bien au milieu de la Gentilité, seroit-il sauué en veuë de ses actions vertueuses? Il n'y a personne assez impie pour le soustenir; ie dis au contraire, quelque pieté naturelle qu'il eust, que toute sa vertu ne luy seruiroit à rien que pour flechir la misericorde de Dieu à quelque secours secret de la Grace surnaturelle, qui le tireroit de son impuissance. Parce que ie ne me sçaurois persuader que sa Prouidence manque à ceux qui font tout ce qui est en leur pouuoir, & qui ne laissent aucun bien qu'ils connoissent. I'auouë qu'il est

presque impossible de se conseruer dans cette innocence naturelle ; mais supposé que par vne conduite extraordinaire quelqu'vn se garantist du peché, & qu'il s'exerçast dans tout le bien que sa raison luy dicteroit, i'estime qu'il y auroit du blaspheme de dire que la bonté de Dieu l'abandonnast dans cét estat ; & ie tiens auecque beaucoup de sçauans Theologiens, qu'il feroit plustost vn miracle, que de le laisser perir par le defaut d'vn secours, qui ne luy peut venir que de luy. Et en cela ie n'auance rien qui soit iniurieux à la Grace de Iesus-Christ, puis que i'auoüe qu'vn Payen ne peut rien faire de meritoire pour la gloire, sans elle : mais ie maintiens seulement, que comme elle a remonté auant la Naissance du Messie à ceux qui parmy les Payens viuoient moralement bien ; de mesme qu'elle s'écouleroit à ceux qui sous les Poles ou dans l'Amerique se tiendroient exactement à la pratique de cette iustice que la raison naturelle leur inspire. Le sang du Sauueur est vn fleuue de misericorde & de bonté, qui est dans le Monde pour le rendre fecond en bonnes œuures ; s'il arrose tout ouuertement l'Eglise, & qu'il se precipite à gros boüillons à ceux qui ont le bon-heur d'y viure, ne soyons pas si cruels que d'en enuier certains petits filets, qui s'eschappent par des conduits secrets & cachez à la prudence humaine, & qui vont chercher au fond de la Barbarie ces pauures Ames,

à qui

à qui la droite raison a seruy de loy au defaut de l'Euangile. Elles ne sont pas directement dans l'heureuse Categorie de l'Eglise, ie l'aduouë, mais elles y sont indirectement par l'ardent desir d'y estre, si Dieu leur auoit entierement manifesté ses volontez. En voila assez sur ce suiet, ceux qui veulent plus d'esclaircissement peuuent auoir recours aux Theologiens, ou sans se donner la peine de les consulter, lire cét excellent Ouurage de la Vertu des Payens, dont le titre a fait peur à beaucoup de personnes, qui pour n'auoir pas eu la connoissance de ce qu'il traittoit, se sont sousleuez auecque trop de zele contre le dessein de son Autheur, qui est plustost d'honorer la grace du Messie, que de trop accorder au franc-Arbitre. Benissons Dieu de ce qu'il nous communique ses faueurs auecque plenitude au milieu des Sacremens, & ne croyons pas qu'il en refuse quelque legere participation à ceux qui par le bon vsage de leur Liberté sollicitent sa bonté de leur faire la mesme grace.

FIN.

APPROBATION.

NOVS sous-signez Docteurs en Theologie de la Faculté de Paris, certifions auoir leu & examiné vn liure intitulé, *De la Vertu des Payens*, composé par le sieur de la Motthe le Vayer Conseiller du Roy, & Substitut de son Procureur General, auquel nous n'auons rien trouué, qui soit contraire à la Doctrine de l'Eglise Catholique Apostolique & Romaine, ny aux bonnes mœurs. FAIT à Paris ce deuxiéme Iuillet 1641.

Signé, H. BACHELIER.

L. DE LAVNAY.

Extrait du Priuilege du Roy.

LE Roy par ses Lettres de Priuilege donné à Paris le douziéme iour d'Aoust 1641. Signé, CONRAD, & seellé du grand Sceau ; A permis au sieur de la Motthe le Vayer, de faire imprimer par tel Imprimeur & Libraire qu'il luy plaira, vn liure intitulé *De la Vertu des Payens*, pendant le temps & espace de douze ans accomplis, à compter du iour que ledit liure sera acheué d'imprimer. Auec defenses à toutes personnes de quelque qualité qu'ils soient, d'imprimer ou faire imprimer ledit liure pendant ledit temps, à peine de quinze cens liures d'amende, de tous despens, dommages & interests; à la charge de fournir en la Bibliotheque du Roy deux exemplaires dudit liure, & vn en celle de Monsieur le Chancelier ; Et ce nonobstant Clameur de Haro, Chartre Normande, & autres Lettres à ce contraires.

Et ledit sieur DE LA MOTTHE LE VAYER, *a consenty qu'Antoine de Sommauille & Augustin Courbé, Marchands Libraires à Paris, iouyssent dudit Priuilege, ainsi qu'il a esté accordé entr'eux.*

Fautes suruenuës à l'impreßion.

PAge 1. l. 2. mettez ne apres Vertu. Page 69. l. 9. Page 86. l. 6. & Page 105. l. 2. dift, lisez dit. Page 124. l. 14. mettez vn point deuant Seneque, au lieu de la virgule. Page 208. l. 23. cetes, lisez certes. Page 242. l. 4. & 13. Patamon, lisez Potamon. page 265. l. 1. tant, lisez tout. page 271. l. 5. à l'égard, lisez à l'égal. page 284. l. 13. de le blasmer, lisez de les blasmer. page 304. l. 21. est beaucoup, lisez a esté beaucoup. page 313. l. 22. *anticipantes*, lisez *anticipantes*. page 315. l. 16. *quæ*, lis. *quæ*. page 318. l. 22. conuoissoit, lis. connoissoit. page 321. l. 5. *ipsam*, lis. *ipsum*. page 325. l. 18. *Deum*, lis. *Deum*. page 360. en la marge, *cond.* lis. *concl.* page 370. l. 12. Setrano, lis. Serrano. page 377. l. 26. *quid*, lis. *quia.* page 378. l. 21. c. 8. lis. c. 9.

voſtre Image *eſt arriuée à vn ſi haut point de Dignité & de Grandeur, que le plus releué de tous les ſtiles n'y ſçauroit paruenir. Ie me tay donc icy,* MONSEIGNEVR, *autant par force que pour vous complaire; remply d'admiration ie reuere du ſilence vne Vertu, que plus on conſidere moins on peut exprimer; & dans vne profonde humilité ie ſupplie Voſtre Eminence d'auoir agreable mon offrande, & de me continuër l'honneur que i'ay d'eſtre,*

MONSEIGNEVR,

Voſtre tres-humble, tres-obeïſſant,
& tres-obligé ſeruiteur,
DE LA MOTTHE LE VAYER.

grand Astre. Ie prens la hardiesse de les imiter en vous presentant ce traitté de la Vertu des Payens, quoy qu'elle n'ait rien de comparable aus Vertus Chrestiennes, & plus qu'Heroïques de Vostre Eminence. Mais ie la supplie tres-humblement de considerer, que s'il faut seulement exposer à sa veuë ce qui semble proportionné à son merite, il y aura fort peu de vœus qu'elle ne reiette; & les hommes de ma condition, ou pour le moins de ma portée, quelque zele qu'ils ayent, ne trouueront iamais le moyen d'estre reconnoissans. Vostre Bonté est trop ennemie d'vne si dure necessité, & ie suis asseuré par ma propre experience, que vous ne mespriserez rien pour estre petit, quand la deuotion du cœur l'accompagne. C'est sur ce fondement que i'ose continuër à vous rendre des preuues de mon respect, plustost que de mon industrie, ou de ma suffisance; & qu'ayant choisi vn sujet que ie puis nommer Vertueus, i'entreprens de l'authoriser de vostre Grand Nom, & de le consacrer par ce moyen à la plus esclatante Vertu qui soit dans le Monde. Elle y est reconnuë de telle sorte, qu'il n'y a plus d'Eloquence qui luy puisse donner du lustre, comme il n'y a point de clarté capable d'augmenter celle du iour. Et

A
MONSEIGNEVR
L'EMINENTISSIME
CARDINAL
DVC DE
RICHELIEV.

ONSEIGNEVR,

  Les peuples qui ont adoré le Soleil allumoient du feu sur ses Autels, ne trouuant rien dans la Nature de plus digne de luy estre offert, encore que ce fust vne bien petite lumiere qu'ils faisoient paroistre deuant celle de ce

ă ij

DE LA VERTV DES PAYENS.

SECONDE EDITION.

Reueuë & augmentée par l'Autheur, auec les Preuues des Citations adiouftées à la fin.

A PARIS,
Chez AVGVSTIN COVRBE', dans la Galerie du Palais, à la Palme.

M. DC. XLVII.
AVEC PRIVILEGE DV ROY.